·地缘看世界系列·

北纬42度

大明生死线

温骏轩　著

浙江人民出版社

北纬 42 度温度线、人口密度分界线、十五英寸等雨线

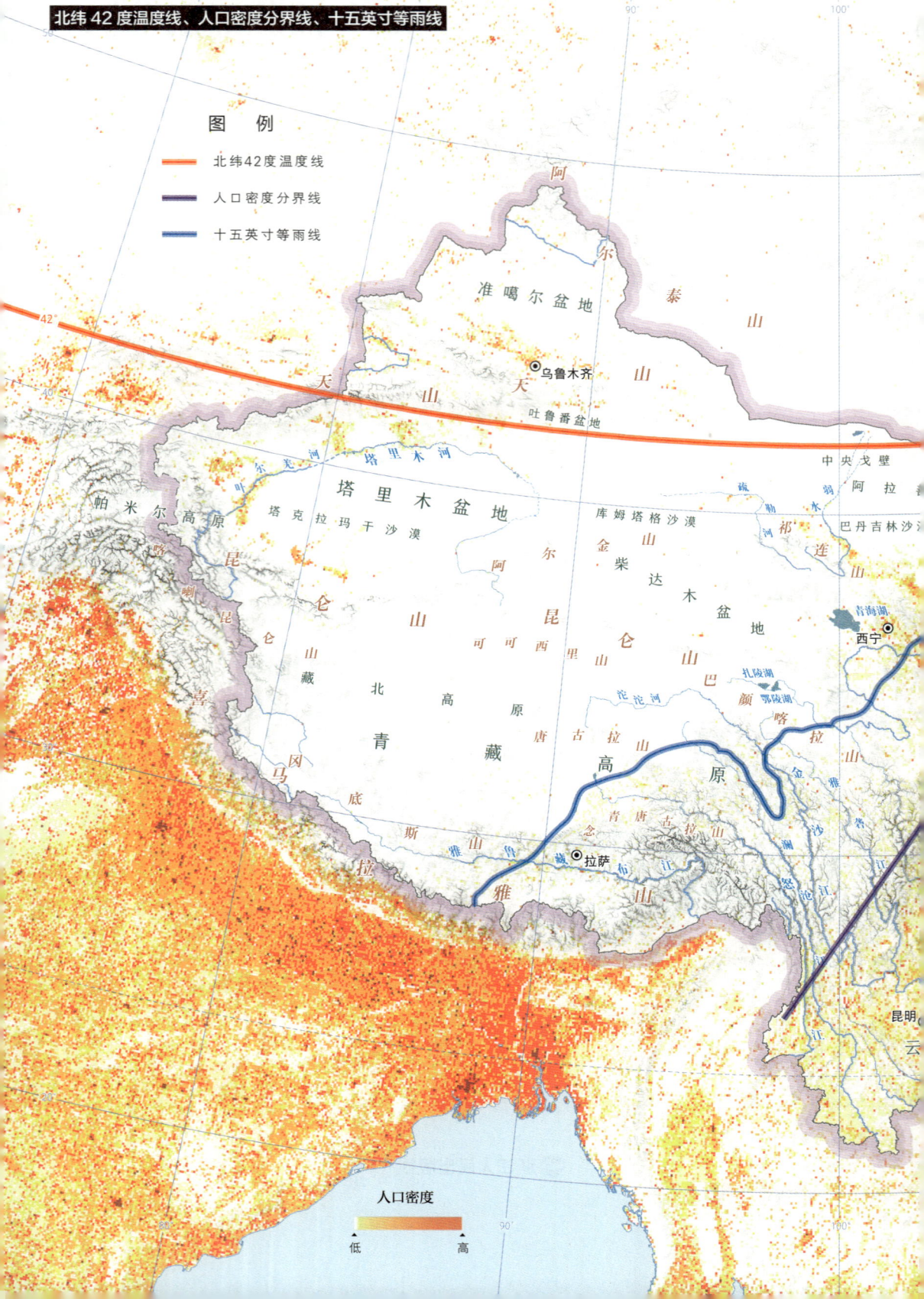

图 例

—— 北纬42度温度线

—— 人口密度分界线

—— 十五英寸等雨线

阿

尔

泰

准噶尔盆地

山

天

山

天

山

◎乌鲁木齐

吐鲁番盆地

中央戈壁

阿拉善

塔里木河

孔雀河

疏勒河

弱水

巴丹吉林沙漠

帕米尔高原

昆

塔克拉玛干沙漠

塔里木盆地

库姆塔格沙漠

柴

达

祁

连

山

青海湖

◎西宁

喇

昆

仑

山

阿

尔

金

山

木

盆

地

昆

仑

仑

山

可

可

西

里

山

仑

山

巴

扎陵湖

山

藏

北

高

原

颜

鄂陵湖

喀

拉

山

沱沱河

青

冈

底

马

唐

古

拉

山

高

原

念

青

唐

古

拉

山

金

沙

雅

砻

斯

拉

雅鲁

山

藏布

江

澜

沧

江

怒

江

◎拉萨

雅

鲁

藏

布

江

昆明

云

人口密度

低 ———— 高

额尔古纳河

大兴安岭高原

呼伦湖
呼伦贝尔高原

黑龙江

小兴安岭

松花江

三江平原

兴凯湖

东北平原

◎哈尔滨

松花江

松花江

◎长春

东北平原

嫩江

辽河

西辽河

浑善达克沙地

内

蒙

古

高

原

阴山

套平原

河

黄河

贺兰山

鄂尔多斯高原

毛乌素沙地

呼和浩特◎

◎沈阳

辽河

鸭绿江

42

40

辽东半岛

渤海

◎北京

天津

华北平原

◎石家庄

太原◎

太

行

山

吕梁山

黄河

吕梁山

◎济南

山东半岛

鲁中山地

30

黄

海

东

海

◎郑州

黄

淮

河

运河

微山湖

◎西安

秦岭

大巴山

◎重庆

四川盆地

长

江

沅江

合肥◎

◎武汉

长江中下游平原

洞庭湖

◎长沙

江汉平原

鄱阳湖

◎南昌

武夷山

南京◎

◎上海

崇明岛

太湖

杭州◎

舟山群岛

东

海

钓鱼屿

赤尾屿

云贵高原

◎贵阳

南

岭

◎福州

台北◎

台湾海峡

中央山脉

台湾岛

北回归线

20

◎南宁

◎广州

澳门◎ ◎香港

东沙群岛

◎海口

海南岛

南

海

南海诸岛

110°   120°   130°   140°

南海诸岛

◎南宁   ◎广州

北部湾   澳门◎ ◎香港   台湾岛

◎海口   东沙群岛

海南岛

西沙群岛   中沙群岛

黄岩岛

南

沙

群

岛

南海

曾母暗沙

0   200   400公里

明朝 1433 年疆域全图

山岭

斯

罗 牙惯

不里 林中百姓

乌兰巴托

鄂霍次克海
萨哈林岛(库页岛)

北安兴 兀的河卫 奴儿千都司 囊哈儿河

卜鲁丹河卫 福山卫 葛林卫

脱木河卫 西海

哈剌 温 木里吉卫 嘉申卫 考郎兀卫 弗提卫 赤麻河卫 鲸海

翰难河卫 兴山 安 福余卫 兀者卫 翰朵伦卫 哈尔滨 双城卫

古 鞑 海 京 朵颜卫 泰宁卫 撒叉河卫 真

虾夷 北海道岛 夷 日

原 三万卫 女 毛怜卫 建州左卫 长春

沈阳中卫 沈阳 建州卫

瀚 广宁卫 辽东都司 朝 朝鲜 日 本州 东京 本

万全都司 开平卫 广宁中、左屯卫 永平府 盖州卫 平壤 鲜

呼和浩特 京师 北京 顺天府 天津 复州卫 金州卫 山 汉城 韩国 平安京

陕西 山西 大同府 保定府 真定府 河间府 登州府 威海卫 首尔 鲜 四国岛

宁夏卫 银川 太原府 石家庄 顺德府 济南府 莱州府 灵山卫 九州岛 太

宁夏中卫 延安府 平阳府 大名府 东昌府 青州府 安东卫 朝 平

兰州 庆阳府 怀庆府 卫辉府 兖州府 鲜 洋

巩昌府 凤翔府 河南府 开封府 郑州 徐州 淮安府 海 东

岷州府 西安府 西安 汝宁府 凤阳府 扬州府 苏州府 上海 黄

洮州司 汉中府 南阳府 德安府 庐州府 应天府 滁州府 松江府 平

成都府 四川 保宁府 襄阳府 武昌府 安庆府 南京 杭州府 琉

嘉定州 重庆府 永顺司 荆州府 湖 合肥 宁国府 徽州府 杭州 绍兴府 宁波府 球 洋

泸州 思南府 常德府 岳州府 九江府 金华府 台州府

叙州府 播州司 铜仁府 宝庆府 长沙府 临江府 饶州府 广信府 温州府 东

马湖府 贵州 思州府 辰州府 衡州府 吉安府 抚州府 建宁府 海

曲靖府 普定卫 都匀司 靖州 郴州府 赣州府 延平府 福州府

云南 宣威 新化州 桂林府 衡山 福建 泉州府

广南府 庆远府 柳州府 平乐府 韶州府 漳州府 台北 小琉球 台湾岛

靖安府 广西 梧州府 肇庆府 潮州府 澎湖屿

越 升龙 思明府 南宁府 浔州府 广州府 香港 台

拱 河内 廉州府 高州府 广东 澳门 东沙群岛

黎 雷州府 琼州府 海口 海南岛 南 海

南 挝 罗 朝

万里(广东)石塘 西沙群岛 中沙群岛 石星石塘(广东) 黄岩岛 马尼拉

吕宋岛 吕宋 菲律宾 马尼拉

印度尼西亚

南海

元朝至顺时期疆域全图

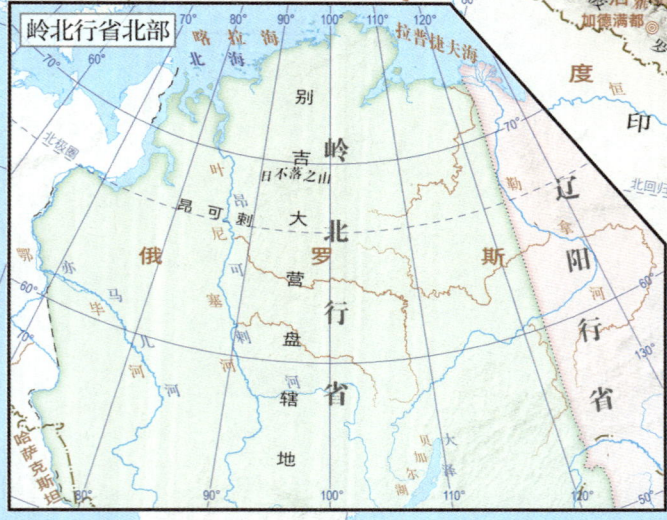

钦　察　汗　国

哈　萨　克　斯　坦

阿斯塔纳

八　邻　万　户

吉大营盘辖地

俄

岭　北

外刺部

阿尔泰王府

称海宣慰司

杭爱

阿速海

也迷里

北庭都元帅府
（别失八里）

乌鲁木齐

准　噶　尔　盆　地

阿里麻里

亦剌八里

东　阴　国　山

乌兹别克斯坦

比什凯克

不花剌

花刺子模
玉龙杰赤

土库曼斯坦

撒麻耳干

那黑沙不

塔什干

寨赤

苦叉

哈剌火州总管府

哈密力

亦集

甘　肃

沙州路

肃州路

亦集

西

吉尔吉斯斯坦

察　合　台　汗　国

杜尚别

萨马萨莱

塔吉克斯坦

葱　岭

可失哈耳

塔　里　木　盆　地

斡端

罗布泊

甘

伊　利　汗　国

阿富

大汗

略布尔

哥疾宁

法失迷儿

伊斯兰堡

域

麻

昆　仑　山

柴达木盆地

吐

青海

阿剌脑儿
扎牙忽秃

北

原　地

巴　基　斯　坦

印　度

新德里

印

宣　政　院　高　辖
羌　塘

迷儿军万户

伯古鲁万户

尼

古　格

僧哥纳

里　滇　古　鲁

布达拉

乌思藏军民万户

萨斯迦

麻　域

印度恒

加湿弥都

度

印　度

孟加拉国
达卡

蒙光路

丽江路

镇西路

芒施路

孟定路

木邦路

云

缅

大

威

邦牙宣慰司
（1338年置）

车里路

内比都

瓦

甸

江

蒙庆宣慰司

白古

登笼

素可泰

孟　加　拉　湾

泰

岭北行省北部

别

吉

日不落之山

岭

北

大营盘辖地

俄

罗

斯

辽　阳　行　省

北回归线

孟　加　拉

萨克斯坦

哈萨克斯坦

北山 山 元 者
北安
北

辽
斯

鄂霍次克海
萨哈林岛（库页岛）

于阗
火里秃麻牧地
八剌忽
罗

贝加尔湖

齐
王
府

大蒙可山
纳可山
部

阳
行
省

虾夷
北海道岛
日

乌兰巴托
咛宁路
（和林）

不儿罕山
济南王部
补鲁儿海子
辽王部
辽东
江
北

朝

哈尔滨
松

混
同
江

鲸
海

本州
东京

古

上都路
全宁路
开元路
宁昌路
咸平府
长春

日

本

海

本岛

呼和浩特
德宁路
静州路
集宁路
兴和路
大宁路
广宁府路
沈阳路
辽阳路
长白山

平安京

蒙元剌海路
中
大都路
永平路
平壤
西京
征高丽
东

陕
宁夏府路
银川
书
北京
保定路
天津
冀宁路
太原
顺德路
真定路
石家庄
济南路
济南
海
王京
首尔行
韩
省

西
延安府
省
晋宁路
彭德路
东平路
益都路
宁海州

九州岛

耽罗

兰州
庆阳府
平凉府
凤翔府

河
南
府路
郑州
汴梁路

淮安路
扬州路
集庆路
南京

黄
海

东
海

琉

秦州
秦元路
西安
兴元路
广元路

汝宁府
南阳府
河
南
安丰路
合肥
江
北
行
省
武昌路
安庆路
上海
杭州路
杭州
庆元路

成都
四
川
行省
顺庆府
嘉定府路
重庆

襄阳府
德安府
中兴路
武汉
江
浙
行
省

球

东
沙
群
岛

万

叙州路
播州宣抚司
泸州路
绍庆路
常德路
岳州路
江川路

南昌
龙兴路

徽州路
信州路
衢州路
婺州路
整州路
温州路
延平路
福州
福建路

钓鱼岛
赤尾屿
群
岛

太

乌蒙路
贵阳
顺元宣抚司
曲靖路
田州路
顺州路

沅州路
宝庆路
永州路
桂阳路
韶州路
漳州路
泉州路

台
北
台湾岛
琉
球
澎湖屿

平

湖
广
行
省

省
广西

镇安路
南宁
思明路
庆远南丹安抚司
柳州路
梧州路
浔州路
得州路
高州路
南恩州
广州路
肇庆路

潮州路
澳门
香港

台湾海峡

北回归线

洋

越
升龙
河内
越

管府
陈
越南朝

雷州路
乾宁安抚司
海口

海
南
岛

吉阳军

七
洲

南

海

万
里

石
塘

西沙群岛
中沙群岛

东
海

三
屿

菲

律

宾

吕宋岛
马尼拉

南
海

图 例

大都路　都城
阿里麻里　宗藩汗国首府
杭州路　省级驻所
真定路　路级驻所
北京　今首都
石家庄　今省级行政中心
——————　政权部族界
·············　省级政区界
—·—·—　未定　今国界
————　今地区界
++++++　今军事分界线

云南行省
湖广行省
南宁路
广州
江西行省
江浙行省
琉球

越
升龙
河内
陈
朝
老
泰国
柬埔寨
占
南城

乾宁安抚司
海口
海南岛

东沙群岛
澳门
香港
台湾岛

吕宋岛
马尼拉

菲
律
宾

西沙群岛
中沙群岛

南
海

石
塘

曾母暗沙
纳土纳群岛

文莱
斯里巴加湾市
马
来
西
亚

印度尼西亚

三
屿

南海

目录

第二部分　草原与北纬 42 度

第三部分　明亡清兴

楔子

　　1424 年 7 月 8 日，回光返照的朱棣躺在榆木川的大营里，眼睛凝望着南方。眼前是他特别熟悉的燕山，每一次亲征塞外，这位大明王朝的第三位皇帝，都要率军翻越这山上的长城。如果不是这场大病，此刻的朱棣应该坐在皇城的大殿中，与百官一道庆祝他第五次北伐的胜利。

　　说起这座皇城，那可是朱棣的骄傲。回首当年，十一岁的朱棣被父亲册封为燕王。这个封号注定了他在成年以后，需要北上镇守大明的国门。身为皇子，这本就是与生俱来的使命。然而世人都知道，那朱允炆登上帝位后都对他做了些什么。

　　如果不是自己反戈一击成功，北京就还是北平，皇城也只会在南京。

　　可是朱棣心里知道，这榆木川就是他人生的终点了。活了六十五岁，做了二十二年皇帝，真要是对比历史上那些帝王也是应该知足的。只是马上要见到父亲，这从侄子手中夺了皇位的事，又该作何解释？

　　一切都是为了大明，是的，这就是理由，而且非常正当。帝王的家事从来都不只是家事，谁都知道那些被赶回草原的蒙古人，仍然是大明的心腹之患，又岂是修一道长城就能一劳永逸的。削藩，为了皇权稳固就把叔叔们往死里逼，全然不顾大明的安危。

　　成王败寇，成的不仅仅是皇位，还需要成就一个太平盛世。那些在南京城里大骂自己"叔夺侄位"的文臣，哪个不知道这草原是汉家天下永世的威胁？父亲泉下有知，自当有个公断，到底是谁坐在这皇位上，才能让这江山永固。别的不说，你让朱允炆那黄口小儿自己带着兵北伐看看。

至于世人的评价，自秦皇汉武起，但凡能在这长城之外建功立业者，后世的评价都差不了，今日便是死在这里，也是死在塞外，试问古往今来的帝王又有谁能做到这点？想到这一层，死在长城之外倒也胜过死在那座皇城。

只是朱棣绝对想不到的是，也许是老天特意的安排，他的身死之地榆木川是如此有标志性意义，正处在大明王朝的生死线上。若是按西人为地球表面设计的经纬线来定位，这是一条被称为北纬42度的纬线。围绕它梳理相关历史，你还会发现这条暗藏在时空背后的纬线，并不仅仅是大明王朝的生死线。很少有人会想到那些被时间和空间隔开的历史事件，在以"地理为经，历史为纬"的视角重审下，背后竟有如此大的关联。即便中国被迫向世界敞开，从西方引入了科学之后，中国人也还是更习惯从故纸堆中去找寻历史的规律。

接下来，就让我们穿越时空，回到大明王朝，去看看在这条看不见的生死线附近，到底都发生了些什么。

前言

两个"南北关系"

如果在中国历代王朝中选一个最有代表性的，我会选明朝。纵观秦汉以降的中原王朝，最重要的地缘关系无外乎两个"南北关系"：一个是分别以黄河、长江为地理轴线的"内部南北关系"；另一个是长城以南农耕文化区与长城从北非农耕文化区的"内外南北关系"。就"内外南北关系"而言，又可以分为与北方草原游牧者和与东北森林渔猎者之间的关系。

明朝的兴衰史，则可以帮助我们完整地了解这两个南北关系。

首先，虽然跨越长城建立政权的北方边疆民族很多，但以统一天下的标准来说，元、清两朝是唯一的成功者。发端于蒙古草原的前者，建立了人类历史上幅员最辽阔的大陆帝国；成长于东北森林地带的后者，所建立的则几乎是人类历史上唯一一个带渔猎基因的帝国。明的天下取自元又亡于清，如若用一个王朝的兴衰史来全面释读内外南北关系，没有比它更合适的了。

其次，如果想解读内部南北关系，明朝同样是最为合适的载体。古代中国核心区的地缘政治关系主线，在历史上经历过一次切换。在公元后的第一个千年及以前，内部地缘政治关系的主线为东、西关系。你会发现代表黄土高原的长安，与控守华北平原的洛阳，在周、汉、唐三个被认为统

秦

西汉

西晋

东晋

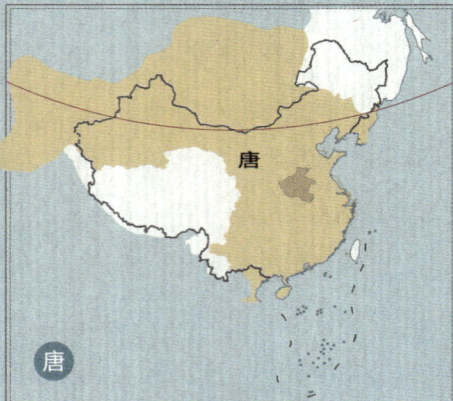

唐

五代十国

元

明

东 汉

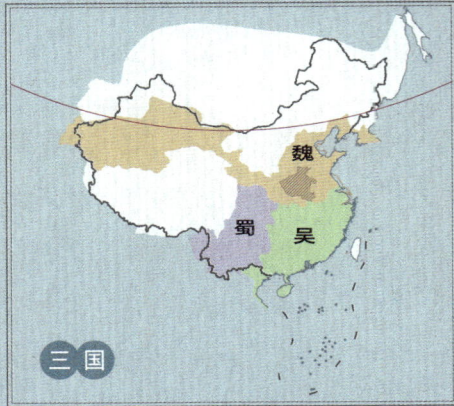

三 国

南 北 朝

隋

北 宋

南 宋

清

当 代

一了天下的王朝，都分别在某一时段成为过首都。

随着南方地区的深度开发及经济崛起，中国在第二个千年的地缘政治关系，主线明显切换为了南北关系。南京及北京在政治舞台上的先后崛起，成为主线关系转移的政治标志。等到朱元璋以南京为都建立明朝、朱棣将首都迁至北京，并以京杭大运河连通两京，中国地缘政治关系中的南、北并重格局算是正式固定了下来。

纵观整个明朝历史，北京主要是以"天子守国门"的形式，肩负军事防御北方压力的使命；南京则引领着整个南方地区，承担着为帝国经济输血的任务。于是这段历史在地缘政治层面，可以理解为明朝是如何调和核心区的南北关系，以共同维系内外南北关系的主动权。

北纬 42 度温度线

这本书一共分为三大部分：第一部分"元亡明兴"、第二部分"草原与北纬 42 度"、第三部分"明亡清兴"。

第一部分通过元明交替这段历史，全景式展示内部南北关系是如何作用于历史的；第二部分的重心则是围绕北纬 42 度温度线，解读中原王朝与北方游牧者的地缘关系；第三部分揭示的则是东北渔猎民族的前世今生，以及清王朝的建立者是如何突破北纬 42 度温度线这条大明生死线，成功入主中原的。

从书名和叙事结构可以看出，这本书的重点在于对"北纬 42 度温度线"这个概念的精解上。这条温度线是我在十几年前画出，并在《谁在世界中心》一书中正式推出，其作用在于能够与黄仁宇先生的"15 英寸等雨线"，以及"胡焕庸线"（人口密度对比线）交叉，共同解密中国历史背后的地缘规律。

"15 英寸等雨线"是黄仁宇先生在其代表作《中国大历史》中提出的

地缘政治概念。黄仁宇先生发现古代中国的"国防线大致与 15 英寸的等雨线符合"。为示尊重，我们可以称之为"黄仁宇线"。

15 英寸约合 381 毫升，这个降水量是半湿润区与半干旱区的分界线，也是农耕经济与游牧经济的分割线。需要注意的是，这条以降水为标准划定的农牧分割线，在中国又被表述为"400 毫米等降水量线"。无论是 15 英寸还是 400 毫米的划定，的确能够在很大程度上解释长城这条国防线的走向，但当它与胡焕庸线放在一张图上就会有它无法解释的问题。

1935 年，中国地理学家胡焕庸先生提出了一条从黑龙江北部，呈 45 度角向西南延伸至云南西部的人口密度对比线。1987 年，胡焕庸根据 1982 年的人口普查数据得出："中国东半部面积占目前全国总面积的 42.9%，西半部面积与目前全国总面积的 57.1%……在这条分界线以东的地区，居住着全国总人口的 94.4%；而西半部人口仅占全国总人口的 5.6%。"

以胡焕庸线来划分中国的半湿润区与半干旱区，较之黄仁宇线更为准确。后者最大的问题是不能解释为什么整体降水充沛的东北地区，在帝国时代大部游离于长城之外；同时胡焕庸线虽然从近现代中国人口密度角度入手，更加精确地画出了中国半湿润区与半干旱区的分界线，却无法解释为什么东北地区一直到近现代之前，都未能整体变身为承载高密度人口的大规模农耕区。

此外，无论是黄仁宇线还是胡焕庸线，都不能解释位于两线之外的河西走廊，又为什么在 2000 多年前就变身成为中国核心区。

农作物的生长要依靠土壤、温度、水三要素。这当中最难解决的并不是水而是温度，而纬度又是影响温度的最大因素。相比之下，水的问题反而容易解决。比如在降水过少的河西走廊、中亚地区，高山融雪可以在山麓之前自然生成孕育生命的绿洲。倘若再有合适的积温，这些绿洲就可以从天然草场变成农业绿洲。

纬度越高则温度越低，以生活在北半球人类的方向感来说，就是越往北走越寒冷。当我们在从太平洋到里海的整个亚洲大陆画出北纬42度温度线后，会发现这条线便是古代技术条件下，大规模农耕区温度红线。红线以南的东亚季风区，是地球上最大规模的农耕区；同样在红线以南的亚洲中部地区，亦能够形成连接成线的绿洲农业带。

相比之下，温度红线以北就只有少数因地形而拥有较高积温的小型地理单元（比如吐鲁番盆地）有机会开展农耕经济，并因为这一特质而成为历史上的关键先生了。

可以说"北纬42度温度线"能够完美解释困扰中国历史两千余年的"内外南北关系"矛盾，会更与长城这条国防线贴合。一些更具体的疑惑，比如说汉朝所开拓的"西域"为什么被局限在塔里木盆地、高句丽的地缘政治属性到底是什么，也都可以在这本书里找到答案。而当大明王朝必须同时应对来自游牧者和渔猎者的双重压力时，这条北纬42度温度线便成为它的生死线。

这段历史的另一个吸引人之处，在于它有一半与欧洲人开启的大航海时代重叠。你会看到来自西方的火炮技术，在明亡清兴这段历史中发挥了非常重要的作用。悲剧的是，战争双方虽然都已经意识到西洋火器成为战场上的胜负手，却除少数有识之士以外，无人意识到古老东方的博弈主线，未来将从长城转移到海岸线。

第一部分

元亡明兴

第一章

凤阳为什么能出个朱皇帝（上）

一

"说凤阳，道凤阳，凤阳本是个好地方，自从出了个朱皇帝，十年倒有九年荒。"这句凤阳花鼓词在中国大地上传唱甚广，估计很多人都听过。

祖籍安徽凤阳的朱元璋，可说是中国历史上最为传奇的皇帝。传奇之一在于他低微的出身，发迹之前做过和尚、乞丐。当然，真要以帝王的出身低微来感叹命运真奇妙，历史上还有比朱元璋更低的，你看五胡十六国时期，后赵开国君主石勒还是奴隶出身呢。

"王侯将相宁有种乎？"自打陈胜、吴广在大泽乡喊出这句口号后，通过努力就能实现阶级跨越的意识，在中国就算立住了。尤其陈胜、吴广失败之后，紧接着就有刘邦这个布衣天子，给后世那些想谋大事者立了一个榜样。

朱元璋真正传奇之处，还得是他居然能从南向北统一中国。其他大一统王朝，包括明以前的秦、汉、晋、隋、唐、宋、元，再加上后面的清，可都是由北向南统一的。相反，春秋战国时的楚，三国时期的蜀汉、东吴，被蒙古人灭了的南宋，南北朝和五代十国时期那些南方国家，都没能完成自南向北入主中原的宏愿。朱元璋若是没能做到这点，最多也就是在乱世中割据一方，然后等着有朝一日被某个北方政权收服，哪会有后来的一统天下，朱棣死在北纬42度这条生死线上的剧情发生？

我们首先要解决的问题，就是：朱元璋到底走了什么运，才能做到这一点？

首先，这肯定和个人能力有关。关于朱元璋皇帝的个人事迹，几百年来已经有无数人扒过，他是怎么用人的，又在政治、军事上有什么过人之处，暂且不论，我们先要说的是凤阳这块地方的王气。凤阳在当时叫作濠州，朱元璋不光是濠州人，还在濠州参加了红巾军，濠州的红巾军大帅郭子兴还把自己的养女马氏（后来的马皇后）许给了朱元璋。让古代术士来献媚的话，既然凤阳这块地方出了皇帝、皇后，还是龙兴之地，那肯定是一片有王气的土地。

不过要是把着眼点只放在凤阳，那格局还是小了点。凤阳在地域上属于淮西地区。朱元璋麾下的开国将领都出自淮西地区，史称"淮西二十四将"。我们要讨论的与其说是凤阳有王气，倒不如说是元末天下大乱，怎么就淮西这股力量成了事。

二

有句话叫作"不怕神一样的对手，就怕猪一样的队友"。反过来，有神一样的队友，猪一样的对手，那做起事来可就事半功倍。朱元璋抗的是元，这个异族王朝国祚才九十八年，对比中原王朝那两百年起步的国运，元朝在中原的统治肯定不能算是成功的。

不成功的原因有很多，"马上民族"这一点是最为常人所诟病的。但如果抓着这点不放，那清朝的统治还是比较成功的。说到底，元朝对学习怎么统治这件事不太上心。朱元璋是个善于总结的人，有次在与朝臣的对话中点评道"元以宽失天下"。有些人把"宽"给扩张了，说元朝的统治特别"宽仁"，其实不是，元朝的"宽"就是放养。

这个放养和无为而治的统治哲学还不一样。无为而治讲究顺势而为，尊重自然规律。元朝的放养，一方面导致行政效率极其低下，另一方面也没有尊重中原王朝的统治规律，做了不少反其道而行之的事。从乱作为的角度来说，元朝的失策可以用八个字总结——南方养马，海上运粮。接下来，我将围绕这八个字，抽丝剥茧，讲述元朝是怎么"送人头"，把差点饿死在凤阳的朱元璋锻造成掘墓人的。

凤阳所在的淮西还真有王气，而且是元朝送来的，早了晚了都没有。这个王气就是马带来的。简单点说，淮西有马。

历史上南统北总是无法成功，根本原因就是没有马。先秦时衡量国力的标志是有多少辆战车，一个中等规模的诸侯国被称为"千乘之国"。赵武灵王"胡服骑射"后，衡量国力的标志变成了骑兵的数量。不管是战车还是骑兵，都要依靠马来提供机动力。

在河网纵横的南方，可以借助河流构筑防线，用船运输人员和补给，但只要想入主中原，那就得靠骑兵取得控制力。反过来，骑兵多的北方政权想南下，虽然也没那么容易，可造船比养马的难度相对要小，什么时候具备水陆并进的实力，就有机会破局了。

之所以养马比造船难度大，是因为马是动物，是动物就有适配的生长环境。马不耐湿热，喜欢干燥凉爽。中国南方温度高、湿度大，普遍不适合养马，只有云贵高原因为海拔较高，气候凉爽，能大规模放牧。所以在中国马的品种序列中，出自云南的"滇马"始终占有一席之地。西南地区连接青藏、东南亚等地贸易的"茶马古道"用的就是滇马。三国时，诸葛亮亲征平定南中（云贵地区），也是为了不失去这块南方唯一的马匹产地。

南方不适合养马，那北方呢？先声明一下，这里说的南方和北方，限定在长城以南。北方的确比南方更适合养马，在周朝，甘肃、陕西、山西、河北等地都有大量的游牧民族，问题是这些地区同样也适合农耕，与农耕的产出相比，畜牧经济不太划算，因此先秦时为森林草原覆盖的北方地区，都逐步被开垦成了农田。

想在长城之内提高马的供给量，办法也不是没有。比如西汉名臣晁错在策论《论贵粟疏》中就建议："今令民有车骑马一匹者，复卒三人。"意思是老百姓只要能向官府输送一匹马，就可免三个人的徭役。正因如此，汉武帝继位时，汉朝境内的官马达到了四十万匹，民间出现"庶众街巷有马，阡陌之间成群"的养马热情。

不过，这种靠政策支撑的繁荣景象，总体是不符合经济规律的。一旦政策不给力，老百姓还是更倾向于种庄稼，民以食为天，种粮食跟活命直接挂钩。云贵高原几千年来一直能保持滇马饲养，一是因为高原多山，那些不适合开垦的山地天然生有草场，不大和粮食争地；二是在这种多山的地形下，体形矮小、善走山路的滇马是最好的运输工具，茶马古道让养马有利可图。

三

既然南方普遍缺马，为什么元朝的淮西能有马？

首先我们要有一个基本的方位概念。既然这块地方叫"淮西"，那肯定与淮河有关。黄河代表北方，长江代表南方，有南有北，那肯定得有条分界线，这条线就是西边的秦岭与东边的淮河，合称"秦岭淮河线"。秦岭与淮河并不相连，它们中间还有一个连接点，那就是位于河南、湖北交界处的襄阳。所以，历史上但凡南北大战，这条南北分割线上的城市、关口都会成为焦点。南宋与金国签订《绍兴和议》，就是用这条南北分割线做国境线。

凤阳位于淮河南岸，朱元璋和他的"淮西二十四将"妥妥都是南方人。中国人特别讲究对称，有淮西自然就有淮东。整个淮河以南与长江之

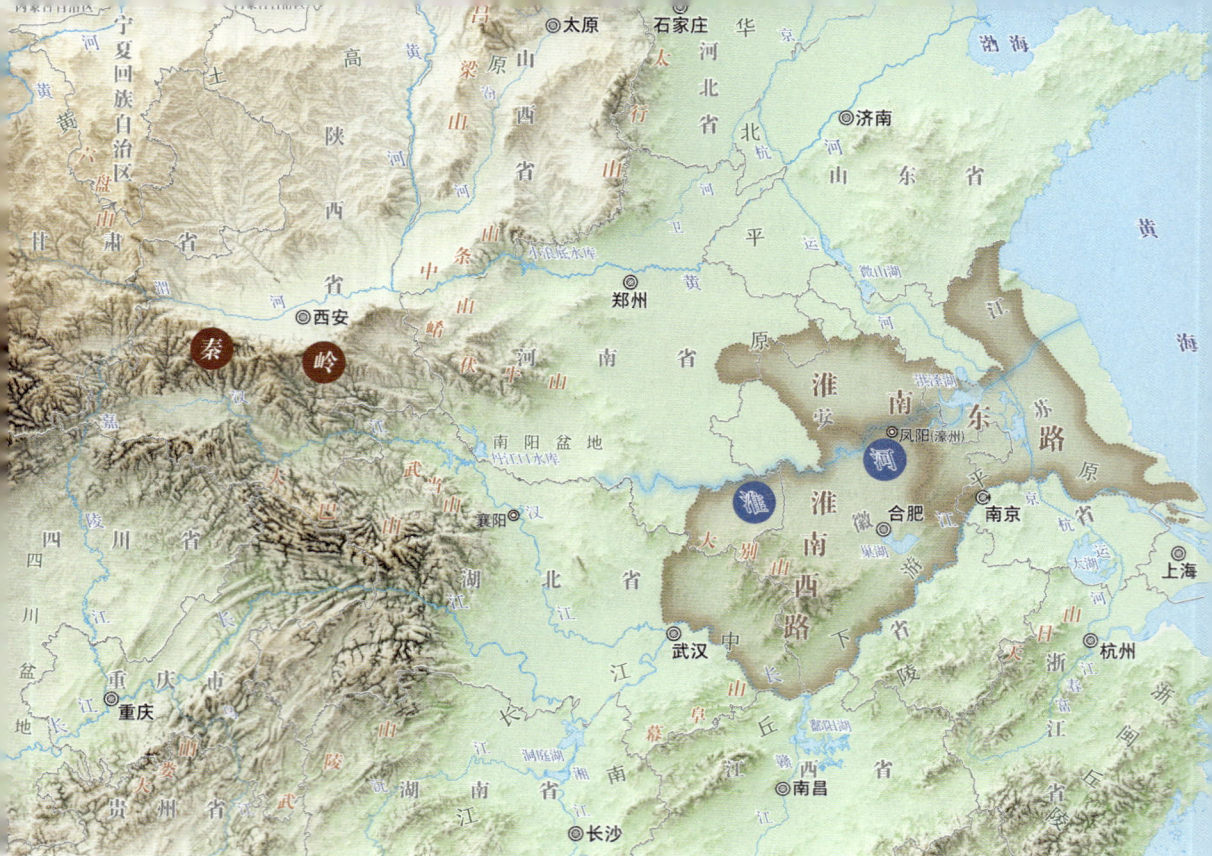

秦岭淮河位置关系图

间的土地被称为"江淮平原"。宋朝在淮南搞了两个行政区——淮南西路和淮南东路，这就是淮西、淮东的出处。朱元璋成功路上有两个对头，一个是张士诚，一个是陈友谅，其中张士诚就是淮东人。

回到最开始的问题，元末遍地狼烟，凭什么朱元璋的淮西集团成了事，连同样出身江淮的张士诚都成了其手下败将？这里面有一个重要原因，那就是元朝早早地就在淮西给朱元璋备好了马，让淮西集团能拥有一支强悍的骑兵。

忽必烈继承大蒙古国汗位那年（1260），蒙古大军已经灭了金国和大理国，为了消灭南宋，忽必烈下令，把禁卫军中那些瘦弱的马匹送往被征服地区育肥，并要求各地官员先行备好草料和养马设施。当时在北京担任宣抚使的徐世隆认为，以前军马都是在北方草原放牧，从来没有在长城以南养过，这种烦扰百姓的事，刚继位的皇帝肯定不会做，所以他就没做准备。这还真被他赌对了，并且被当成得意之事记在《元史·徐世隆传》。不过，徐世隆还是被自己的固有思维束缚了。蒙古人是马上得天下，本身不事农耕，入主中原后，无论为了军事统治还是维持民族特色，都有在长城以南开设官营牧场的动机，因此后来还是在汉地建了马场。

元朝及其前身大蒙古国相继灭了西夏、金国、大理和南宋，从战略角度规划，每一个被征服的国家境内都得建立官马场，支撑当地驻军的需求。在原西夏和金国统治的北方地区，大蒙古国先后在甘肃、宁夏、北京、山东等地设置马场，在原大理国统治的云贵地区也开办了官马场。刚才说到，北方和云贵的地理环境本来就是可以养马的，只要政策支持就能推进。汉朝用免徭役的办法引导，元朝的方法就简单粗暴得多，直接征用土地。庄稼是人工种植的产物，没人打理播种，自然就变成野草丛生的草场。

在淮河以南、云贵以东的原南宋统治区，开辟牧场就有点难度了。南宋的长江、淮河地区，自古没有产马传统。即便是西汉的民间养马，也是在北方。然而作为蒙古人最后征服的政权，也是地域最广大的政权，南宋故地是一定要养马的。否则这些"南人"造起反来，元军"灭火"的能力将大受影响。因此，除去狠下心来把南宋大量农田撂荒成草场以外，元朝人又总结了三条养马经验：一是尽量选靠近北方的地点；二是放马的地方得有山；三是得有盐。

先说第一条。这很好理解，中国在北半球，越往北方天气越凉快。如果一定要在两广地区养马，那不叫迎难而上，而是没事找事。顺便说个典故。今越南北部和中部、广东雷州半岛和广西南部在三国时期名为交州，属东吴辖地，交州政权长期被交趾太守士燮家族把持。为了让孙权默许自己的半独立地位，士燮每年都要进贡很多岭南的奇珍异宝，比如明珠、翡翠、玳瑁、犀角、象牙。孙权也不是个贪图享乐的人，回手就拿这些奇珍异宝跟魏国换马（有段时间东吴是向魏称臣的）。士燮是个聪明人，一看就明白了送马才对路，于是时不时便准备几百匹马给孙权送去。送别的珍宝，东吴也就礼节性地答谢一下，但只要送马，孙权一定要亲笔写信，厚加赏赐，表示答谢。其实两广哪里有马，士燮起家之地是交趾郡（今越南北部），交趾的核心河流是发源于云南的红河，士燮正是顺着这条河，与以孟获为代表的南中豪强做贸易，得到这些马的。

绕来绕去，南方还是只有云贵能大规模产马。

四

既然要在南宋找个靠北的地方，那朱元璋的淮西老家，作为南宋的北方前线肯定是符合条件的。淮西在元朝大部分属于庐州辖区，而庐州就是现在的安徽合肥，所以元朝在淮西设置的官马场被称为"庐州马场"。

现在问题又来了，既然江淮的气候相对凉快，为什么马场设在淮西而不是淮东呢？这就牵扯到南方养马要解决的第二个问题：还得有山。

淮西和淮东地形上最大的区别是，一个西面靠山，一个东面靠海。淮西靠的山是位于安徽、河南、湖北三省交界处的大别山，淮东则地接东海。庐州在元朝时的行政地位是比省低一级、比州高一级的路，庐州路的辖区就包括大别山东部。

山区的海拔差能让山中的气候呈现多样性，形成冬暖夏凉的地方。在塞外游牧需要在不同季节转场，天气特别冷的话，就得指望山谷中那些小气候相对温暖，还有牧草生长的冬季草场。而这事放在南方，正好是反过来的。南方夏季实在太湿热，蚊虫又多，马特别容易生病，所以到了夏天就得赶到山里去避暑，所以靠山的淮西就比靠海的淮东更适合养马。

湖北襄阳作为南宋前线，同样靠北且有山，依托山水建立防线，是它作为兵家必争之地和南方政权门户的重要原因，为什么元朝不在这里养马呢？这就得说回元朝建官马场的初衷。南宋故地范围那么大，一定要勉为其难搞片草原监控，就得有取舍。要是选在襄阳，那马场服务的就是湖北地区的元军；要是选淮西，那监控的就是隔江相望的江南。二选一的话，元朝皇帝肯定得选江南。以南京、苏州、杭州为主要城市的江南是南宋政权的核心区，更重要的是元大都（元朝首都，今北京）的米粮都是靠江南输送来的。《元史·食货志》记载："元都于燕，去江南极远，而百司庶府之繁，卫士编民之众，无不仰给于江南。"意思是说，元大都离江南非常远，但全城人的粮食都得靠江南供应，江南要养活京城那么多人，如果把它的良田毁了做草原，肯定非常不划算。更何况孙权早就用亲身经历告诉后人，长江以南真不适合养马。

　　这种情况下，与江南隔江相望的淮西就得以压倒襄阳，变成一片草原。当然，这个对元朝政权有战略意义的决定，对当地老百姓却肯定不是好事，

第二章
凤阳为什么能出个朱皇帝（中）

一

南方养马第三样不可或缺的就是盐，野生动物只能通过寻觅食物或舔食含盐矿物来获取盐分。一方水土养一方人，也能养一方动物。马在它的原生环境里不用为盐烦恼，一来天气凉爽出汗少（身体出汗会流失大量盐分）；二来欧亚草原地处内陆，绝大多数河流都是内陆河，那些溶解在水里的矿物盐排不到海里，造成内陆湖泊河流及其周边地区的含盐量普遍较高，马儿吃草的时候舔土、喝水就可以补充盐分。

这事到南方就行不通了。南方温度高，马易出汗，水也清甜得多。美国国家科学研究委员会有个研究数据：休息中的马每天需要补充 25 克盐，中等工作量的马每天补充 55～65 克。要是环境炎热或者大量出汗的话，那就得增加到每日 113～170 克。这意味着天一热，马就算不跑不动，需要摄入的盐也得翻几倍。

古人虽不懂这些，但他们观察发现，牲畜吃了盐会长精神。在农村养过牛的人都明白，得定期喂盐，牛才有力气干活，南方养马同样如此，得给马吃盐。《元史》记载，云南"所牧国马，岁给盐，以每月上寅日啖之，则马健无病"。每匹官马每年会发一次盐，然后选在寅日喂给马吃。这里

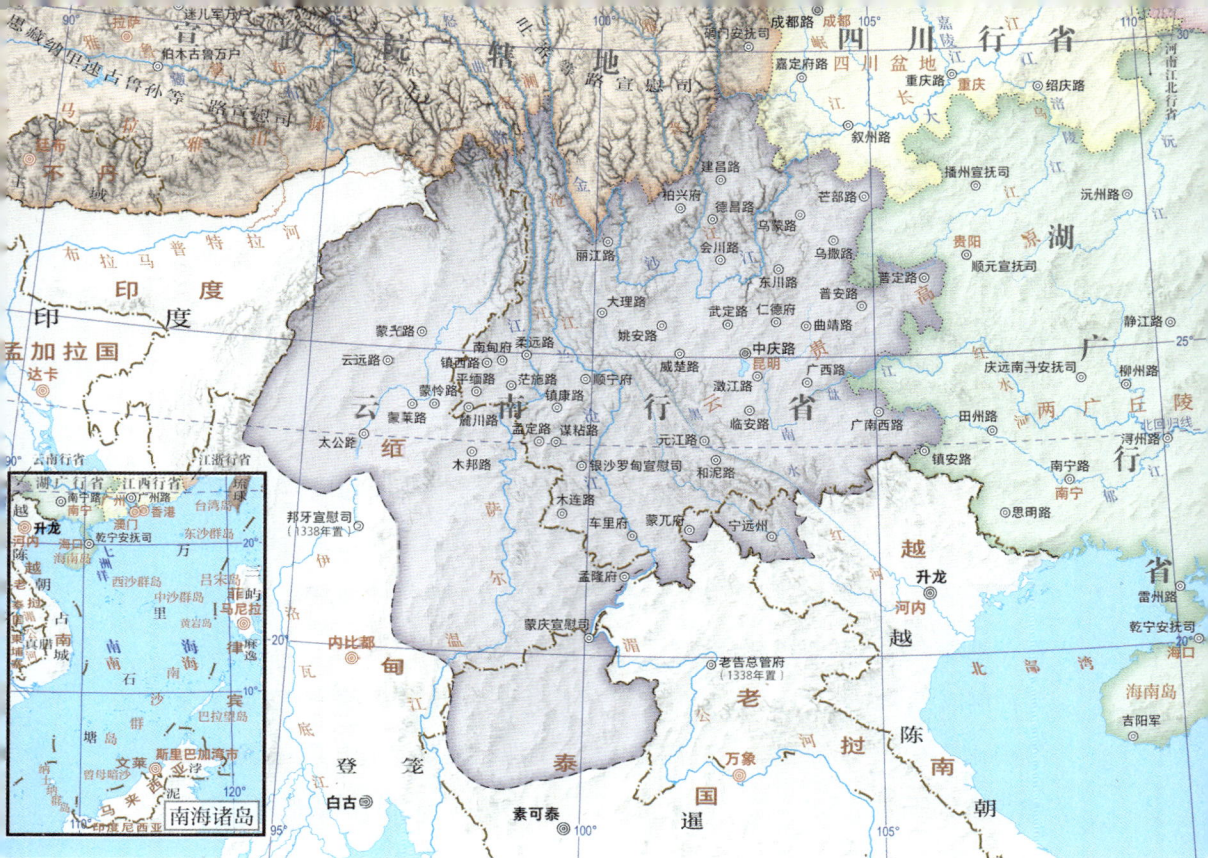

云南行省

说的"寅"是地支里的寅，地支有子、丑、寅、卯、辰、巳、午、未、申、酉、戌、亥十二个，"上寅日喂之"意味着十二天给马补一次盐。

这盐对生活在南方的马有多重要呢？很简单，没盐吃会死。有一年云南发生叛乱，云南行省自己出产的盐运不到官马场，结果大部分马都病死了。还好元朝在云贵建立的"亦乞不薛"马场位于贵州西北毕节地区（当时属云南行省），紧挨着四川，四川的盐又正好产自南部，于是朝廷紧急下令从四川调盐，化解了这场危机。云贵比淮西更靠近南方，但地处高原，气候反而比淮西还凉快，所以昆明才能四季如春，人称"春城"。

在淮西养马需要更多的盐，庐州马场最好能就近解决盐的问题。庐州和淮西属于安徽，安徽这地方不产盐，不过隔壁江苏却是中国最重要的产盐地，出产的盐被称为"淮盐"。为了控制淮盐，元、明、清三代都设立了"两淮都转盐运使"的官职，喜欢看清宫戏的人估计知道，这可是个肥得流油的差事。这里说的"两淮"指的不是淮东、淮西，而是淮东和它对应的淮河以北地区，就是江苏的长江以北部分，简称"苏北"。

淮西和安徽不产盐，是因为它们只靠山不靠海。海水是咸的，理论上只要靠海，盐就取之不竭。但从经济的角度看，靠海能不能成为盐生产基地，还牵扯到一个成本问题。长期以来，产自苏北的淮盐，无论是提炼成本，还是生产规模，都拥有很大优势，这与苏北海岸线的地貌有关。整个江苏地理上最大的特点就是"平"，几乎完全被长江、淮河、黄河三条大河冲刷成了平原。沿海平原的海岸线并不是一条泾渭分明的线，平原向东缓缓地没入海中，海水一退潮就露出大片的滩涂地。日子长了，这些滩涂地在涨潮时也能露出地面，就变成了真正的陆地，滩涂的位置也继续向东延伸，整个华北平原都是在亿万年时间里这么长出来的。

被海水浸泡过的滩涂肯定是不能种地的，做港口也不行，不管是大点的渔船还是一般的商船，都无法靠岸，可以说除了在退潮时赶个海，让居民摸点贝壳、小螃蟹什么的，真是一无是处，直到人们发现，滩涂在制盐上有独特优势，这才算彻底改变了苏北沿海的命运。

二

一提到煮海水为盐，大家想到的肯定是架口大锅，直接蒸发海水。最早的确是这样的，不过真要只用这笨法子，苏北沿海地区也就没什么优势了，你这儿的海水含盐量，并不会比中国其他沿海地区高到哪儿。

淮盐的优势是在唐宋时期体现出来的。这一时期淮盐在生产工艺上，开始采取"煎盐"而不是"煮盐"的方法。

滩泥是天然的过滤器，浸泡过海水后，会把更多的盐分留在滩泥下的海水中，煎盐法是引草木灰把留在滩泥下的高浓度海水吸出来，再用水把盐溶解出来，滴在烧热的铁盘上迅速蒸发成盐。这样做的好处是省工省燃料，就是制盐的人得手快，盐一结晶马上从铁盘上扫下来，整个过程就好像煎荷包蛋。宋元之后，又出现了晒盐法，做法是在滩涂上筑个堤坝，潮水上涨时把海水放进来，退潮前把堤坝再堵上，利用太阳和相关工序慢慢把盐给晒出来，现在的盐场也都是用晒盐法。明朝时淮河以南沿用煎盐古法，淮河以北则以晒盐为主，不管哪种法子，滩涂都成了产盐的富矿。

淮盐因为滩涂而获得的成本优势，使之得以击败中国其他沿海地区，成了古代中国最重要的食盐品类。在北宋所有的产盐地中，淮盐的产量占比能达到一半，南宋时的占比更高。有淮盐在，元朝在淮西养的马自然是不会缺盐的。

虽然淮河南北的沿海都能产盐，但大部分盐场还是分布在淮河以南，也就是淮东。元朝在两淮一共有二十九个盐场，其中二十六个位于淮东，三个位于淮河以北，除了两个位于淮北连云港的盐场因海岸线变化废弃重建外，其余基本是继承宋朝的。张士诚的老家就在位于淮东的江苏盐城，听名字你就知道这座城市是因产盐而兴起的。张士诚本就是盐贩出身，跟他起事的也是负责晒盐的"盐丁"，可见这片土地和盐捆绑有多紧。

淮东的盐可不光是方便养马那么简单，更代表着钱。维持政府运转的钱要通过税的形式收上来，很多人觉得收税挺简单，反正军队在政府手上，想怎么收就怎么收。其实收税是很有学问的，讲究的是细水长流。评点中国历朝历代末期的混乱局面，都少不了"横征暴敛"四个字，民国时期四川有军阀把税预收到了"民国83年"，一算公历那得是1994年。与这些杀鸡取卵式的做法相比，盐税的设计可谓非常巧妙。英国人有句话："税收这种技术，就是拔最多的鹅毛，听最少的鹅叫。"你不能抓住一只鹅往死里拔，最好每只鹅都偷偷拔一两根毛。盐是人人都要吃的，用量又不大，收盐税就可以做到这点。重点在于你得把盐弄成政府专卖，不让民间私自流通，然后把税加在盐的售价里，这法子最早是春秋时期齐国名相管仲发明的，齐国也因此富甲天下。

此后盐税和食盐专卖，成了中国历代王朝最重要的财政手段。司马光在《资治通鉴》中说："天下之赋，盐利居半，宫闱、服御、军饷、百官俸禄皆仰给焉。"元朝的行政管理简单粗放，更加倚仗盐税。到朱元璋出生那年，盐税竟然占到元朝财政收入的八成，而这些盐税又大多是由淮盐贡献的，《元史》记载："国家经费，盐利居十之八，而两淮盐独当天下之半。"

三

淮东有盐，江南有粮，两样东西都关乎着帝国安危。元朝在淮西牧马养军，监控这两片钱粮之地，看起来是不是设计得特别完美？理论上的确如此，不过还有一个大问题，那就是元朝的都城在北京，整个政权的重心也是北方，南北之间总得有条看得见、摸得着的纽带，才能有机整合在一起。

别的不说，元大都上上下下都指着江南的粮食过日子，得想办法把这数以百万计的粮食源源不断地运过来才行。这事倒也不难，前朝早就铺好了路，那就是"京杭大运河"这条南北水上通道。打通黄河、淮河、长江三大水系造运河这件事，春秋时期就已经在做了。魏国的运河连通了黄河与淮河，吴国的运河打通了淮河与长江。等到隋炀帝上位，更是集全国之力，连通了能从杭州一路船行至北京的大运河。隋朝的迅速灭亡与挖运河激起的民愤有直接关系，但客观来说，这条大运河是一项堪比长城的伟大工程，把中国南方、北方用一条实实在在的水路连接在了一起。唐代文学家皮日休曾写诗为杨广抱不平："尽道隋亡为此河，至今千里赖通波。若无水殿龙舟事，共禹论功不较多。"都说修造运河导致隋朝灭亡，但至今南北通行还要依赖此河，如果没有造龙舟享乐之事，隋炀帝的功绩堪比治水的大禹。

运河最直接的功能是调粮，被称为"漕运"。除了"南粮北调"以外，漕运还有一个隐性的用处，能够让沿线官吏从中获利，无形中让整个运河沿线地区结成利益共同体。现在有个流行梗叫作"百万漕工衣食所系"，用来讽刺守旧的既得利益者，用牵一发而动全身的理由来要挟改革派的做法，但若真设身处地从统治角度看，这运河沿线的利益还真不是说动就能动的。

大运河诞生之后，它的成败还直接反映出这个王朝对水利建设的态度。中国人把兴修水利叫作"治水"。兴修水利不光是为了排洪和灌溉农田。蝗灾、旱灾、水灾是古代中国三大自然灾害，多少农民起义的导火索都是它们。俗语说"大旱过后必有蝗灾"，朱元璋十六岁那年濠州大旱，次年又是蝗灾，饥饿和疫病带走了他的父母和大哥，活不下去的他不得已去皇觉寺出家做了和尚。饥荒之年，庙里也没多余的粮食，再然后就只能出去逃荒要饭了。表面看，只是旱灾和蝗灾关联紧密，实则不然。这两种灾害产生的根源都在于水患，长城以南的土地整体不缺水，但降水不均，降多了就形成水灾，降少了又有旱灾。解决的办法是兴修水利，水利工程修好，人类就有了调节水资源的能力，减少水旱灾的发生。现在中国多少年都没见过蝗灾了，从根子上说就是大修水利的红利。由此也可知大禹为何有那么高的历史地位。

不幸的是，元朝马背上得天下，对农耕区的治理本就不在行，也不上心。蝗灾作为三大灾的最后一环，它的频率最能从侧面体现出社会的混乱程度。根据《中国救荒史》一书统计，两宋的蝗灾平均 3.5 年出现一次，明清的蝗灾平均 2.8 年出现一次，元朝的蝗灾平均 1.6 年就闹腾一次。

这后世比前朝多一倍的灾，让老百姓怎么活？

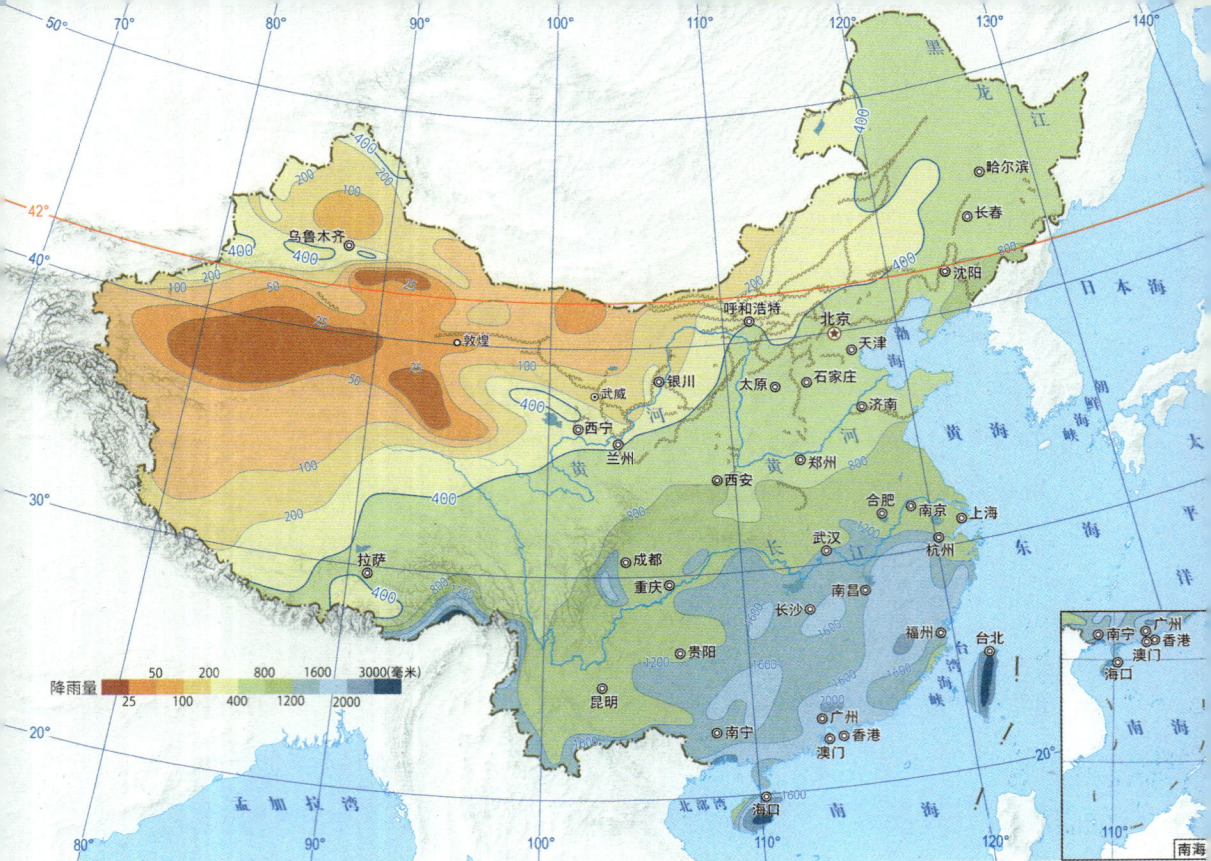

中国降雨量分布图

四

在南北向的大运河开凿成功后，十字交叉的黄河与大运河，共同组成了影响中原王朝国运的两条大动脉。而大运河能不能畅通，很大程度还是取决于黄河是否稳定。黄河一旦泛滥，不光沿线地区遭灾，还会破坏大运河的航道。所以不管有没有大运河，古代中国治水的核心问题一直在于治黄。

黄河难以治理，原因在于它在经过中游土质疏松的黄土高原时，把大量泥沙带到下游的华北平原。日子一长，河床就被淤塞得与河岸一样高。水往低处流，没了河床的束缚，那黄河可就成了脱缰的野马，像个大扫把

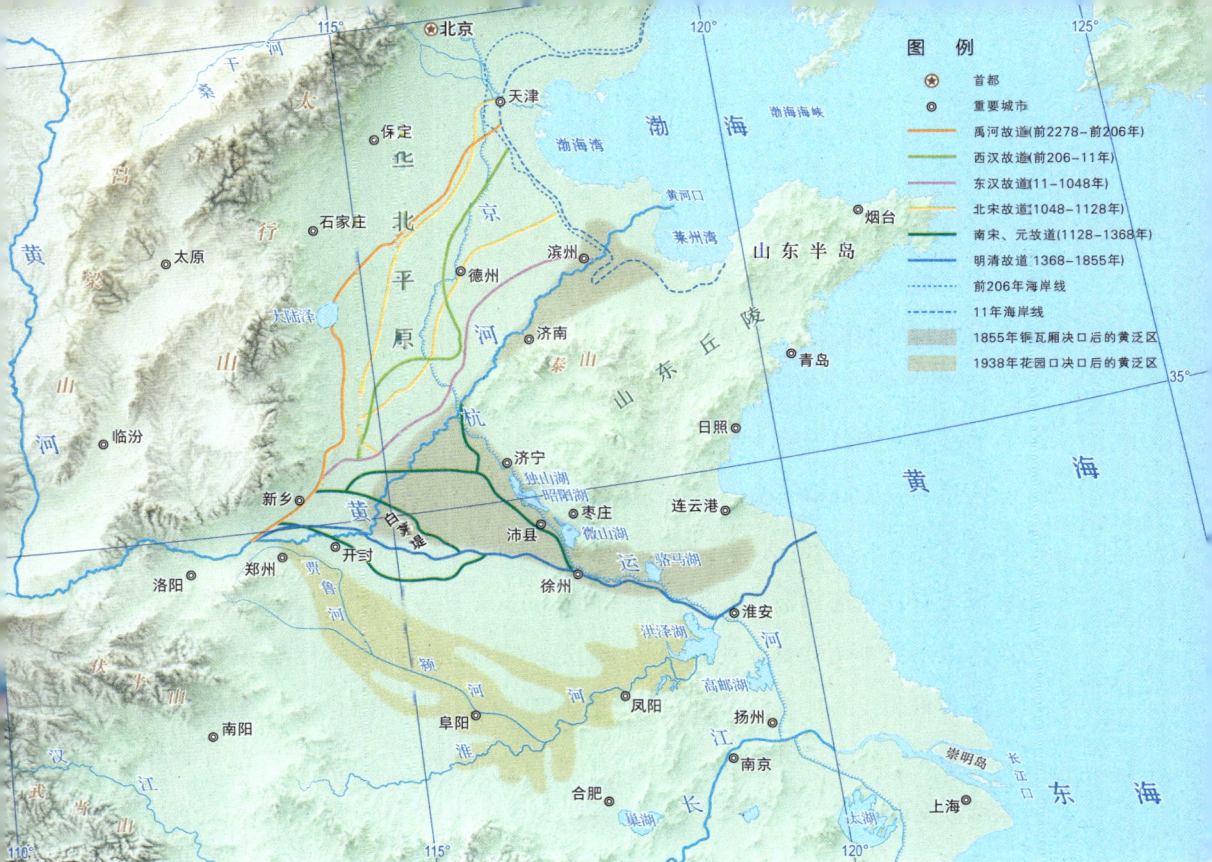

历代黄河改道示意图

一样在整个华北平原横冲直撞。一会儿跑到河北从渤海入海，一会儿跑到江苏，侵夺了淮河的入海口，只得从黄海入海。

为了不让黄河危害两岸的土地，从战国时代起，中原诸侯就开始在河岸两侧修筑堤坝，免得一发洪水就冲毁两岸的农田。然而这种做法，在客观上却又增加了灾害发生时的破坏力。你可以想象，黄河水越蓄越高，就会变成地上悬河。堤坝总不能无限加高，哪天到了临界点，水把堤坝冲垮，那水灾的破坏力是会成倍增加的。人可以与天斗、与地斗，但不能保证一定斗赢。以古代的生产力，不可能从根本上解决水患。古人也知道含沙量太高，是黄河水患不绝的根本原因，所以《幼学琼林》中还有"圣人出，黄河清"的说法。

可惜，能让黄河清的圣人没见到出，自己主动把堤坝给扒了的败家子倒不少。最著名的人造水患便是1938年的"花园口决堤"。为了阻止日军南下，当时的国民政府下令在郑州花园口决堤，结果在黄河与淮河之间形成长约四百公里，面积将近三万平方公里的黄泛区，八十多万人死于非命，千百万人流离失所。

这并不是黄河第一次人为的向淮河方向改道。1127年，金兵攻破东京汴梁（今开封），掳徽钦二宗北去，史称"靖康之变"。同年宋高宗赵构在南京应天府（今河南商丘）即位（后迁往临安，即今杭州），是为南宋的开端。次年原本留守开封的名将宗泽病死，继任的杜充没信心守住开封，一边逼着想北伐的岳飞南撤，一边自己逃跑，顺便扒了开封一带的黄河大堤。本来北宋时期，黄河还是走北线往河北方向入海，这一决口，部分黄河水就往安徽、江苏方向改道了。

元朝也不能甩锅，后来蒙古灭金时，蒙古人为了摧毁金人的抵抗意志，又是两次在黄河南岸决堤，这下彻底让黄河水往淮河方向漫流了，很多淮河北岸的支流都被黄河水填充，这种现象被称为"黄河夺淮"，由此在黄河与淮河之间造成了面积巨大的黄泛区。

第三章
凤阳为什么能出个朱皇帝（下）

一

以古代的技术条件，水运无论在成本还是规模上都具备无可比拟的优势。长城以南又不缺河流，所以哪怕是金、元这种带着马上基因的王朝，进入中原后也不可能无视水运的优势。

运河大家都会修，但要说连通南北的大运河，那就得依靠统一全国的力量，或者具有统一天下的雄心，在统一的过程中做到。当初曹操父子为了一统天下，就已经疏通了北至燕山、南至江淮的运河，曹丕还一路坐着船到了长江口亲征东吴。

南方本来就更加倚重水运，不管是统一还是割据，都会去保证河道畅通。因此元朝拿下南宋后，要是想从江南运粮到北京，淮河以南怎么走船倒是不愁，问题出在原本被金国控制的北方。金人入主中原，把都城迁到了北京，谓之"中都"，元朝同样在此建都，改名为"大都"。假如金国有志吞并南宋，学曹操父子疏通从燕山到淮河的水道，等元朝一统之后自然就能建成"京杭大运河"。

可是元朝并没能捡着便宜。很多人一直恨秦桧主导的绍兴议和，让南宋从此断了北伐的念头，可是从金国的角度看，又何尝不是满足于南北朝的格局呢？这就是个麻秆打狼两头怕的事，金国还怕修复了运河后，给南宋主战派北伐提供便利呢。这种情况下，宋朝守将杜充扒了黄河大坝，破坏了原有的运河系统，反而给两国间弄出了一个黄泛区充当缓冲。

至于运河，金人倒也修了点，比如从山东到北京的那部分，为的是把山东的粮食供给京师。等元世祖忽必烈灭南宋后，这修筑南北运河的事，终于成了迫在眉睫的大事，如果不能把江南的粮食运到京师，仗等于白打了。

身为外族，忽必烈在后世汉人那里的口碑还是不错的，这得益于他比前面的四位蒙古大汗更注重用汉臣、施汉法。其实这也是个客观规律，忽必烈上位时，蒙古人入主中原已经差不多三十年。孔子说"如有王者，必世而后仁"，意思是说如果有王者兴起，也一定要一世之后才能推行仁政。一世就是一代人，《说文解字》解读为三十年。孔子离现在两千五百年，已经传到83代，正好三十年一代。

总而言之，一个政权建立的初期肯定是混乱的，得隔一代人的时间，等统治稳定下来后，再想如何治理。这个治理的精髓，重点就在于遵循被征服地区的运行规律制定政策。忽必烈继位那年，本来下令把禁卫军中那些瘦弱的马匹送往中原地区饲养，后来又作罢，就是尊重规律的表现。

二

不在长城以南养马，为的是不扰动当地原有的农业结构；那遵循前朝惯例兴修水利、疏通南北运河，同样也是元朝决心做一个合格中原王朝的体现。这一点，忽必烈还真努力去做过。我们今天看到的大运河虽然从历史源头看是归功于隋炀帝，但真要从具体路线的开通来看，应当归功于忽必烈。这就好像大多数人一说到长城，就认定是秦始皇的功劳，其实现在看到的基本是明长城，路线与秦长城也不十分吻合，那得归功于朱元璋。

元朝南粮北运路线图

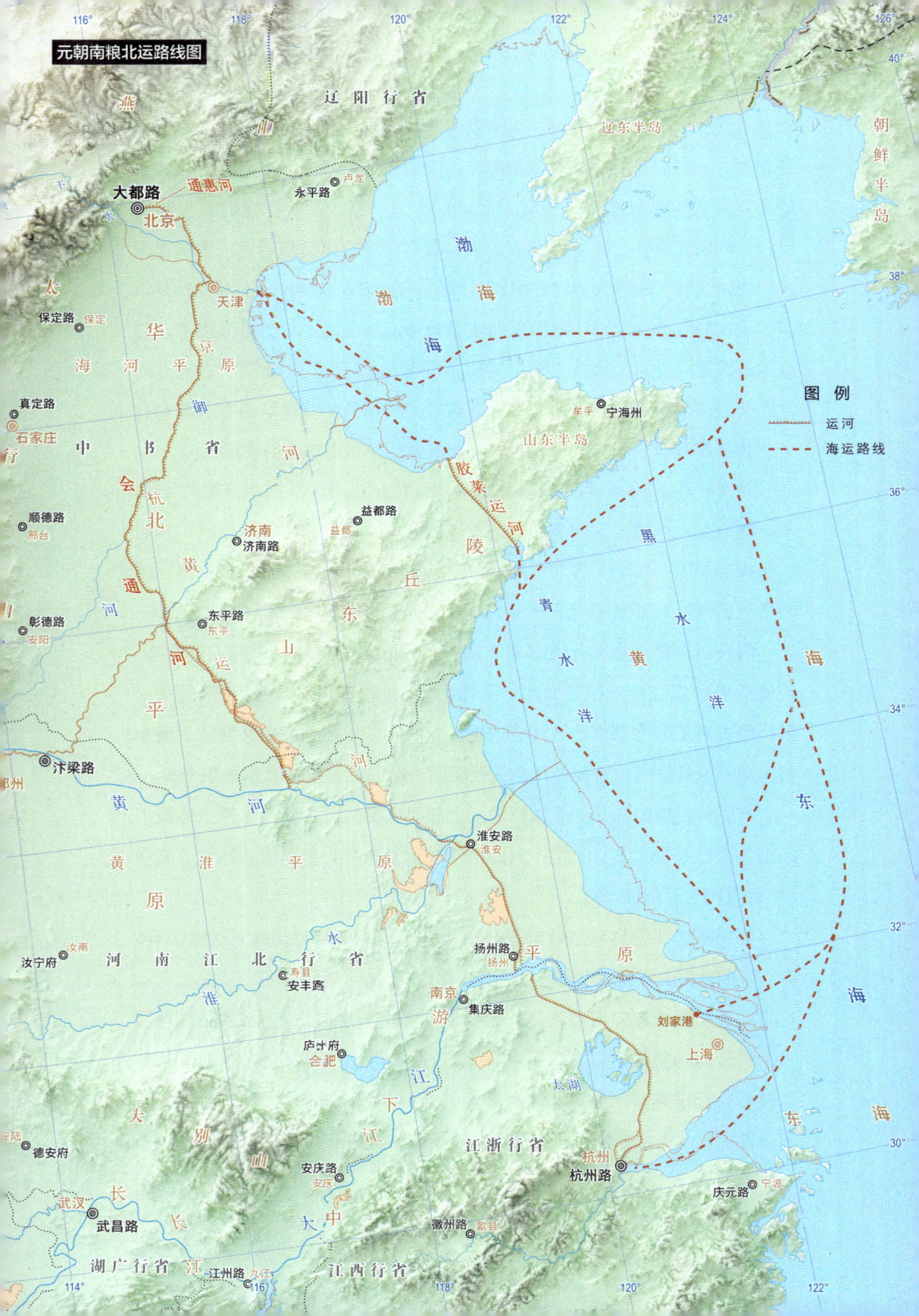

图 例

⊨⊨⊨ 运河

----- 海运路线

燕　山

辽阳行省

辽东半岛

朝鲜半岛

渤　海

大都路
北京

通惠河

永平路
卢龙

保定路　保定

真定路

石家庄

太　行

华　北　平　原

京

御

河

河

海河

天津

宁海州
牟平

山东半岛

胶莱运河

黑

水

洋

顺德路
邢台

中　书　省

济南
济南路

益都路
益都

东

丘

青

水

黄

洋

彰德路
安阳

会

通

黄河

河

平

东平路
东平

运

山

原

河

东

海

汴梁路

黄　淮　平　原

黄河

郑州

淮安路
淮安

汝宁府　汝南

河　南　江　北　行　省

寿县
安丰路

淮

扬州路
扬州

平

原

刘家港

德安府

武汉
武昌路

大

别

山

庐州府
合肥

南京
集庆路

下

江

江

长

中

江

太湖

江　浙　行　省

上海

东

海

安庆路
安庆

湖广行省

江

江州路　九江

江　西　行　省

徽州路　歙县

杭州
杭州路

庆元路　宁波

不管什么时代的大运河，淮河以南的部分路线变化都不大，变化主要在北方。运河的直接服务对象是都城，隋炀帝把都城定在洛阳，所以他修的大运河并不是以北京（当时叫涿郡）作为终点，而是把洛阳定为起始点，分别向北京和杭州延伸两条运河。北京、杭州离海都不远，洛阳则深入内陆，这就让隋唐大运河在中国地图上的走向像一个小于号"<"。

元朝的都城在北京，把旧航线重新疏通虽然也能走，但是太绕了。最好的方案是在北京、杭州之间走直线。隋唐大运河的这种走法，在北方地区主要经过的是河南、河北两省。裁弯取直的话，那就得从山东西部穿过去。忽必烈时代在水利工程上的贡献，主要就是在山东境内修运河。

元军是在1276年拿下南宋首都临安（杭州）的。从这年开始到1289年，在山东境内修运河的事断断续续地展开了。先是修了段济州河，然后扩张成会通河。整个工程北接黄河故道，南连淮河北支泗水，算是用一段全新的运河拉直了原来的南北水上大通道。

两条运河都是在元代著名科学家官员郭守敬的参与、主持下贯通的。贯通后可以让江南的粮船北上，一路运至通州。通州现在是北京的一个区，但离真正的北京核心区还有段距离。四年以后，郭守敬又修通了通州到皇城脚下的运河。自此，江南的粮船能一路北上，直抵北京的积水潭。

据史料记载，忽必烈从塞外的元上都回大都时，看到积水潭中停满了江南驶来的漕船，龙心大悦，当即给这段运河命名为通惠河，还赏了郭守敬一万两千五百贯钞票。

后来明清两朝也都是沿着忽必烈开辟的线路搞南粮北调。这样一算，忽必烈的功劳并不比隋炀帝小，最起码得齐名。

不过与隋炀帝齐名可不是什么好事，一个被后世认定为亡国的昏君，一个是开国的明君。忽必烈还在做王爷时，就找了原来金朝的状元王鹗，让他给自己讲解儒家经典和"齐家治国之道，古今事物之变"。忽必烈并不是没文化的人，肯定是不愿意重蹈隋炀帝的覆辙的。

三

一项工程那么大，牵扯到的人力、物力非常庞大。元朝初期不能说对水利工程不重视，无论负责官员的品级还是官员的规模，都比前朝要高要大。在皇城根下修通惠河的时候，忽必烈甚至要求开工时，丞相以下的百官都听从郭守敬的安排，带头参与劳动（当然，肯定是象征性的了）。

离皇城远的地方，忽必烈就很难盯到了。隋炀帝大修运河激起民变，忽必烈修运河同样拉过一波仇恨。怪只怪元朝统治阶层习惯了粗放的游牧生活，客观上越是高位的官员，越是漠视中原王朝的治理规律，像郭守敬这样又懂技术又负责的官僚是少之又少。

身居高位的官员不光没真才实干，往往还会借机搜刮民财。比如修济州河期间，当时主政山东的官员王恽就吐槽道，"济州河工程役使民夫一万余名，记工八十六万五千余工，工程所用木材、石材从地方和买却不支付价钱，日夜督工催运却不支付脚价"，结果造成许多百姓破产逃窜。

要是只在修运河的时候有问题也就算了，咬咬牙努努力是能扛过去的。元初"武力值"充沛，就算老百姓造反也能镇压下去。可是运河并不是修好了就一劳永逸的，需要经常维护，尤其是水灾过后。古代中国老百姓需要承担的税主要有四种：税赋徭役。其中的"徭"就是无偿替官府出工干活。干活可以，但你不能买东西也不给钱啊！一直这样做，什么工程都耽误了。

更大的问题在于日常运营。维持大运河的运行，非常考验帝国的行政管理水平。京杭大运河一共一千七百多公里，倒不是真的要开挖那么长。大多数河段都是利用天然河道，真正要人工开挖的是两河之间的那些连接线。

全新开挖的距离不算长，难度却不小。距离很近的河流之所以能各自独立，原因在于它们之间有海拔高出河道的分水岭。虽然分水岭不一定真的呈现山岭状态，工程人员也一定会选最低平的地方开挖，但海拔差总是客观存在的。翻越分水岭的运河，往往会因为水浅而难以行船。用船闸解决，在需要通行的河段两头设立船闸，有船要通行时先驶入两道船闸之间的河道，随后封闭船闸，把面朝上游的船闸打开蓄水，等蓄到可以行船的水位时，再把行船方向的船闸打开。现代船只翻越大坝，比如三峡大坝用的都是这法子。

说起来，中国算是最早利用船闸解决行船问题的国家。秦朝征南越时期曾修过一条沟通长江、珠江水系的灵渠，就使用了时称"陡门"的船闸技术。元朝修运河时也用到了船闸技术，像会通河就总共设立了三十一道闸门，复杂程度可想而知。这就需要设计一套大家都必须遵守的通行规则。比如船太大的话容易搁浅，通过船闸也需要更多的蓄水时间，那就必须限制船的吨位。又如不能来一艘船就蓄一次水，一定要有一个时间点，没到点大家就排队等候。

然而这些在以宽治天下的元朝却很难做到。运河的管理混乱到什么程度呢？宋元明三代计算一艘船只大小用的单位是"料"。比如后来郑和舰队的主力船只大小在一千五到两千料之间。不过那是海船，内河行船要小许多。为了航道通畅，管理运河的官员曾向朝廷建议船只大小不能超过一百五十料。结果大都和江南权贵们为了攀比，造的"红头花船"最高能到五百料，特别容易堵塞航道。而且这些权贵到了船闸就要通行，看闸人要是不肯放水，就会被鞭挞。凡此种种，不胜枚举。

四

说实话，忽必烈也知道运河之事牵扯太广，并没把希望全部寄托在运河上。因此在开凿运河的同时，他还启动了海上粮道做备选方案。

这件事说起来还和南宋的覆灭有关。海上丝绸之路兴于唐而盛于宋。宋高宗赵构认为："市舶之利最厚，若措置得当，所得动以百万计，岂不胜取之于民？"意思是说海上贸易利润丰厚，只要政策得当，收益以百万计，胜过与民争利。南宋大力发展海上贸易，给偏安政权注入了许多海洋气息，就连它的亡国之战，都是一场"崖山海战"。

以一场海战完成王朝更迭，这在中国历史上可是唯一一次。在攻灭南宋的过程中，原本隶属南宋的那些海上力量，除了以死殉国的将士，其余都投降了元朝。这当中最知名的，是后来参与元朝远征日本战争的水军将领范文虎。

身为江西人的范文虎，虽然名气大，但真要比起对海洋的熟悉度，以及对元朝历史的深远影响，倒真比不上另外两个鲜为人知的南宋降臣：朱清和张瑄。这两个人的老家都在现在的上海（一个在崇明，一个在嘉定），二人先是贩私盐，后来做了海盗，再后来遵循"杀人放火受招安"的成功学路径，被南宋招安。反正是为了做官，在谁家做不是做呢？等元朝打过来后，二人又识时务地归降了忽必烈的丞相伯颜，加入了灭宋之战。

元军攻下临安后，伯颜马上着手把南宋库藏的图书典籍给送回去，这在古代也是灭亡一个国家的标志。此时运河未通，向朝廷报喜邀功这件事却是耽误不得。所以这件事就被交给了江南海盗出身的朱、张二人。

任务圆满完成后，身为丞相的伯颜随之想到，为什么不用海运的方法把江南的粮食直接运到大都呢？南宋遗民在元朝被称为"南人"，北方地区的百姓则被称为"汉人"。由于属于最晚被征服的，整个南人群体包括官吏，在元朝社会处于鄙视链的底层。为了得到新朝廷的重视，以朱清、张瑄为代表的一些南宋降臣，都对海运方案表现出极高的积极性。

北京不靠海，但天津靠海。海运的粮食可以沿海岸线运到天津，然后顺天津与北京之间的河道，换小船转运至大都城。包括通惠河的修通也不只是服务于运河漕运，海运过来的粮食，同样可以借助通惠河解决最后的入京问题。

问题不是出在天津到北京这一百多公里的水道怎么走，而是在于山东这个中间点。你去看中国的海岸线就会发现问题。山东整体是一个半岛结构，往海洋方向延伸了四百多公里。沿海岸线走的话，等于绕了一个大圈子。朱、张二人一开始试验海运粮食的时候，由于没计算好风向，到了第二年才把粮食运到。

这里还有一个问题，那就是海上的气候环境更为复杂。山东的最东端叫"成山头"，是个三面环海的凸出部，南来的海船走到这里时，开始绕到半岛北部。这样一个位置太过深入海洋，风浪极大。当年孙权派往辽东的使者，回程时船只就在成山头被海风吹得触礁、搁浅，几乎被埋伏在那儿的魏军团灭。在最初的试运过程中，就有船只遇难沉没。

五

要说解决办法也不是没有，山东内部有两片山地，一片在延伸入海的胶东半岛上；一片在以泰山为核心的山东西部，中间有一条平原带，被称为"胶莱平原"。北边连着渤海，南边接着黄海。为了减少损失，元朝在修大运河的同时，还在这条平原带上修了一条把山东一分为二的"胶莱运河"。

应该说这还真是个不错的方案，不光能够躲避成山头的风浪，还能够缩短五百多公里的航程。要是能一直沿用下来，中国最大的岛屿就不是台湾岛而是"山东岛"了。

可惜这条费时费工挖成的"胶莱运河"没用几年就被废弃了。原因有三个：一是水太浅，每次要等到涨潮的时候才能够行船；二是海船大，内河船只小，到了山东就得换船倒腾一次；三是走海运是因为维护运河太麻烦，随便哪个环节出了问题，比如运河因天灾人祸被堵住，那运粮的事就

图例
⊥⊥⊥ 运河
– – – 海运路线

大都路
通惠河
北京
华
永平路 卢龙
辽阳行省
辽东半岛
辽阳行省
渤海
海河
平原
京
天津
河北
御
中 书 省
河河
杭
清
黄
济南
济南路
山
大
泰
会
运
东平路
东平
河
原
河
山
益都路
益都
陵
丘
东
渤 海
宁海州
牟平
山东半岛
胶莱运河
黄 海
黑 水 海
黄 水 洋
青 水 洋
洋

胶莱运河

得耽误，还要经常征调当地百姓去维护。假如在海运路线中间再插一条运河，对比河运来说，减少民力消耗的优势就没了。

总结下来，元朝搞南粮北调有三条路线：一是纯内河漕运的京杭大运河线；二是海河联运的胶莱运河线；三是能从江南一路海行至天津的海运线。三条路线的背后，都有相对应的官僚集团在博弈。忽必烈一开始也是三管齐下，看谁能有办法把粮食安全地运到大都。

实践证明，最终胜出的是海运派，在江南海运势力的不懈尝试下，终于摸清了利用海路运粮北上的门道。《元史》记载："当舟行风信有时，自浙西至京师，不过旬日而已。"借助每年夏季盛行的东南季风，从江南到大都的粮船只要十天就可以抵达。

当然，天有不测风云，运输过程中粮船颠覆的事件每年都会有。不过走内河运输，翻船、进水的损失同样少不了。而且经过的地头那么多，每过一地都多多少少会被刮点油，算下来还是海运划算。

忽必烈活了八十岁，在位三十五年。在去世那一年，他做出了最后的决定，以后南粮北上就走海运了。当然，这也不代表运河就要完全放弃。南来北往的官员、商人们，主要还是走运河。值得一提的是，忽必烈死后，长城以南包括淮西的官马场，也在蒙古贵族的坚持下开办了起来。

至此，元朝在养马和南粮北调这两件关乎王朝根本的大事上，彻底走上了一条与其他大一统王朝截然相反的道路。而"南方养马，海上运粮"的国策，也为朱元璋在淮西的崛起埋下了伏笔。

第四章

大元帝国的崩溃（上）

一

元朝"南方养马，海上运粮"的做法，给自己埋下了一颗定时炸弹，引爆是迟早的事，尤其是"海上运粮"。影响运河通畅程度的因素很多。比如正常情况下，船闸应该用石头做，但是忽必烈时代修的运河，因为赶工和贪墨的问题，很多都是用木头做的。时间一长就得更换，误时费工。

这些修修补补还能对付，最难以克服的影响是水患，尤其是黄河水患。这条阴晴不定的母亲河，保不齐哪天就会发脾气。这些事关运河及沿线地区安危的大小事，皇帝不可能都知道，但若是用运河运粮，粮食只要不能到京城，势必引发京师动荡，到时候龙椅上的皇帝就是想捂住耳朵都不行。

这意味着用运河漕运江南的粮草入京，还有一个重要隐性的功能，那就是考核沿线地方的治理。

若换成从江南直接海运粮食到京城，预警功能可就没了。元朝江南运粮的起点是长江南岸的"刘家港"，位于江苏太仓，与现在的上海相邻。江南各地的粮食运到刘家港，装上船就直接从长江口出海了。连朱元璋、张士诚在江淮的老家，也完美地被海运线绕过。

吸取元朝的教训，后来的明、清两代都主要还是依托运河运粮。明、清两代分别设立了"河道总督"和"漕运总督"的职位。河道总督掌管黄河、淮河、运河等河流的堤防、疏浚等事宜，漕运总督专司漕粮运输。这两位总督直接向皇帝汇报工作，把这河务和漕运的事统管起来，避免地方上不作为影响国家安全。

中国本来就是一个水患频繁的国家，黄河那么大的含沙量，就算是尽心尽力地加高堤坝维护，到了一定时间也得溃堤。忽必烈在位期间，黄河至少决过大小三次口，虽然事后都被堵住了，不过联想到连修运河都能用木头闸门糊弄朝廷，可见修补质量之差。无非是在枯水季用土石草草堵一下，能应付过去就行。旧堤更是不会花钱花人力去维护，用不了几年再遇上高强度降水，不知道哪个地方就还会溃堤。

果不其然，忽必烈死后到元朝末代皇帝元顺帝继位那一年，就四十多年时间，光《元史》明确记载的黄河决口事件就有六七次。忽必烈死前下决心从海上运粮，也是因为认定自己都搞不定的事，后世子孙就更难了。

等元朝把"南粮北调"的线路移到了海上，那长江以北各地对于维护水利这件事，那可就更难上心了。就算灾荒不断，只要不严重影响朝廷收钱粮，北京城的皇帝也下不了决心，对黄河水患来场彻底治理。

事情总会有一个由量变到质变的过程。这不，该来的还是来了。等到忽必烈死后第五十年，终于出大事了。黄河在 1343 年把山东、河南交界处的白茅堤冲垮。这还不算完，第二年 5 月又连着下大雨，平地水深二丈，不光把刚堵上的白茅堤再次冲垮，还把隔壁始修于东汉年间的金堤一并给冲垮了。

二

这两次决口属于"北决"，也就是把北面的大堤给冲垮了。口子又实在是太大，大到光靠地方的力量是肯定堵不住的，大到能对帝国的安危造成结构性影响。

为什么这样说呢？本来黄河自从杜充扒堤之后，已经转向南流夺淮入海。客观上让元末饱受黄河水患困扰的河南、山东地区轻松了不少。这两次连续决口，等于让黄河重新回到了沿山东以北，北宋时期向渤海方向流淌的故道。

问题是水往低处流，黄河水可不管你是不是故道，流到哪儿算哪儿。所以每次改道，都会先形成纵深几百公里的黄泛区，然后通过治理把它固定在一条河道上。就算是北宋时期，黄河在华北平原上也改了几次道。

这次大决口在河南、山东形成了上千里的黄泛区。不仅让大量百姓受灾，更是破坏了大运河的航道。要是放在前朝后世，肯定得马上调配资源治理。可是我们前头不是说了嘛，大都城的粮食靠的是江南、财政靠的是淮东的盐税。这些钱粮是走海上运过来的，并不受黄河改道事件影响。

由于没有危及京师的紧迫感，如此重大的一项治水工程在朝堂上居然讨论了五年。朝臣们莫衷一是，谁都拿不出一个解决方案。结果在1349年5月，白茅堤再次发大水，把刘邦的老家沛县都给淹了。

沛县并不是在现在的山东境内，而是在江苏西北部。这意味着一直没能有效封堵的白茅堤，不光"北决"还"南决"了。黄泛区的范围开始从淮北向华北漫延，在破坏整个运河体系的同时，更威胁到了元朝在渤海湾及两淮的盐场。这种情况下，元顺帝只能请之前因病辞去相位的脱脱再次出任右丞相，并全权主持治黄。

这里要说一个大背景，末代皇帝元顺帝继位时（1333），建元六十二年的元朝已经出现了颓势。要是放在其他大一统朝代，这个时间点本应该正是国泰民安的盛世。可惜的是，元朝一直在是否接受中原王朝统治模式的问题上反复，把自己早早地折腾到了衰弱期。

顺帝继位后，就起用了立志改革的脱脱为相，开启了一场史称"脱脱更化"的本土化改革（"更化"的意思就是改革）。改革的总体思路是遵循前朝统治思路，重用儒家的治理理念。整个改革最为核心的举措就是恢复科举。

人才是国家之本，想在一地建立统治，能不能有效吸纳本地人才是关键。自隋唐以来，中原王朝就已经开始用科举制度，为帝国的官僚体系遴选人才。纵观古代世界，通过考试选拔人才的科举制，可以说是相当先进的。不仅统一了标准，更为底层百姓打通了上升通道。人是要活在希望里的，有了科举改变命运的可能性，社会也因此更加安定。

元朝能不能变成一个真正的中原王朝，搞不搞科举是最重要的风向标。然而从忽必烈起，元朝就在是否要开科取士的问题上犹豫不决。元朝马上就要得天下了，科举一开肯定是对饱读诗书的南方士子有利的。但是一直到忽必烈人都走了，元朝都还没有下决心开科举。

最终元朝倒也讨论出一个方案，那就是把应考者划分为四类：蒙古人、色目人、汉人、南人，每个类别录取的人数一样。若是从多民族共存、维持平衡的角度来看，倒也有可取之处。倘若全部用一个标准，真有可能全部让南人士子包圆。

你还别不信，后来朱元璋恢复科举时就出过事。1397年会试，52名上榜者全是南方人，北方士子无一上榜，时称"南榜"。全军覆没的北方士子集体闹事，认定其中必有猫腻。朱元璋没办法，只能借主考官的人头平息民愤。同时又开了一榜，上榜的61人全是北方士子，时称"北榜"。

打那以后，明朝的科举就分成了"南北卷"。客观地说，南方士子上榜率高，是因为南方在宋元之际经济发达，遭受的战乱也少。但公平这件事看你怎么理解了，如果不考虑地区差，一味地追求同一标准，那输在起跑线上的落后地区，就很难争取到话语权。

元朝的内部矛盾更复杂也更尖锐，所以就算讨论出来了方案，科举也是时兴时废的。科举正常情况是三年一考，到元顺帝上台前，元朝总共也就开了六次试。元顺帝在位三十六年，一共考了十次，算是正式把科举制度常态化了。

顺便说下．朱元璋的智囊刘伯温，就是元顺帝继位那年考中的进士。从这个角度看，元朝的科举还是起到了选拔人才的作用的。

<h1 style="text-align:center">三</h1>

脱脱第一次做丞相做了将近四年，改革可以说是卓有成效，那些被重用的汉儒也是"知无不言"，积极为朝廷献策。后来脱脱因身体不好，加上算命的说他"年月不利"，才主动请辞相位。现在朝廷遇到了大麻烦，脱脱认为自己义不容辞，就再次出山了。

既然"脱脱更化"的本质就是本土化，那么除了开科举以外，治理黄河这件事同样马虎不得了。开科取士为的是安排知识分子阶层，治理水患则可以让普通百姓直接获益。更重要的是，这种大工程特别容易作为改革成功的标志。

正因为如此，脱脱领命治黄后，并没有选择哪里决口堵哪里，而是希望找个治本的方案。用脱脱的话说"自古河患即难治之疾也，今我必欲去其疾"。自古以来，黄河水患就是难以根治，今天我一定要把它给治住。

经过反复权衡方案，1351 年，脱脱领导的治黄工程开始实施，主持工程的是当时任工部尚书的汉官贾鲁。黄河这些年老决堤，是因为原来的河道已经被泥沙所淤高。因此贾鲁选择了在决口之西的郑州一带开挖运河，利用淮河支流颍河，当作新的黄河河道，然后把白堤和金堤给堵上。

由于重点是给黄河新开一条河道，这次治黄在历史上被称为开河。现在我们去河南，还能看到被称为"贾鲁河"的新开河故道。

又是挖运河，又是筑堤坝，想想工程都小不了。史书记载，这次治黄总共从河南、河北、山东，包括淮西的庐州等地，征调了十七万人。用了八个月时间，涉及的河道超过二百八十里。

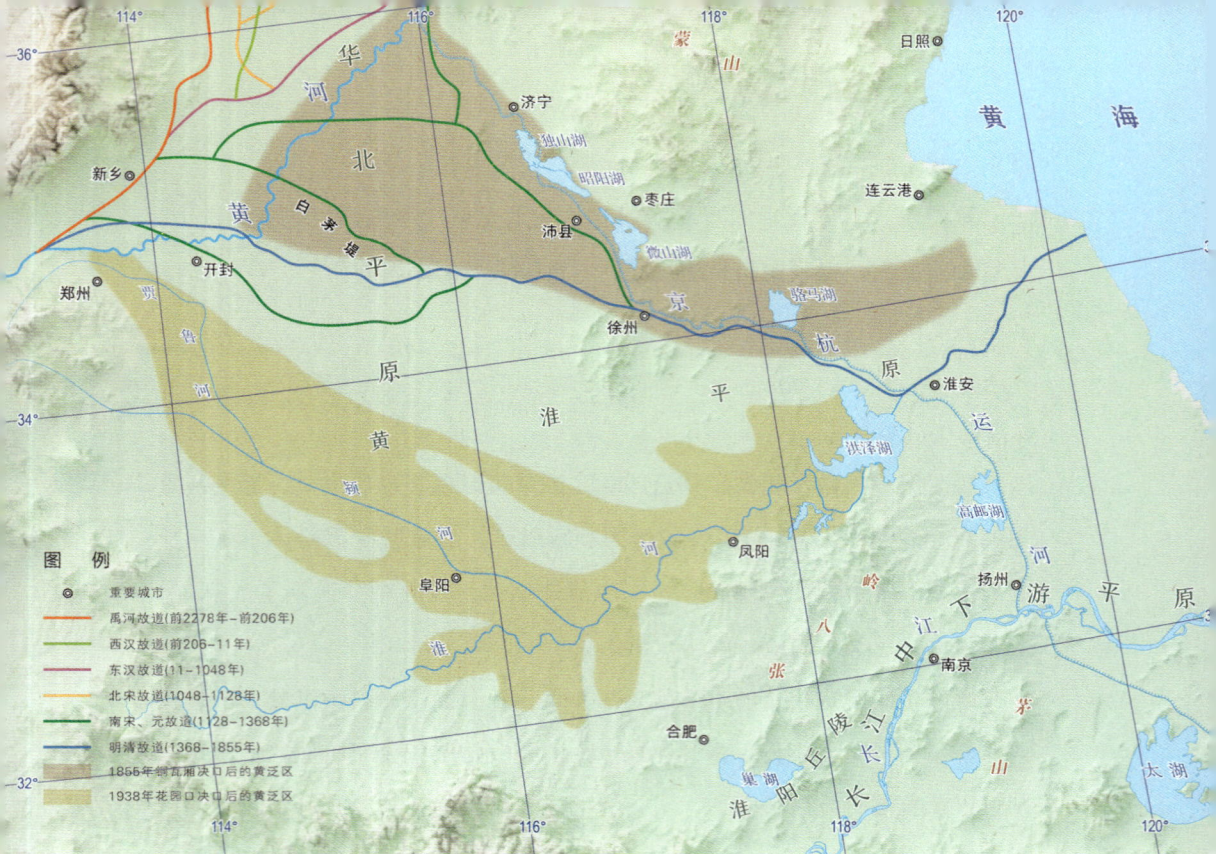

历代黄河改道（黄泛区）

图 例

- ⊚ 重要城市
- 禹河故道（前2278年—前206年）
- 西汉故道（前206—11年）
- 东汉故道（11—1048年）
- 北宋故道（1048—1128年）
- 南宋、元故道（1128—1368年）
- 明清故道（1368—1855年）
- 1855年铜瓦厢决口后的黄泛区
- 1938年花园口决口后的黄泛区

　　工程算是完工了，可祸事也起来了。

　　中国古代社会治理有一个特点，那就是严格控制人口流动。中国是个农业社会，不像西方那样用贸易驱动，老百姓老老实实待在家里，把粮食种出来，国家的经济基础就有了。这种稳定的基因可以说是深入骨髓。

　　禁止人员流动，目的还在于不让底层老百姓互相串联。绝大多数老百姓都是生活在一个个的小村落里，就算心里对官府的盘剥有怨气，也会因为觉得自己力量渺小而不敢反抗。然而类似治黄这种大工程，你又不得不把数以万计的壮丁聚在一起。管理手段过于粗暴的话，就特别容易酿成民怨。

元朝的灭亡，知晓这段历史的人都知道源于红巾军起义，导火索就是这次开河。1351 年 5 月，安徽阜阳人刘福通与河北栾城人韩山童，聚众三千在刘福通的老家举事。安徽阜阳当时名叫"颍州"，正是这次开河的主战场。

此后战火燃遍大江南北。由于起义者头裹红巾作为识别标志，这次因开河触发的起义被称为"红巾军起义"。

四

元朝的基层管理简单粗暴，忽必烈时期挖运河还有买东西不给钱的情况。所以这次红巾军起义，很容易被理解为修工程期间又把老百姓逼得走投无路了。朱元璋在讨伐张士诚时，发布过一个《平周檄》（张士诚建立的政权叫作"周"），里面提到元朝修黄河是"役数十万民，湮塞黄河，死者枕藉于道，哀苦声闻于天"。

不过檄文这种东西是用来煽情的，里面的内容多有夸张之处。比如当年陈琳帮袁绍写檄文骂曹操，说曹操盗掘了汉室的皇陵，害得曹操背了一千多年的黑锅。元朝老百姓的日子是不好过，但说这次修黄河不是德政，死者把道路和黄河都填满了，那就失真了。

前面我们不是说了嘛，脱脱更化的核心在于摒弃游牧者的粗放管理模式，用儒家的那一套治国。儒家理念治国，讲究施德政。从脱脱和他重用的那些儒士角度来说，有足够的历史经验吸取教训。就开河这件事来说，正在改革期的元朝，并非只是用强制手段来征调民力。

再说得具体点，干活是给钱的。

给多少钱呢？《元史》中有明确记载：元顺帝至正九年"诏修黄河金堤，民夫日给钞三贯"。至正九年就是我们刚才说到的，重新起用脱脱为相治河的 1349 年。这意思是说，修金堤的时候皇帝下令每个民夫每天给三贯钱。

本来老百姓就有服徭役的义务，征调老百姓干活不给钱也说得过去，只要不是连买东西也不给钱就行。不过大灾之年，就可以有另一种做法了，那就是"以工代赈"。遭了灾，大量灾区百姓等着朝廷发救济；朝廷又需要征调大量人力来修补被洪水冲坏的堤坝，那索性就把灾民组织起来治河，把本来免费发的救济变成工钱，一举两得。

以工代赈不是脱脱的发明，北宋就大量使用此法。名臣范仲淹曾向朝廷谏言："荒歉之岁，日以五升，召民为役，因而赈济，一月而罢。"意思是说，灾荒年月，每天给灾民五升粮食当工钱，取代单纯的发救济粮，一个月就能把工程做好（用的粮食还比发救济少）。

要说工钱，元朝给的表面看还真不低。铜钱中间有个孔，平时是用绳子串起来储存的。一千文钱串在一起就是"一贯"，元朝给修河工人一天三贯钱，那就是三千文钱。这要是参考两宋时期的粮价，可以说是高得离谱。

两宋时粮价大多数时候稳定在 500~1500 文一石。一石差不多是 120 斤，这意味着三千文钱在北宋能买到 240~720 斤粮食。南宋最乱的时期，粮价能贵到五千文一担。算下来三贯钱也能买到七十多斤粮。

干一天的工钱最少就能买到 70 多斤粮食，不管是哪个皇帝当家都得破产。很显然，能一天给三贯钱，说明元朝的物价高得离谱。那么元朝的物价有多高呢？元朝开国的时候，粮价倒是和宋朝差不多，一千文一石，等到元朝末年的时候，粮价已经攀升到二百贯一斤。这意味着民工们的工资一天合一点八斤粮。即便足额发放也就是刚刚够糊口。

200 贯钱买不到两斤粮食，这看起来还是很不符合逻辑。普通铜钱的重量在 3~4 克，三贯钱的话就得 10 公斤。铜就算在战乱时也是硬通货，更是管制物品，可以用来铸造兵器。如果钱真的买不到粮，每天给民工发 20 斤铜，那民工肯定直接锻造一把铜锤造反。

真实的情况是，民工们领到的只是一张废纸。是的，你没有看错，就是一张废纸。《元史》里说的是"日给钞三贯"，其中"钞"不是真的铜钱，而是印在纸上的纸币。正是这被称为"钞"的纸币，加速了大元帝国的崩溃。

第五章
大元帝国的崩溃（下）

一

纸币最早出现在宋代，宋代商品经济发达，铜钱太重，携带不便，四川地区还用币值更低的铁钱，买一匹绢就得百八十斤的铁钱。于是在宋仁宗时代，成都十六家富商联合发行了一种代币属性的票据，名为"交子"。武侠小说里经常出现的银票，最初的原型就是它。交子相当于兑换券或代币，拿着它就能在这十六家富商的店铺兑换相应数量的铁钱。很快，官方发现了交子的优点，将它改为官方发行。到了南宋，更是把这一经验传播到境内其他地区，出现了会子、关子等官方纸币。

然而，纸币其实有相当大的风险，它本身没有任何价值，需要用金银铜铁这类具备真正价值的东西做准备金，让纸币持有者随时可以兑换到真正的货币才行。让商人发行纸币问题还不大，因为如果不能兑换到真正的货币，那商家的信誉立马会破产，官府也会认定这是诈骗。但由官府来发行纸币，并且用纸币向老百姓买东西、支付工钱，日子一长，百姓很容易产生一个幻觉，以为只要在纸上印有钱的数量，纸就变成了真钱。

官府超发一点可以，毕竟大多数钱是在市面上流通的。超发得多了，百姓拿着纸币换不回真金白银，纸币和官府的信用都会破产。好在宋朝治理者还是比较谨慎的，知道这东西有点虚，不能当真钱看待。南宋第二个皇帝宋孝宗就曾说过："朕以会子之故，几乎十年睡不着。"甚至还在超发之后，专门拿出上千万两白银兑付，并把回收的纸币销毁，维护政府的信用。

即便足够谨慎，纸币发行造成的通货膨胀问题还是在所难免，尤其因战争消耗大量军费时，明知道多印纸币犹如饮鸩止渴，也还是会先印出来解燃眉之急。南宋粮价最高时，比北宋最便宜的时候高出十倍，这都是后期纸币超发所致。

不过和元朝因纸币超发引发的通货膨胀相比，南宋这都不叫事。纸币一经面世，就因为它的便利和其他种种好处，被周边政权仿效，比如金人入主中原后发行过交钞。

这么好的办法，元朝当然没理由拒绝。蒙古人建立的帝国横跨欧亚，贸易发达程度较之前朝有过之而无不及，因此忽必烈继位当年（1260），就发行了元朝第一种纸币——中统元宝交钞（简称"中统钞"）。面值从十文到两贯不等，两贯可以兑换白银一两。中国民间把纸币叫作"钞票"，就是这么来的。

刚才我们说了，官方印纸币很难不超发，通货膨胀几乎是不可避免的。宋朝的办法是回收纸币，以免信用破产。到了元朝，问题解决起来可就简单粗暴多了。1285年，已经发行二十五年的中统元宝交钞，通货膨胀了近五倍。为了避免触发财政危机，忽必烈下令全国禁用银钱交易，只能用官方发行的纸币。

官府不是兑付困难吗？老百姓不是越来越不信任纸币吗？那好办，釜底抽薪，直接不让用真钱了。不要以为这只是蒙古人会用的法子，民国政府在大陆的最后几年搞币改发行"金圆券"，为了维持金圆券的权威，就下令老百姓不能持有黄金、白银、美元等硬通货，必须在期限内兑换给政府，否则全部没收。

如果你有足够的准备金，那全国人民一起用纸币也是没问题的，就像现代国家都是用纸币的。只是对于那些没有金融意识，或者想着掠夺百姓财富的当权者来说，没有了兑付的压力，那钱就真成了想印多少就印多少的废纸。

当然，除非真的不想过日子准备跑路了，否则一个正常政府也是不可能无限制发钞的。到忽必烈要求大家只能用纸币时，中统钞较发行时贬值的幅度还算可以接受，就是看着越来越不值钱了。为了避免币值越印越大，忽必烈很快又发行了一贯能当中统钞五贯的"至元钞"（至元通行宝钞）。

二

忽必烈死后第十五年，至元钞也贬值得不像话了，于是元朝政府又发行了币值更大的纸币——至大银钞。用铜钱做准备金发行纸币的做法叫"铜本位制"，用白银做准备金的就叫"银本位制"。忽必烈发行的这两个宝钞是铜本位，至大银钞则是银本位。民国末期搞的金圆券则是金本位，发行时说好多少钱能换回多少黄金。

只不过至大银钞也才用了两年，就因为比值倍数太多而收回销毁，重新用回了中统钞和至元钞，这次币改算是以失败而告终。不过能收回销毁倒也是件好事，最起码说明当时的元朝政府还不想自己的信誉破产，还想努力维持帝国的运转。

说到底不管什么本位都不重要，重要的是兑付能力，没有能力兑付就算是搞钻石本位都没用。虽然纸币使用时间久了大概率会贬值，但只要不过度超发，温水煮青蛙还是可以用的。

事情到了脱脱更化时出现了变化，更具体地说是脱脱复出，着手准备开河时出现了变化。1350 年，准备放手大干一场的脱脱，决定发行新的纸币"至正交钞"，一贯可以兑换至元钞两贯。币改在当时被称为"变钞"，所以这次币改在历史上被称为"脱脱变钞"。

变钞没问题，还是那句话，千万不要过度超发。真要是"一不小心"过度超发了，那就学着之前的法子赶紧回收销毁。问题是这个时候的大元帝国，真的缺钱啊！前面我们已经讲过，为了实现"以工代赈"的目的，征调来修黄河的民工每人每日发三贯钱。一共征调了十七万人，其中十五万是民工。前后修了八个月，花费巨大。

钱从哪儿来呢？有纸币的话那就简单了，一个字——印。为了快印钱、多印钱，新钞甚至都没有刻新的印版，而是用了中统钞的印版，印好后加盖一个至正的章就成了新钞，纸的材质也是大不如前。

先把钱印出来发工钱，等于是在发行债券。如果工程顺利完工，灾民们得以恢复生产，那么接下来就可以慢慢地消化掉这些超发的纸币。实在不行的话，直接把新发行的"至正交钞"低价收回来作废，用回原来信誉还能维持的中统钞和至元钞就是。就像四十年前短命的至大银钞一样。

说白了，脱脱的这次"变钞"完全就是耍花样。至正交钞从诞生那天起，就注定是一个牺牲品。既然是牺牲品，那就随便印了。其实脱脱也担心钞票发行太多没了信用，变钞的同时还恢复了铜币的使用，铸造了新的"至正通宝"。

又用实币又用纸币的做法叫作"钱钞兼行"。元朝就是否要钱钞兼行争论了很多年。反对者认为，纸币是虚币，银/铜是实币，你一起发行的话，老百姓肯定会藏起实币使用虚币，到时候纸币就没人用了；支持者认为，一直用虚币完全替代实币，钱就变成了一个数字，老百姓是因为一直看不到真正的铜钱，才对纸币没了信心，造成了物价上涨，所以应该发行同等面值的铜钱一起使用。

最后还是脱脱拍了板，搞钱钞兼行。

老百姓又不傻，不是说铜币和纸币上印的数值一样，就真会当成一回事，谁都知道纸币成本低得很，想印多少印多少。民国时发行了那么多纸币，到头来老百姓最信的还是真材实料的袁大头。

而且官府向老百姓买东西、支付工钱，肯定不会用铜币而是宝钞，大多数实币会被有钱有势的人囤起来。市面上的纸币越来越多，物价一天一个价，又缺少实币交易，老百姓就只能回到最原始的以货易货了。

开河与变钞被认为是摧毁元朝统治的两大导火索，这两条导火索又是互为因果。因为开河要支付巨额的工钱、料钱，所以大量超发货币；老百姓收到的纸币贬值太快，势必激起了民变。官府为了镇压民变，又不得不印出更多的钱以支付军费。然又因为印了更多的钱，老百姓手上的纸币变得更加不值钱，激起更多的民变。这样恶性循环下去，元朝怎么可能不崩溃？

唐有唐诗，宋有宋词，元有元曲。当时有一首名为《醉太平·堂堂大元》的元曲流传于世，道尽了百姓对开河、变钞两事的憎恶。

堂堂大元，奸佞专权。开河变钞祸根源，惹红巾万千。官法滥，刑法重，黎民怨。人吃人，钞买钞，何曾见？贼做官，官做贼，混愚贤，哀哉可怜！

三

想造反就得有兵器，真要只是像成语说的那样"揭竿而起"，削根木棍就当兵器，是成不了事的。老话说"功夫再高，也怕菜刀"，元朝靠着强大的武力得天下，比谁都清楚武器的重要性，对兵器的管控可说是历代最严的，甚至连郡县一级的地方政府都不得铸造兵器，神庙的仪仗只能用木头和纸做的假兵器。

忽必烈史无前例地禁止金属钱币流通，让老百姓全都使用纸币，除了经济上的考虑，更有减少铜铁在民间流通量的意思。前面我们说过，北宋时一匹绢就能换百八十斤铁钱，这些钱要是被人熔化铸成兵器，那可不得了。

在元朝防汉人、南人持兵造反的故事中，有个流传很广的说法：在元朝每十户汉人／南人才能有一把菜刀，还得交由蒙古人掌管，经由这位管刀人的同意才能使用。这事倒是传得有点过了，每十户就有一个蒙古人看着，想想也知道蒙古并没有那么多人手。

元朝法典《大元通制》记载着一个类似的故事。扬州地方官在镇压乣乱时发现，作乱者竟持有一种名为"两股铁禾"的兵器，也就是农村用来叉禾草的双股叉。客观说，两股叉也的确算兵器，《水浒传》中猎户出身的解珍、解宝用的正是两股叉。只是，就算双股叉可以杀人，它到底还是个标准的农具，种田放牧都用得上，实在很难禁用。但既然已经危及朝廷的安全，刑部还是把它给禁了。现在有些农村地区还能看到用树枝削成的双股叉，说不定便是那时候传下来的。

不管怎么说，金属农具肯定是不可能禁绝的，除非想让整个帝国回到石器时代。真乱起来，这些农具很快都可以变成兵器。朱元璋自己就曾经说过，大乱之后，濠州"民弃农业执刃器趋凶者万余人"，这些"刃器"显然便是农具改造的。

到了元顺帝继位那年，民乱越来越多，仅北京到山东一带就有三百余处"强盗"，其中大部分都是因天灾人祸活不下去的老百姓。有民乱就得镇压。元朝有两个叫伯颜的丞相，一个是元初帮忽必烈打下南宋的伯颜，另一个是元末被脱脱斗下台并取而代之的权臣伯颜，这个伯颜还是脱脱的伯伯。

如果说脱脱更化的主旨是善用汉人和南人缓和矛盾，那么伯颜就是守旧派的代表了。在伯颜建议下，元顺帝不光下诏"汉人、南人、高丽人不得持有兵器"，老百姓的马也必须尽数没入官府。最骇人听闻的则是1337

年的"请杀张、王、刘、李、赵五姓汉人"事件。那一年天上出现四个异象,"岁星退犯天樽,填星犯罚星,荧惑犯垒壁阵,太白犯东咸",伯颜便借这个由头请杀五姓汉人,制止愈演愈烈的民乱。

我无法形容当年看到这条史料时震惊的心情。这五大姓氏在当下人口的比例正好是30%。元朝的比例相差应该不会太大。元顺帝时期的人口在九千万左右,蒙古人和色目人肯定是少数,这意味着如果伯颜的建议成真,人头落地的差不多得有两千五百多万人。蒙古征服各地时屠城不少,还可说是对外族残忍,如今这五姓都是自家子民,要无差别地全部杀掉,就算元顺帝答应,又怎么操作?肯定会激起更大的民乱,而且是席卷全国的民乱。看着丞相伯颜生出这样极端的想法,元顺帝也怕了,马上否决。自那以后,他开始倾向于反其道而行之的脱脱,密谋了两三年,终于找到机会扳倒伯颜,开启改革。

四

历史经验告诉我们,开河的确比较容易出事。造反也好,打仗也罢,都需要两大要素:一是男丁,二是兵器。搞水利工程不光要征召为数众多的男丁,还得允许他们带着金属工具。你总不能让人家用手去挖土垒坝吧?真要造反,这些工具立马就能被铁匠转换为兵器。

如果我们再顺下红巾军起义的时间线,就会发现这场大起义与其说是开河与变钞激起的,倒不如说是早已沸腾的民怨就等着这么一个机会。贾鲁的开河工程是在1351年4月动工的。也正是在这个月,瞅准时机的韩山童、刘福通在颍州颍上县聚了几千人,杀白马黑牛祭天准备造反。

做工程容易出事算是政治常识,所以脱脱并非没有做准备。征调到工地的一共是十七万人,包括从工程所在地征调的十五万民夫,以及从各地征调的两万守军,其中就包括庐州守军。收到有人造反的消息,早有准备的官军前往围捕，韩山童被捕，刘福通率人冲出重围，攻占颍州城，算是正式点燃农民起义的大火。

脱脱当时也没觉得有人造反是件大事，毕竟此时大江南北小规模的起义太多了，因此刘福通造反这件事并未对开河工程造成影响。工程最终还是如期完了工，遣返了民工和调来的军队后，贾鲁也回京接受了封赏。

然而这只是一个开始。韩山童和刘福通在工程还没开始时，就预先在工地埋了一个独眼石人，背上刻着"莫道石人一只眼，挑动黄河天下反"。好事不出门，坏事传千里。那些从工地上回家的农民，很快就把挖出石像和有人造反的消息传遍了大江南北。

换而言之，开河虽然触发了元末农民大起义，但并不能说因为开河这件事很残酷，才把老百姓给逼反了。这件事所起的作用，主要是让治河二地成了一个谣言传播中心。老百姓回乡一传播，再被有心人借势，整个大元那可真就是遍地狼烟了。

于是就像我们刚才说的那样，为了镇压越来越多的民变，不得不印更多的钞票，但这又会引发更多的民变。

事情发展至此，大元帝国算是大势已去。这口锅肯定要有人背。1354年，眼见红巾军之乱愈演愈烈，元顺帝不得不罢了脱脱的官，把他发配边疆。两年以后，脱脱被政敌哈麻矫诏鸩杀。

脱脱是真心想中兴大元，只是这时的帝国已经是千疮百孔。他要是聪明的话就做个裱糊匠，哪里破了贴张纸粉饰下太平。偏偏他又想着来场彻底的改革。改革就会得罪既得利益阶层，一旦失败就只能被拉出来背锅了。

元顺帝作为最高决策者，作为亡国之君，脱脱要是不背锅的话，这锅看起来应该他来背才对。要是他有个特别漂亮的，长得像褒姒、妲己那样的妃子，也可以一起背锅。有趣的是，元顺帝的全名是"孛儿只斤·妥懽帖睦尔"，蒙古语意思就是"铁锅"，真要是背锅倒是合了这名。

不过后人也都知道，这并非他本人之过，实在是整个大元积重难返。元顺帝的尊号是后来明朝给取的。元朝自己给的庙号是"元惠宗"，不管"顺"还是"惠"都还算好的。不像以前很多亡国之君那样，被冠以周幽王、汉灵帝一类的恶谥。

不管怎么说，大元算是完了。接下来，就要看谁能够抓住机会改天换日吧。

第六章
明朝为什么叫"明朝"（上）

一

元朝眼见是要完了，中国历史却还没有走出周期律。大元崩溃后自然还会有一个新王朝。依惯例新王朝用什么国号，与创建者在前朝的封地或驻地有关。比方说李渊在隋朝袭封"唐国公"，便有了后来的唐朝；赵匡胤在后周任的是"归德军节度使"，驻地在"宋州"（今天的河南商丘），黄袍加身后则以"宋"为国号；就算是布衣出身的刘邦能建立汉朝，也是因为项羽给他封过一个汉王。

这事到了朱元璋那儿就不适用了，谁都知道他在元朝是个要饭的，肯定没有任何政治遗产可用。那么像刘邦那样，在乱世的义军体系中弄个封爵，一统天下后用作国号呢？这个倒是可行的。朱元璋曾被韩山童的儿子，也就是小明王韩林儿封为"吴国公"，要是按惯例来说，他建立的王朝应该叫"吴朝"才是，并且之前虽然叫"吴"的政权不少，但都没有统一过天下，以大吴为名并不至于混淆。

然而朱元璋并没有这样操作。接下来我们要探讨的，就是"明朝为什么叫明朝"的问题。

朱元璋给王朝起的"明"字，很显然与韩林儿的"小明王"有关。小明王的"明"字最初是怎么来的呢？元末农民起义多点爆发，不过要说身份最"正"、声势最大的，还得数在开河工地上率先举事的韩山童和刘福通这支。

先发自然是有优势的，可若说只是先发就能坐大，那也是不对的。复盘这次举事，可以说是从历代起义中取了真经，该做的事一样没落下。韩山童是农民出身，刘福通有说法是出身于巨富之家，还做过巡检。如果背景是真的，那大主意应该都是刘福通拿的了。这也是为什么韩山童刚一露头就死了，起义这件事依旧能够推进下去。

具体来说，刘福通从三位失败的前辈身上吸取了教训，分别是：陈胜、项梁、张角。

先来说说是怎么学陈胜的。"莫道石人一只眼，挑动黄河天下反"这个人造神迹，读过书的人都知道，是秦末陈胜、吴广"鱼腹藏书"的套路。当时陈胜在丝帛上用红笔写下"陈胜王"三个字，藏在鱼肚子里故意让人发现，又让吴广半夜学狐狸的声音大喊"大楚兴，陈胜王"，才让大家信以为真，愿意一起举事。

不过陈胜虽然聪明过人，抢了头彩，但最终还是没能成事。这很大程度是因为他出身太低微，虽然打的是复兴楚国的旗号，但自己不是楚王后裔，这就很难有说服力了。闻风而起的项梁就比较聪明，听从范增的建议找到了正在放羊的楚王后裔，拥立为楚怀王。后来项羽能够成为诸侯之首，除了自己武力值爆表以外，手上握着傀儡楚怀王也是重要原因。

元朝在长城以南一共灭了金、夏、宋、大理四个政权。想从前朝弄笔政治遗产，闭着眼睛都知道应该是找个姓赵的，打着恢复宋室的名义。不过项梁举事的时候，楚国才灭亡十五年，刘福通他们造反的时候，崖山海战都过去七十多年了，想找个赵家人看起来有点难度。

其实这事说起来一点都不难。谁又能保证，当年项梁找到的放羊娃，就一定是真的楚王后裔呢？一只眼的石人是假的，姓赵的皇帝自然也可以是假的，反正要的只是匡扶宋室这杆大旗。想明白这点，甚至皇帝都可以不姓赵。不信的人，你就是姓赵他也不会信；希望这是真事的人，自然会脑补这是由于怕被元朝迫害才隐姓埋名。

就这样，没改姓赵的韩山童被宣称为宋徽宗的八世孙，后来刘福通建立的政权也以"宋"为国号，为了区分历史上那些以"宋"为名的政权，后世称之为"韩宋"。

那为什么要选宋徽宗，而不选南宋的皇帝们呢？一是因为北宋好歹算是名义上的大一统政权；二是宋徽宗的后代都被金人带到东北去了，唯一跑去建立南宋的赵构还绝了嗣。要是选他做先人，也不会有真的后裔出来指证。

二

有了神迹，有了匡复宋室的大义，这就够了吗？还不够。秦末有陈胜、项梁可以学，汉末也有人可以学，那就是张角。东汉末年，同样是河北人的张角利用"太平道"传教，进而打出"苍天已死，黄天当立"的政治口号，策动了导致东汉王朝崩溃的"黄巾起义"。自此以后，民间信仰在历代民变中发挥的作用越来越大。

韩山童之所以扛了恢复宋朝的旗，却没有声称自己姓赵，是因为他还有杆更大的旗要扛。《明史》在为韩林儿立传时写道："韩林儿，栾城人，或言李氏子也。其先世以白莲会烧香惑众""林儿父山童鼓妖言，谓'天下当大乱，弥勒佛下生'"。

这两段话的意思是说，韩林儿原来是河北栾城人，还有人说他可能是李家的儿子（不是韩山童的儿子），他的先祖是白莲教的会首。韩山童举事的时候妖言惑众，说"天下要大乱了，弥勒佛将要降临人间"。

这里面有两个与宗教相关的关键词——白莲教（会）、弥勒佛。其实

《明史》在记载韩山童举事的口号时，故意没有写全。当时韩山童的完整口号是"天下乱，弥勒佛下生，明王出世"，少了一句"明王出世"。

韩山童作为宗教领袖，给自己起的正式称号不是大宋皇帝，而是"明王"。他死后，刘福通为了继续利用自己苦心扶植起来的政治遗产，四年后找到了他的儿子韩林儿，迎到朱元璋的老家凤阳（濠州）立为共主，号称"小明王"。

但也有一些研究者认为，明朝中的"明"字指的是明教。

说起神秘的明教，喜欢武侠小说的人肯定不会陌生。金庸先生在《倚天屠龙记》里认定，红巾军是明教组织起来的。若真要把书中的情节和历史对应，书中主角张无忌的原型就得是"小明王"韩林儿了。

明教是摩尼教的中国版本，摩尼教则是波斯人摩尼，于3世纪在波斯创立的宗教。所以小昭法人身份会被定位为波斯圣女。

外来教派的核心教义被称为"二宗三际"。"二宗"指的是"光明之国"和"黑暗之国"两个世界。"三际"则是初际、中际和后际，意为过去、现在、未来。摩尼教认为在"初际"时，光明之国占据着东、西、北三个方向，黑暗之国占据着南方；本来是相安无事的，到了"中际"时，黑暗之国入侵光明之国，结果整个世界是又有光明，又有黑暗；不过到最终在先知摩尼及其宗教的教化之下，光明和黑暗在"后际"又各自回到自己的王国，相安无事。

通俗点讲，就是过去世界是美好的，现实世界则有好多黑恶势力侵入，需要依靠摩尼和他创立的宗教来拯救。最后正义终将战胜邪恶，人类一起迎来光明的未来。

摩尼教是在唐朝传入中国的。这个时候中国的宗教世界已经被佛教和道教所占据。摩尼教想从零开始普及自己的教义还是比较难的。因此教徒在传教的时候，往往会宣称自己是佛教或者道教的分支。摩尼本人直接和光明信仰合二为一，被神化为摩尼教的主神"明尊"。

中国底层老百姓其实没有什么教派观念，佛教和道教本质又都是多神信仰，多个神不过是庙观里多个位置。不管是何方神圣，只要老百姓认为可以保佑自己过好日子那就可以拜。谁都认为自己才是正义的，信了"明教"和"明尊"自己就是光明正义的化身，有了和邪恶势力做斗争的力量，教法倒也简单。就这样，光明神摩尼在中国渐渐也有了市场。

中国农民太苦了，无论朝代兴亡，最惨最苦的都是底层农民。那些声称能够帮他们祛病强身、迎来美好来世的教派，对他们来说有着异乎寻常的吸引力。散居的农民犹如一盘散沙，信仰是最好的黏合剂，一旦教派的领袖有政治野心，这"人和"的要素便有了。

历史上，几乎所有宗教都被这样利用过，明教也不例外。像《水浒传》中，梁山好汉被招安后奉命攻打的方腊，就被不少研究者认为是明教的领袖。

三

明教的教义虽然好理解，但"明尊"作为主神在中国的群众基础还是差了一些，即便你和老百姓说摩尼也是佛，普通老百姓还是对佛经里的那些真佛更熟悉，比如弥勒佛。真要从"弥勒佛降生，明王出世"这九个字来理解，更接近事实的理解，应该是弥勒佛下凡了，以"明王"的身份出世领导大家解脱。

佛教密宗里也有"明王"的说法。佛一发火就会变身，明王就是佛发火以后的变身，被称为"忿化身"。像弥勒佛的忿化身叫作"大轮明王"，就是《天龙八部》里面鸠摩智叫的那个大轮明王。

佛发火变身，为的是出来惩恶扬善。不然"老虎不发威，你还当我是病猫啊"。要是按这个逻辑来解读"弥勒佛降生，明王出世"，那也可以解释为弥勒佛下凡，变成了驱逐元朝的明王。

不管怎么解释，弥勒信仰在元末农民大起义中都发挥了核心作用，是值得肯定的。现在问题又来了，佛和菩萨那么多，为什么活不下去的中国农民选了弥勒佛，而没有选择大家都更熟悉的佛教创始人释迦牟尼佛，也就是老百姓俗称的"如来佛"呢？

这还得从佛教的设计说起。佛教也有过去、现在、未来的三个概念，称为"三世"。每一世都有一个主神，合称为"三世佛"。过去佛是燃灯佛，现在佛是释迦牟尼佛，弥勒佛则是未来佛。

除了以时间定位的"三世佛"以外，汉传佛教还有一个空间定位的"三世佛"，分别是：管理中央世界的释迦牟尼佛、管理东方世界的药师佛（也有说是阿閦佛的），以及管理西方世界的阿弥陀佛。为示区别，以时间定位的被细分为"纵三世佛"，以空间定位的被称为"横三世佛"。

人是不能回到过去的，一般人并不会关心过去怎么样，所以燃灯佛在民间的存在感就比较低了。求如来佛祖保佑现世安稳是没问题的，不过很多老百姓在现世的生活都很艰难了，还去求如来佛祖保佑，那只能让他们安于现状。因此，必须得和明教一样，描绘一个美好的未来，才能调动老百姓的积极性。

宗教存在的意义就是给人以希望。幻想中的美好世界普遍存在于各大宗教的教义中。西方宗教中关于美好世界的"天堂"概念，在佛教中被称作"净土"。

每个宗教内部都会细分为好多支派，细微的差别都有可能产生一个新的宗派。和所有宗教一样，佛教也有很多教派，这些教派都以"宗"为后缀。比如少林寺，就是禅宗的祖庭。

通过虔诚的信仰，就能够让自己去往净土世界的想法，诞生了与禅宗并立的，汉传佛教最主要两大支派之一的"净土宗"。这搅动天下的弥勒信仰，就源于净土宗。

四

比起因少林寺闻名于世的禅宗，大家可能并不熟悉净土宗。但要是提到"阿弥陀佛"大家肯定比较熟悉。口念阿弥陀佛，几乎已经成为民间信佛者的一个标志了。如果再细细回忆下，老太太们口中除了不断地念"阿弥陀佛"以外，还会经常念八个字——"阿弥陀佛，菩萨保佑"。

虽然那么多人念"阿弥陀佛"和"阿弥陀佛，菩萨保佑"，但若问他们为什么要这么做，估计没几个人能说清楚。今天我们就借着朱元璋定国号这件事，把这事给说清楚。

在汉传佛教里，理论上每个佛可以有对应的净土，净土也可以存在于时空的每个方位。信仰者则可以根据自己的理解，来传播自己认定的净土信仰。而从人性的角度来说，大家是不愿意面对太多选择的，竞争到最后，胜出的往往只有一两个。

阿弥陀佛所掌管的"西方净土"，就是最终的胜出者。

传教这种事情，不在于研究者自己研究得有多深，而在于你如何用最浅显的说法激发信众的向往。简单点说，若想有最广的传播度，不能让受众太费脑子。佛教是从印度传入中国的，古时从中国去往印度，得向西走到中亚，然后折向南才能到。

因此在净土宗出现之前，佛在西天的概念在中国社会已经是常识了。如果说西方有片净土，老百姓马上就能理解那是佛的世界，就能够心生向往。反过来提及其他方向的净土，老百姓接下来就会问，佛不是在西方吗？

基于这种心理，阿弥陀佛作为西方净土的管理者，很自然地就沾了"西天"的光，成为净土信仰的胜出者。为了进一步降低信仰的门槛，净土宗在历史上还简化了修行的仪式。净土宗的修行很简单，简单到只要会一直念"南无阿弥陀佛"或者"阿弥陀佛"就行了。

信众念着阿弥陀佛的名字，就相当于在向佛许愿、归命（"南无"即为归命之义）。从技术角度说，其他宗派还得去学习众多佛经，还要与人辩经，对知识水平要求都有点高。净土宗只需要一直向佛发愿就行了，实在没有比这更简单易推广的做法了。

当然，人的需求是不一样的。现实世界永远分为上下两层，上层世界吃得太饱，就会费脑子思考一些形而上的东西。这个群体虽然人数少，但影响力大，禅宗就是为这部分想费脑子的人设计的。

在是否要费脑子这件事上，禅宗走的是另一条路。禅宗主张心性本净，佛性本有，通过自身的思考、修行顿悟。这与中国传统的儒道思想有很多相合之处，因此在中国上层阶级的传播度很高，"禅意"也成了中国文化的一个重要组成部分。

不过若是想发掘普通老百姓内心的禅意，这对他们可就没什么吸引力了。老百姓要的是吃饱肚子，要的是活命。实在不行可以告诉他们今生虽然受苦，但信教就会有个好去处。但让普通老百姓去阅读佛经，去思考哲学问题然后顿悟，真是太复杂了。

正因为禅宗和净土宗各自有精准的受众，它们成了汉传佛教在中国最大的两个支派。归纳起来就是：上层社会热衷于悟禅，下层社会念阿弥陀佛。大家都有美好的未来。

需要注意的是，也不能说一个人口念阿弥陀佛就是净土宗的信徒。阿弥陀佛和西方净土在整个汉传佛教中都拥有重要的地位，其他教派一样可以念。而且很多人也搞不清自己传的是哪一派。只是从源头上看，阿弥陀佛在中国的影响范围如此之广，与净土信仰在历史上的传播是分不开的。

最后我们来探讨为什么还会有口诵"阿弥陀佛，菩萨保佑"的普遍现象。这与西方净土脱不开关系。一个篱笆三个桩，一个好汉三个帮，作为主神的佛在治理他所在世界时，也是需要助手的。释迦牟尼佛的助手就是文殊和普贤两位菩萨。

阿弥陀佛在西天净土也有两个助手——观音菩萨和大势至菩萨，合称"西方三圣"。观音菩萨代表的是慈悲心，大势至菩萨代表的是智慧。受苦的老百姓要的是有人关心，而不是得到智慧的过程还要浪费时间和精力。所以随着净土信仰在唐、宋之际的普及，大慈大悲的观音菩萨，也和阿弥陀佛一起在中国民间拥有越来越多的信徒了。以至于宋朝有个说法"家家弥陀佛，户户观世音"。

　　说到现在，弥勒佛和白莲教为什么还没有出场？别急，且听下回分解。

第七章
明朝为什么叫"明朝"（下）

一

　　净土宗和阿弥陀佛是什么情况大家已经清楚了，那弥勒佛和白莲教又是什么情况呢？

　　先来说一说弥勒佛怎么会和造反扯上关系这件事吧。前已有述，净土并不只是阿弥陀佛的专利，其他佛也是可以有的。不过说到能和阿弥陀佛主管的西方净土竞争的，那就只有弥勒净土了。

　　未知世界才能带来希望，就像一张白纸那样，可以任人描绘美好图画。像中国人喜欢说上古世界有多么和谐，甚至生出了"人心不古"这个成语。上古的事情到底怎么样，还是全凭后人根据自己的需要去想象，只不过西方人相信"人性本恶"，喜欢把上古世界想得特别不堪，甚至需要神用一场洪水来惩罚；中国人更相信"人性本善"，认定老祖宗都特别善良。

　　就拿让人心向往这件事来说，肯定不能是看得见、摸得着的现实世界。西方净土属于空间概念，对应的是可望而不可即的远方；弥勒净土属于时间概念，对应的是未来世界。无论去遥远的西方净土，还是未来的弥勒净土，对受苦受难的老百姓来说，都具有同等的吸引力。

正因为如此，净土宗在诞生之后，其实是自然分为两派的：一派信奉"弥勒净土"，一派信奉的是又称"弥陀净土"的西方净土。

大家现在见到的基本上都是口念"阿弥陀佛"的信仰者，而很少见到念弥勒佛的信仰者。从源头上看，与东晋十六国时期，高僧鸠摩罗什翻译的一部印度佛经——《佛说弥勒下生成佛经》有关。

佛经的内容并不重要，老百姓也看不懂，重点在于如何理解佛经的名字。这部佛经的名字直译过来，可以理解为如来佛祖（释迦牟尼佛）说的，弥勒佛祖将降临现在这个世界，取代我成为主佛。

本来两个佛，一个管现在，一个管未来，相安无事。在现实世界里修行，追求往生后能到弥勒净土也是挺好的。但未来佛要"下生"到现在这个世界，还是如来佛自己说的，那问题就有点微妙了。

阿弥陀佛安安静静地待在西天净土，如果你只是追求往生有个好去处，那么接下来要做的，应该是在现实世界行善事、做顺民；弥勒佛成了可能随时下生，成为新佛的救世主。如果对现实不满，就可以借着"弥勒下生"的说法鼓动信众举事，包括声称自己就是弥勒在这个世界的化身。

弥勒下生的说法在中国传播了百八十年，到了北魏时期终于出事了。514年，一个叫刘僧绍的河北僧人聚众反叛，自号"净居国明法王"，被州郡镇压；次年另一个叫法庆的河北僧人，以"新佛出世，除去旧魔"为口号，再次组织了五万人造反。这次北魏派出了中央军才算是镇压了下去。

这两次举事被认为是弥勒信仰成为民变抓手的开端。值得一提的是"净居国明法王"里的"明法王"三个字，这个时候摩尼教还没有传入中土，指向的应该是弥勒佛的"念化身"。要以此来论，元末农民起义中提到的"弥勒佛下生，明王出世"，还真不一定与摩尼教有特别关系。

从此之后，弥勒信仰所引发的民变，可以说在中国延绵不绝。动静最大的就是元末这一次。元末农民起义虽然分了好几派，但基本打着弥勒下生的招牌并头裹红巾，弥勒佛成了各方共同的联系纽带。

二

弥勒信仰的问题解释清楚了，那么"白莲教"又是怎么回事呢？其实在历史记载中，白莲教是比较晚出现的叫法，在此之前还有过"白莲宗""白莲会"之称。别小看这一字之差，透出的区别还是很本质的。

这些事首先与一个叫茅子元的南宋僧人有关。茅子元是江苏昆山人，1133年，茅子元在淀山湖边创建了一个"白莲忏堂"，被后世认为是白莲教的开端。这一年是宋高宗绍兴三年，也是宋室南迁的第六年。

白莲教的名字是从净土宗的初祖慧远法师那儿来的。东晋时期，名僧慧远在江西庐山脚下的东林寺，集会各方信众说法，创建了净土宗。由于慧远法师和徒弟在寺前的池中种有白莲，集会时恰好莲花盛开，世间遂把这次开宗集会称为"结白莲社"。

茅子元因为仰慕慧远大师白莲结社的遗风，把自己主持的佛堂命名为"白莲忏堂"，并自称"白莲导师"。也正因为这个渊源在，白莲教被认为是从净土宗演化而来的。不过茅子元创立的其实是"白莲宗"，还不能被称为"白莲教"。

想开宗立派的话，一定要有足够多的信众，茅子元显然是做到了。能做到这点，原因在于白莲忏堂打破出家、在家，以及男女信众之间原本泾渭分明的界限。无论是出家人还是普通信众，无论是男是女，都可以跟着他修行。换而言之，做白莲宗的信徒是可以不出家的，可以正常结婚生子过小日子，而且不会因为这影响修行的效果。

此外茅子元还简化了皈依和礼拜的仪式。比如说佛教讲究五戒，即：一不杀生，二不偷盗，三不邪淫，四不妄语，五不饮酒。任何宗派都要守五戒，称为"受持五戒"。出家是需要一个受戒仪式的。电影《少林寺》里，主角觉远和尚在片尾正式受戒，就有仪式的展示。

到白莲宗这里仪式就简单了，简单到只要念五声"阿弥陀佛"，就表示受过戒了（念"阿弥陀佛"五声，以证五戒）。

在家便是出家。普通老百姓成为白莲宗弟子，便可以得到和出家一样的修行效果，仪式和修行的过程非常简单，净土世界又很有吸引力，所以白莲宗在南宋境内发展很迅速。按白莲宗信徒的说法，南宋的第二位皇帝宋孝宗还召见了茅子元，加赐"劝修净业莲宗导师慈照宗主"称号，给了茅子元和他的"白莲宗"一个官方认证。

不过你有没有注意到，茅子元要信众念的是"阿弥陀佛"并不是弥勒佛。这意味着白莲宗一开始就和弥勒信仰不是一回事。

<h1 style="text-align:center">三</h1>

事情是在茅子元死后逐渐出现变化的。白莲宗打破了出家、在家修行的界限，极大地降低了皈依的门槛，但客观上也让信众的成分变得鱼龙混杂。那些在家修行，有家有业的职业教徒成了白莲信仰的主流。这些不剃发、不穿僧衣的白莲宗信徒被称为"白莲道人"。

这就让白莲宗与其他佛教宗派有了很大区别。其他宗派也一样有在家修行的居士，不过出家受戒的僧尼终归是掌握话语权的。寺庙的历代住持是没有血缘关系的，可以结婚生子的白莲道人，却可以把会首的位置世代相传下去。韩林儿就有这么一个"先世以白莲会烧香惑众"的出身。

究其根源，这与白莲宗的组织设计有关。首先，既然说在家修行和出家修行具有同等效力，那么白莲宗弟子便可以按照自己的理解来传播教义。受限于自身的认知水平，以及受俗世各种诱惑的影响，那么传播的教义可就五花八门，并最终与那些虔诚信徒的理解渐行渐远了。

其次，白莲宗允许弟子自己在家开香堂、收弟子，宣扬佛法。开香堂的人水平往往不够，再夹点私心，最后就会成为一个唯会首马首是瞻的小团体。这样各自成团的组织，已经不被官方及正统佛教界认可为佛教的宗派"白莲宗"，而被称为"白莲会"了。

南宋有位志磐法师写了一本《佛祖统纪》，他在书中痛斥白莲会是"愚夫愚妇转相诳诱，聚落田里皆乐其妄"。意思是说那些根本不识佛法为何物的愚蠢男女，口口相传拉人入会，热衷于聚在乡间宣传他们的狂妄邪说。

这种现象现在大家也并不陌生。如果你留心的话，身边也不时会有这样自己被洗脑，又热衷于洗别人脑的民间小团体。只不过很多时候，这些人传的未必是什么教，而只是想用发财梦吸引你，传销他的东西罢了。

类似白莲教这种可以绕过寺庙传教的做法，在当时被正统佛教界斥为"吃菜事魔"，意思是表面吃素信佛，其实信的不是真佛而是魔。

被正统的佛教界排斥变成了"白莲会"的白莲宗，那官方的态度又如何呢？还是站在了佛教界这边。正儿八经的佛教徒，无论是出家的僧尼还是在家修行的居士，都有固定的寺庙礼佛，单从管理的角度来说就要容易得多。

出家人的身份不是你想有就有的，要有官方发的"度牒"。"度牒"在《西游记》中经常出现，相当于"职业证书 + 身份证明"。志磐的书里就有记载，说宋太宗初年一共发了十七万度牒，宋真宗时期发了二十三万度牒。朝廷通过度牒认证制度掌控僧尼寺庙，僧尼又主导信徒的信仰，老百姓又因为信仰安安心心被朝廷统治。不管你怎么看这件事，这件事还真是挺平衡的。

像白莲宗这种可以在民间无限制传播、会首比官府更有权威、还不需要官方认证的宗教小团队，那官府先不管你的教义如何，单从管理的角度也不能兼容。所以白莲会在南宋后期就已经为官府所不容了。不过到了元朝，白莲会也好，弥勒信仰也罢，又都有机会站到了台面上。

这与元朝宽松的宗教政策有一定关系。元朝统治者是游牧民族出身，原本在草原上信仰的是原始宗教属性的萨满教，以"苍天"为最高神，称为"长生天"（蒙古语读作"腾格里"）。每个部落都有属于自己的"萨满"，也就是祭司，负责与上天沟通。现在还能在东北地区看到的"跳大神"，其实就是萨满教的遗存。

这种原始宗教信仰，人类早期都经历过。华夏文明的宗教观中就一直有这种原始信仰留存的痕迹。不然皇帝也不会自称"天子"，时不时地搞祭天仪式。张角也不会喊出"苍天已死，黄天当立"的口号。

说起来越是原始的信仰越有包容性，越容易接纳设计理念更为先进的宗教体系。蒙古帝国征服的区域那么广，几乎能接触到旧大陆所有的成熟宗教类型。多少也有点选择障碍症了。这种情况下，元朝的宗教政策总体是很宽松的，各种宗教都能有生存空间。像很多人通过武侠小说熟悉的丘处机道长，就被成吉思汗亲自召见过。忽必烈继位后，还褒赠丘处机"长春演道主教真人"的封号。

四

元朝统一中国南北之后，原本在南宋境内传播的白莲会，也开始向原金国统治的北方地区传播。同时为了与那些瞧不起他们的，由出家人掌控话语权的正统佛教界相抗衡，各地的白莲会也逐渐由最初茅子元所倡导的阿弥陀佛信仰转化为弥勒信仰。

从技术角度来看，弥勒信仰对地下教会是很有用的。组织者可以新佛即将下生，自己能够帮助信众在新世界抢个好身份为由，广泛吸纳信众。甚至可以直接宣称自己就是下生的弥勒佛。在这个过程中，已经传播了好几百年的弥勒信仰，包括摩尼教中关于光明与黑暗做斗争的教义，就都融合到了白莲会里面了。

不过这当中，起到最大作用的还是白莲会。想在原有信仰基础上，设定一些差异来创立新教派并不难，中国历史上诞生过无数会道门。真正难的是把组织做大，白莲会之所以在元朝末年闹出很大动静，甚至到清朝变成了"白莲教"，与它极度适应中国社会的组织形式有关。

之前无论净土宗还是其他佛教宗派结社，参与者之间只是平等的社友关系，就算是宗派创始人有天然的话语权，也本着众生平等的理念，不会用话语权去组建一个严密的组织。白莲会则不同，不管茅子元的初衷是什么，允许信众自己在家开佛堂、自己招收信徒的病毒式传播做法，都让那些会首有了以我为主、强化组织结构、争夺信徒的动机。最后，那些会首真正重视的已经不是信仰本身了，而是能不能聚集更多听从自己命令的人。

元朝的管理虽然宽松，但白莲会在民间的影响越来越大，而且把弥勒下生的思想给吸纳了进来，被禁只是迟早的事了。元朝的第三任皇帝元武宗继位后就下诏把白莲会给禁了，把各地建的白莲堂给拆了。三年后武宗驾崩，仁宗继位，在白莲会信徒的不懈奔走下，新皇帝不仅恢复了白莲会的合法传教权，还让白莲会信众帮自己祈福祝寿。

福和寿都没有祈祷来。等到元朝大厦将倾时，在下层百姓中传播范围最广、内部最有组织性的白莲会，却成了元朝的掘墓人。

朱元璋在寺庙做过和尚，所以对这些差异比一般善男信女包括会首们看得更透彻。而且朱元璋虽然贫苦出身，但十分好学，还给后人留下了一百多首诗。也正是因为有了这些见识，他才能最终夺取天下。

这些见识，在选择国号的时候显示了出来。虽然白莲会、明王、弥勒信仰在元末农民起义时都搅到了一块，普通老百姓也根本搞不清其中的区别，但朱元璋必须把它们分开来。具体来说就是打压白莲会和弥勒信仰，同时把国号定为"明"。

首先弥勒信仰肯定是要禁的。佛教在中国的传播面那么广，统治阶层之所以能接受佛教，是因为它的出世思想能够让老百姓安于现状。如果给老百姓灌输个新佛下生、即将打破一个旧世界的思想，那任谁坐稳了江山以后，也会怕有人借势造反。

白莲会也得禁，不管他们信的是弥勒佛还是其他的神佛。重点在于它让老百姓自己有了组织，可以绕过官府的管理自成一体。这种事可大可小，往小了说组织起来抗个捐抗个税什么的；往大了说直接揭竿而起搞民变。

这肯定是不行的。

因此，朱元璋建国后吸取元朝的教训，一直对白莲会持打压态度，只不过茅子元的初始设定在民间太有市场了，根本没有办法禁绝。而在朝廷的打压和佛教界的排斥下，白莲会在明清之际逐渐和真正的佛教渐行渐远。开始被称为"白莲教"，以和其他获官方承认的宗教区别开来。

随着白莲教组织的自我繁衍，弥勒佛也不再是唯一的主神。各派系为了彰显自己的独特之处，纷纷设定自己的主神。玉皇大帝、无生老母、十殿阎罗……可以说是包罗万象，应有尽有。传到最后，很多源于白莲会的教派，实际都已经自立门户了。比如清朝嘉庆年间，一度攻入紫禁城的"天理教"就是这样一个变种。

事情发展至此，白莲教事实上已经成为一种以民间信仰为枢纽的组织形式了，只是因为共同的渊源，各方还是习惯把它们统称为"白莲教"。

严厉打压白莲会和弥勒信仰的朱元璋，对"明"字却是网开一面。元末的大乱借了民间宗教信仰的力，如果，完全切割，就和当年袁绍不去迎汉献帝一样，会吃大亏的。

换而言之，朱元璋还得借着"明王出世"这块招牌，收拢已经被这个概念洗脑的民众。然而韩山童称的是明王，他儿子韩林儿称的是小明王。朱元璋想继承其中的"明"字，但也不能自称"小小明王"，或者像外国那样叫"明王三世"。

我们一直在说，普通老百姓没有那么强的理解力去理解那些深奥的教义，朱元璋把国号定为"明"，民众看到写着"明"字旗帜的军队，自然就会联想到这是来救他们于水火之中的明王队伍。至于"明王"的符号指向的是谁，谁又会去关心，谁又能说得清楚？

第八章
朱元璋的统一之路（上）

一

大元行将崩溃，如今这般遍地狼烟的局面颇似秦朝末年的景象。只不过那次的火虽是由陈胜点起来，并且由同样素人出身的刘邦收了场，但整个过程中，六国残余的势力还是发挥了巨大的作用。比如项羽家族，那原本就是楚国功勋卓越的军事贵族。

这次各方的带头大哥，却真真切切是一帮没有任何祖荫的下层人民，无论谁得了天下，都将创造历史。

尽管元末这场天下大乱，被笼统概括为"红巾军起义"，但并不是所有举事者，都属于这个看起来有些迷信的体系。除了那些头裹红巾，喊着"弥勒佛下生"口号的举事者以外，能够在此乱世割据一方的还有：控制着淮东、苏南、浙北的张士诚，拿下浙东沿海的方国珍，主政福建的陈友定，坐镇广州的何真，以及世袭梁王之爵、永镇云南的元朝贵族把匝剌瓦尔密。

其中，把匝剌瓦尔密、陈友定、何真三人，从开始拥兵自保到朱元璋在南京宣布建立新朝，所秉持的态度都是效忠大元，仅仅是因为天下已乱，不得不形成事实的割据状态。把匝剌瓦尔密与陈友定，甚至在最后一刻自杀为元朝殉节。只有何真见大势已去，在收到朱元璋的劝降书后归降。

三股为元朝尽忠到最后一刻的地方势力有一个共同特点，那就是他们所控制的地盘都是帝国南方的边缘，并不属于长江流域。中国历史上的南、北大战，代表南方的其实都是长江流域。无论云贵、两广还是福建，都属于被边缘化的旁观者。

从这个角度说，即便三人想参与天下的争夺，也是没有机会的。在天下未定的时候表示效忠元朝，以此震慑那些竞争者才是上策。至于说新朝重新统一长江、黄河两大流域后，到底要不要选择效忠新朝，那更多地要看每个人对"气节"二字是怎么理解的了。

二

再来说说方国珍的情况。方国珍是浙江台州人，世代以贩盐为生。浙江的地形是北边平原、南边山地。浙北以杭州为中心的平原区，有运河与长江及大运河相连，在地域上属于江南的一部分，被视为鱼米之乡；浙南以台州、温州为核心的东部沿海山地，则属于海洋文化区，百姓的生计更多地依赖海路。

位于杭州湾东南端的宁波，则是两个地理单元的交会点。

方国珍是台州人，要是光从自己家乡的潜力来看，至多也就是割据一方，并不会比上面提到的那三个人更出名。不过虽然地盘不大，又山多地少的，但方国珍在元末乱局中还是属于一股能左右局势的重要力量。

主要有两个原因：一是方国珍的地盘紧邻江南，向北扩张的话，就有机会拿下天下粮仓；二是元朝的粮食依靠海运，方国珍本来就是通过海路贩私盐，所以举事之后，在海上聚众数千，专门打劫驶往大都的粮船，就会迫使元朝政府必须重视方国珍的存在。

在多次征讨未果后，元朝索性招安了方国珍。值得一提的是，当时在江浙元帅府任职的刘伯温是坚决反对招安方国珍的。在他看来，方国珍是浙东民乱的首恶，必须诛杀才能震慑其他人。也正因为方国珍被招安，刘伯温方一怒之下辞官归乡，最后选择了效忠朱元璋。

乱世之中，成大事者要的是"天时、地利、人和"三者皆齐。在很多人看来，人和主要是善于笼络人才。至于手段，可以学曹操，也可以学刘备，并没有一定之规。然而事实上，想获得顶级人才青睐，最重要的并不是手段而是野心。

所谓"格局决定结局"，一个乱世豪杰的野心不够大，即便一开始拿到一副好牌，最终也会错失良机。在这个问题上摔过跟头的人实在太多，最典型的就是"力拔山兮气盖世"的项羽了。

项羽的志向只有两个：推翻暴秦，衣锦还乡。至于政治上的规划，只是让天下回到战国时代，自己去做那个让其他诸侯慑服的"西楚霸王"。当他站在咸阳宫室的废墟上，说出"富贵不还乡，如衣锦夜行"，并把建议他定都关中的人杀掉，失败就已然注定。

方国珍的志向比项羽还要小上许多。

江南主要是由两块平原所组成，一块是介于长江与杭州湾之间，北部以太湖为中心的环太湖平原。今天隶属江苏的苏州、无锡、常州，隶属浙江的湖州、嘉兴，以及整个上海都坐落于这里。一块是杭州湾以南，以绍兴、宁波为主要城市的宁绍平原。

杭州则是两大平原的交会点。原本杭州、绍兴、宁波等城市并不属于长江流域。不过早在春秋时就已经开始修筑的运河，早早地将它们的命运与长江连接起来。杭州湾南北的平原地带，才有机地融合成了"江南"的概念。

从位置上看，杭州属于江南概念，而背山面海的宁波，是江南与浙东沿海的连接点。方国珍在坐大之后，除了拿下了台州、温州，还向北抢占了宁波，并将江南最东南角的城市作为自己的根据地，同时也打开了通往江南的大门。

事实上，方国珍造反的时间比刘福通他们还要早上两年。如果他有大志的话，其实完全可以做得更多，尤其是抢占江南。然而方国珍的最高理想只是割据浙东。

《明史》记载，有一个钻研纵横之术的谋士叫张子善，在方国珍坐大之后曾游说他，认为可以凭借水上优势溯长江而上，拿下整个江南。然后以江南为基地，沿海岸线北上拿下从江苏、山东到辽宁的整个沿海地区。无论这一战略有多少可行性，它显然都是一个志在天下的谋划。这条方国珍熟悉的海路，甚至可以帮助他直接将兵锋指向大都。

对于图谋天下的方案，方国珍的回答只有六个字："吾始志不及此。"我一开始的志向就不是谋夺天下。如此格局，类似刘伯温这种已经决心"良禽择木而栖"的人才，又怎么可能选择这样的主公呢？

三

虽然没有大志，占的地盘也不大，但方国珍是朱元璋统一路上不可忽视的力量。甚至可以说，如果没有这股力量的存在，朱元璋能不能拿下天下都未可知。之所以这样说，是因为方国珍牵制住了朱元璋最主要的对手张士诚。

所谓"上有天堂，下有苏杭"，江南的核心城市是苏州与杭州。在元末乱世中，这两座城市都是张士诚的地盘。不光如此，连两淮盐厂也都在张士诚的地盘中。大元的钱粮之地都在张士诚手中，可以说朱元璋后来击败张士诚时，天下大概率已经姓朱了。

把都城定在苏州的张士诚也不是江南人。他是淮东盐城人。虽然靠海，但盐城以及整个江苏的海岸线，都因为滩涂的存在没什么海洋潜力。

不过这些滩涂倒是给了淮东沿海产盐的潜力，以至于元朝的财政大半都得依靠淮东的盐税。

与方国珍一样，张士诚也是盐贩出身。区别只在于，方国珍是通过海船往浙东沿海贩私盐，身在产地的张士诚则是替官家在江淮一带撑船运盐，顺带贩卖私盐。

乱世中粮食显得更加珍贵，可以说谁要是控制了江南，就算不想据此图谋天下，那割据一方做个诸侯也比别人过得富足。朱元璋在淮西，张士诚在淮东，两股势力与江南都是一江之隔，受此诱惑，二人坐大之后都不约而同地渡江南下。

率先成为一方霸主和渡江南下的都是张士诚。

1353 年春，见天下已乱，张士诚带着两个弟弟率领盐厂的盐丁举事，5 月攻下淮东重镇高邮，次年正月在高邮称王，立国号大周。同时还拿下了泰州、扬州等淮东重镇。张士诚举事时，朱元璋才投奔郭子兴没几天，刚凭着军功领了七百兵。

不过事实证明，枪打出头鸟，人还是不能太高调。

在遍地狼烟的情况下，元廷除了调动各地方军队镇压各地的民变以外，最为关注的是运河沿线的情况。海上粮道被方国珍严重威胁，原本在南粮北调问题上退居二线的大运河成了元朝无法忽视的生命线。

位于江苏、河南、山东三省交界处的徐州，自古就是兵家必争之地。对于元朝来说，徐州还是大运河在淮北的重要节点。刘福通在黄河工地上率先举事后，最先响应的就是徐州一带的赵均用、芝麻李、彭大。三个打着红巾军旗号的首领，很快就夺取了徐州这座重要城市（1351 年秋）。

1352 年 8 月，脱脱亲率大军攻破徐州，俘杀芝麻李。赵均用、彭大率残部渡过淮河，进入郭子兴所占据的濠州城，与淮西红巾军抱团取暖。

如果说徐州是大运河在淮北的中心，那么张士诚所控制的高邮，就是大运河在淮南的中心了。相比之下，郭子兴等人所占据的濠州城，由于不

元末东南地区农民起义示意图

在运河线上反倒没那么重要。正因为如此，1354年9月，脱脱在招降张士诚未果后，广召天下兵马沿运河南下。11月至高邮，将张士诚围困于城中，并分兵夺回被张士诚部所占据的淮东诸城。

四

脱脱的这次出征，可以说是元朝开国以来集结兵力最多的一次，号称百万。连远在千里之外的西域、西藏、朝鲜都派兵前来增援，《元史》中记载"出师之盛，未有过之者"。按照脱脱的计划，这次发兵并不只是为了灭张士诚，而是准备攻灭高邮之后，再一路向西扫平濠州等地的红巾军。

为了完成总攻，元顺帝下诏要求中央、地方各级官员，乃至亲王贵族全部听从脱脱的命令。然而人性就是如此，元顺帝一开始无疑是信任脱脱的，只是把全部身家系于一人之身，难免会心里打鼓。那些嫉妒脱脱独大的朝臣，也会在后方说他坏话。

张士诚在高邮城的殊死抵抗，让脱脱的政敌得以用"脱脱出师三月，略无寸功，倾国家之财以为己用，半朝廷之官以为自随"的理由弹劾他。

就这样，正在高邮城下督军攻城的脱脱，被担心他尾大不掉的元顺帝一纸诏书换掉。此时的大元帝国本已处在风雨飘摇状态，靠着脱脱的个人威望以及元顺帝的信任，回光返照式地拼凑了一支大军。临阵换帅，使得跟随脱脱出征的各方力量彻底失去了信心。百万大军很快便作鸟兽散，更有不知道该依附谁的军队，直接加入了红巾军。

自此以后，大都城再没有力量组织正规军平叛。所能依靠的，都是那些效忠于元朝的官员自己组织的武装。

元朝的百万大军一散，张士诚不光解了围，还凭此一役满血复活，声威大震。不过倒也没开心多久，第二年淮东就闹了饥荒。说起来并不意外，上百万军队于农时在淮东打了几个月的仗，就算没有天灾，大概率也会闹饥荒。

饥饿是老百姓造反的主要原因，江南作为鱼米之乡，老百姓吃得比较饱，每逢乱世民变都比较少。当然，这份富庶也使之成了兵家必争之地。淮东闹饥荒后，张士诚当即派弟弟张士德由南通渡江攻入长江南岸的常熟。第二年（1356），张士诚拿下苏州，并将都城由高邮迁至苏州。

朱元璋的动作也不慢，就在张士诚拿下苏州的同时，原本在淮西发展的朱元璋也拿下了长江南岸的南京。尽管张士诚不属于红巾军体系，不过考虑到大家都高举着反元大旗，朱元璋认为双方应该是天然的盟友，为此还写了封信前去示好，希望能够结成盟友。

然而张士诚并不是朱元璋的同道中人，更准确地说是对颠覆元朝天下并不感兴趣。值此乱世，能割据一方才是他的目的。为了达到目的，张士诚并没有接受朱元璋的示好，双方以太湖为界，在江南地区反复摩擦。

五

客观地说，如果对垒的只是朱元璋和张士诚，张士诚是打不过朱元璋的。对于后者的实力，方国珍就看得比较清楚。1358 年，一路向南攻入浙南的朱元璋拿下了金华，与方国珍的地盘接壤。在接到朱元璋送来的劝降信后，方国珍对手下人说道"江左号令严明，恐不能与抗"。

长江在南京之北，才开始由南北向转为东西向，这就让南京城处在了长江的东岸。古人以东为左，以西为右。方国珍口中的"江左"指的就是以南京为根基之地的朱元璋。一心谋求割据的方国珍觉得自己打不过号令严明的朱元璋，而且觉得北面的张士诚、南面的陈友定，都对自己虎视眈眈，如果自己和朱元璋拼个你死我活，将很有可能被两股势力乘虚而入。

基于这种心理，方国珍在收到朱元璋的劝降信后，当即表示愿意归顺，把自己占据的宁波、台州、温州三地献上。只不过朱元璋也知道，方国珍的归顺只是表面。如果真的拿取他的地盘，那一定会动刀兵的。抓住方国珍害怕与自己火拼的心理，包括名义上愿意归顺的说法，去震慑张士诚才是真的。

方国珍忌惮张士诚，张士诚也同样担心方国珍会抄自己的后路。这种事情，方国珍还真做过。方国珍对元朝最大的威胁，是海上贩盐出身的他，一直在打劫元朝的海上粮船。刘伯温的判断是对的，方国珍并不是真心归顺朝廷。招了叛，叛了招，反复折腾了三次，每次招安后朝廷把他调到别的地方做官，他就马上反叛。

最后元朝政府也看出来了，方国珍就是想守着老家的一亩三分地。只要不动他，就能够相安无事。最后索性就给了他个"漕运万户"的职位，让他来负责海上运粮，包括把运粮的官船都交给他。只要他能按时把江南的粮食运到大都，随便他在浙东折腾。

顺便说一句，招安方国珍的确造成了不好的影响。本来元朝政府见浙东民乱四起，海上粮道不稳，一直在用官职招募民间力量剿匪，也的确有不少想求功名的人响应。结果方国珍这套"杀人放火受招安"的流程走下来，不光摇身一变成了官，而且是官职一次比一次大的。这样的话，浙东老百姓也不再相信朝廷的话，都纷纷加入方国珍的队伍。

方国珍虽然掌控了元朝的海上粮道和海船，但粮食在江南。张士诚一渡江粮仓可就不保了。见张士诚在江南坐大，元朝就又升了方国珍的官，要求他率军进攻张士诚，帮着夺回江南。方国珍也是个聪明人，知道朝廷愿意纵容自己，是因为自己能帮着运粮。所谓"皮之不存，毛将焉附"，如果江南的粮食运不出来，自己的"皇海盗"也当不成。

鉴于此，方国珍接到命令后率领自己的水军北上进入长江口，在今天的江苏昆山登陆，与张士诚的部队连着打了七仗，都取得了胜利。与此同时，张士诚的弟弟张士德在攻下杭州之后，反手就被元朝的政府军夺了回去。败回苏州后，又在常熟前线被朱元璋部擒获。

此时的张士诚可以说是三面受敌，不光被官军正面堵截、被半官半贼的方国珍抄后路，还被铁心造反的朱元璋侧击。要想改变被动局面，只能选择与一方结盟。

最终张士诚选择归顺元朝，这在当时无疑是个正确的选择，既可以解两面之围，又可以让江南那些原本安定、不愿意跟着造反的富户和百姓接受自己。而元朝政府自然也乐得招安张士诚，让他去对付朱元璋所代表的红巾军。

为此，从徐州到杭州、绍兴，整个江苏、浙北都被元朝正式认定为张

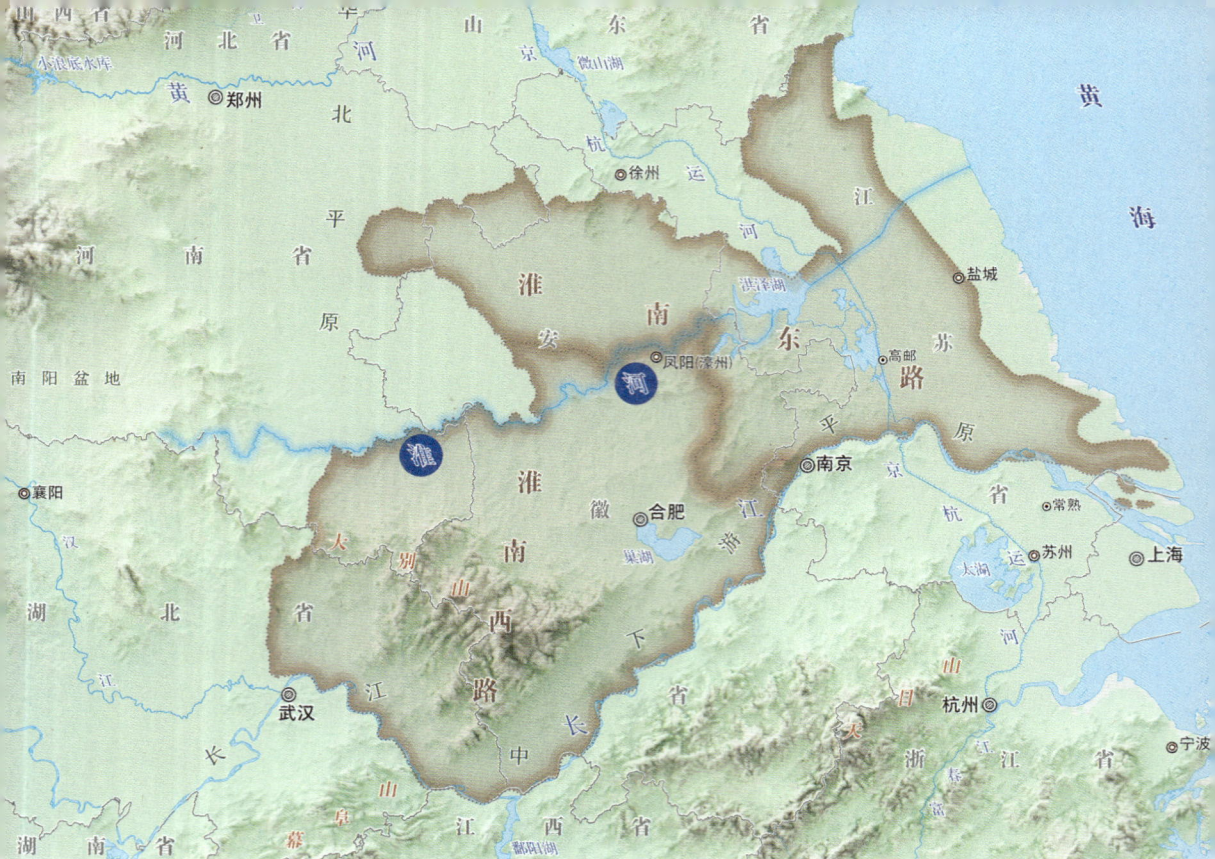

淮南东西两路示意图

士诚的地盘。两淮有盐，江南有粮，帝国运转所需的钱粮都出自两地。说张士诚是元末乱世中最富有的诸侯一点也不为过。

由于张士诚归顺了元朝，方国珍也撤回了宁波。在二人同时接受元朝封赏的这段时间里，张士诚负责提供粮食，方国珍负责运输。就这样，形成了一种奇妙的平衡。不过张士诚也知道，一身事二主的方国珍没什么信用。如果有一天自己去和朱元璋拼得你死我活，难保不会再来一次昆山登陆战。

第九章
朱元璋的统一之路（中）

一

元朝末年的遍地狼烟中，要说格局和野心，头裹红巾、喊着"弥勒佛下生"口号的红巾军表面看是最大的。无论"弥勒佛下生"还是"明王出世"的口号，打的都是建设一个新世界的旗号，都把元朝彻底描述为黑暗世界的代言人。

这样的初始设定，使得出身于红巾军系统的起义首领们，很难与元廷共存。要是哪个首领想学方国珍和张士诚，那他就得先向那些信徒解释，自己怎么就"弃明投暗"了。

刘福通建立的"韩宋"政权，并不是红巾军唯一的共主。在韩山童和刘福通二人挑动黄河天下反后，各地打着弥勒信仰、红巾军旗号举事的人很多，有些选择了自行其是，有些选择了背靠大树好乘凉。除了"韩宋"这棵大树以外，还有湖北人徐寿辉建立的"天完"政权。

"天完"这两个字很有意思，你仔细看，是不是在"大元"的头上加了一个盖，有力压大元一头之意？

不过虽然《元史》和《明史》中都记录着徐寿辉建立的政权叫"天完"，但其他史料和出土文物都证明，徐寿辉建立的政权也是以"宋"为名。这件事说起来有一点微妙。按刘福通的计划，先把韩山童宣传为宋徽宗的后裔，然后直接打出复宋旗号建国。结果还没正式举事，韩山童就被收到消息的官府给扑杀了。

虽然韩山童的死并不影响刘福通等人接下来的动作，但没了韩山童做招牌，正式的国号一时就打不出来。一直到四年后，刘福通在徐州的山里找到韩山童的儿子韩林儿，才在淮北的亳州拥立其为帝，算是正式把国给立了起来（1355 年 2 月）。此时距离徐寿辉称帝（1351 年 10 月）已经过去了三年多时间。

元朝是异族出身，为大宋招魂可以笼络更多的民心。这个道理刘福通懂，布贩子出身的徐寿辉也懂。见刘福通失了先机，徐寿辉那边才赶紧抢了先。为了把两个抢夺大宋资产的政权区别开，后世研究者就把两个红巾军建立的政权分别称为"韩宋"和"徐宋"。

至于徐寿辉建立的政权究竟是有个"天完"的别名，还是朱元璋授意这么叫的，已经成为一桩公案了。从逻辑上说，朱元璋因为出身于"韩宋"政权，的确有动机不让徐寿辉的政权也叫宋，以免混淆自己的出身。遵循传统，也为了更好地区分，我们还是把徐寿辉带领的红巾军称为"天完政权"好了。

元朝末年存在两个以弥勒信仰为纽带的红巾军主系统都是明确的，一般会分别把它们称为"北方红巾军"和"南方红巾军"，也有人认为称"东系红巾军"和"西系红巾军"更准确一些。

按南、北方位来划分红巾军体系并没有问题。仔细分析两股红巾军的背景，会发现它们之所以各成体系，是因为依附着不同的水系。简单点说，韩宋政权可以说是"黄河红巾军"，徐宋政权的背景是"长江红巾军"。受韩山童、刘福通鼓动举事而愿意加入体系的红巾军，与受黄河水患影响的区域高度重合。这倒也很好理解，韩宋的煽动民意的童谣就是"石人一只眼，挑动黄河天下反"嘛。

像郭子兴、朱元璋等选择归附韩宋，与北方红巾军捆绑在一起，也是因为淮河在元朝已经成为黄河水系的一部分，大家对因黄河而起的那些天灾人祸感同身受。

二

"挑动黄河天下反"的口号在江西、湖南、湖北乃至四川等长江流域地区，基本没有什么吸引力。然而白莲教本就发端于南方，在宋元之际的南方有着很强的群众基础。这种情况下，南方的长江流域就有机会自己推出个代言人来争夺天下。

人都是需要有搭档的，河北人韩山童选择了和淮北人刘福通合作；湖北人徐寿辉则选择了和江西人彭莹玉合作。彭莹玉是很值得一提的。天完政权的创建者与其说是徐寿辉，倒不如说是彭莹玉。

朱元璋属于半路出家，彭莹玉是一出生便被送到了寺庙，十岁时正式出家，十五岁起，就开始以行医为掩护，传播弥勒信仰。虽说白莲道人不用出家就能做会首，还能结婚生子代代相传，但彭莹玉作为一个自幼生长在寺庙的出家人，传起教来肯定比韩山童要更有信服力。

出来做大事，要么有理想，要么有野心。如果说朱元璋有的是野心，那彭莹玉则更像是一个理想主义者，看起来是真的想建立一个佛国。早在1338年，彭莹玉就已经在老家江西宜春（时名袁州）组织过一次五千人规模的起义。比刘福通他们还早了十三年。这次起义最引人注目的一点，是起事者前胸后背都写着一个"佛"字，以求弥勒佛保佑。

起义失败后，彭莹玉带着信徒辗转江西、安徽、湖北、湖南等地传教，又策动了几次起义，都以失败而告终。不过影响力倒是越来越大，他的跟随者在当时被称为"彭党"。为了增强凝聚力，到淮西传教后，彭党骨干都在名字中间加个"普"字，什么赵普胜、邹普胜、况普天。若在那段历史中看到名中带"普"字的人物，肯定都是彭莹玉的门下。

之所以说彭莹玉是一个理想主义者，是因为他每次举事都不自己称王，只做助攻。比如有一次在老家，彭莹玉扶植自己的信徒周子旺做首领，国号则叫作"大周国"。徐寿辉在湖北举事时，彭莹玉正在淮西传教。听到徐寿辉举事的消息后，彭莹玉当即带着信徒前往支援，一起建立了天完政权。

初创时期的天完政权，说是"徐家天下彭家党"并不为过。从意识形态到组织结构，都是彭莹玉帮着设计的，主要官员也都是"普"字辈的彭党，比如太师邹普胜、太尉欧普祥，连最高行政机构都叫作"莲台省"。

元朝的最高行政机构叫"中书省"，相当于现在的国务院。再把中书省划分为若干"行省"（行中书省），派出机构，在地方上行使职能。后来为了加强中央集权，朱元璋把汉代就有的中央机构给废了。"省"在中国遂变成了地方行政区的代名词。不过在日本，还是遵循从唐朝学去的传统，把中央行政机关叫"省"。比如日本的"外务省"就是外交部。

彭莹玉把中书省改名为白莲信仰味道浓厚的"莲台省"，说白了就是希望建立的是一个政教合一的佛国。不管理想是否现实，会不会搞成后来类似太平天国的模式，但彭莹玉的确显得与其他起事者不同。金庸老先生在《倚天屠龙记》里面，还特地为彭莹玉安排了明教五散人之一的身份，为人做派也是描绘得很正派。

三

至于群众基础如此雄厚的彭莹玉，为什么选了徐寿辉做共主，而不是彭党自己的成员，可能是因为徐寿辉出众的相貌。按《明史》的记载就是"奇寿辉状貌，遂推为主"，因为惊讶于寿辉的样貌，方推为共主。

颜值即正义的事情可不是今天才有的。以前的书生考进士，长得不好看殿试真会被皇帝刷掉。你说没道理也有道理，看相的常以"天庭饱满，地阁方圆"来形容一个人长得有富贵之相。长得有"官相"的人，做起管理来的确更容易唬住人。

不过具体到做皇帝，尤其是草根皇帝这件事上，"状貌"的标准可能就和大家想象的不太一样了。比如朱元璋的画像，一直以来就有两个截然不同的版本。一个真的可以说是"天庭饱满，地阁方圆"；另一个则是一言难尽，奇形怪状的。按东北话说，跟个鞋拔子似的。

结合明朝后来的皇帝的画像来看，大家觉得长得特别有官相的才是真的。不过鞋拔子脸的那一幅也是官方画像，是用来发给重臣们放在家里供奉的，在明朝的相关记录里就有，并非像坊间传说的那样是清朝丑化的。之所以要这样设计，是因为当时的人不觉得这是丑，而认为这是异相。朱元璋和徐寿辉他们的出身实在是太草根了，这种异相能够让他们有天选的感觉。

在弄明白天完政权初创时的"徐家天下彭家党"属性之后，政权后面发生的一些事情就很好理解了。天完政权的基本盘是在湖北、江西、淮西南部这些长江流域地区，考虑到下游江南是全中国最富庶的地区，并且关乎大都的粮食安全，所以一开始彭莹玉就把江南作为了主攻方向，并且亲自领军突破。

1352年，彭莹玉手下的赵普胜、李普胜等淮西籍将领，渡过长江为天完政权拿下了江西北部及安徽南部，甚至一度攻下江南重镇杭州，形势可以说是一片大好。

只可惜枪打出头鸟，徐寿辉的称帝以及彭莹玉在江南地区的攻城略地，使之成了元军的重要征讨对象。此时脱脱还没死，元朝还没乱到崩盘的地步。在元军的反攻下，天完政权旋即被迫退出江南，回到淮西和江西地区。不幸的是，冲锋在前的彭莹玉本人意外在江西战死。

彭莹玉于1353年年初战死。这么一个被很多信徒视为弥勒佛下生的人物就这么死了，令人难以置信，以至于后世有许多关于他其实没死的传说。不过彭莹玉肯定是死了的，刚诞生不久的天完政权也面临着巨大的危机，连被定为国都的湖北蕲水都被攻破。徐寿辉也只能带着残部在湖北江西交界处打游击。

好在第二年，张士诚就把元军主力的火力给吸引走了，脱脱和他所整合的百万元军也因为内斗而作鸟兽散，这让包括天完政权在内的各地义军，都获得了喘息之机。

四

彭莹玉的死，昭示着天完政权 1.0 时代的终结。前文我们说了，徐寿辉能当上皇帝并不是因为能力有多出众，只是因为长得特别像个皇帝，天完政权一开始的实际操控机构，就是彭莹玉设立的莲台省。

由于彭莹玉的弟子大多数是江西人和淮西的安徽人，所以特别有动力东征。但是彭莹玉一死，天完政权逐渐为湖北籍将领所控制。包括陈友谅取而代之后，留任的百官之首、彭党属性的太师邹普胜也是湖北黄州人。

徐寿辉个人能力不突出，只是因为先发优势被拥立，那他本人此后的命运就只有两种情况：要么继续当傀儡；要么直接被取代。

对于徐寿辉本人来说，这两种命运的最终结果都一样。纵观历史，但凡这种不是凭着自身能力，只是因为时势需要被推上大位者，在失去价值后都难逃一死。远有被项羽明着授意害于江中的楚怀王，近有被朱元璋暗中指使溺死江中的小明王。人固有一死，区别无非是什么时候死。

1355 年正月，见元军主力在高邮前线瞬间瓦解，脱脱也被发配边疆，天完军在统军元帅倪文俊的率领下，攻陷了武昌、汉阳等湖北重镇，徐寿辉也被迎至汉阳再次称帝。这一举动同时标志着天完政权正式进入倪文俊掌权的 2.0 时代。

倪文俊是湖北黄陂人，渔民出身。从湖北人的角度来说，如果要扩张领土，第一选择并不是东面的江西、安徽，而是南面的湖南。2.0时代的天完政权也的确是先向南拿下湖南，然后沿长江两岸上下游扩张。其中负责向东面，也就是江西方向扩张的是倪文俊的部将，同样是湖北人（仙桃人），也同样是渔民出身的陈友谅。

拿下两湖地区，认为自己已经掌控天完政权的倪文俊，动了取而代之的念头。1357年9月，倪文俊在汉阳发动政变。然而天完已经立国六年，内部派系林立，并不是所有人都是倪文俊培养出来的。因此这次政变以失败而告终，倪文俊则带军前往汉阳之东的黄州，准备与驻军于此的陈友谅合兵。

只可惜"螳螂捕蝉，黄雀在后"，倪文俊有这心思，陈友谅同样有。陈友谅直接就伏杀了老上司，并了他的兵马，还借着这件大功成了天完政权最有权势的人，把天完政权推进到了3.0版本。

三年后（1360），陈友谅拿下了整个江西，并准备和朱元璋决战。志得意满的陈友谅索性在初战告捷后做掉了已经被他裹挟成孤家寡人的徐寿辉，自立为"大汉皇帝"，正式终结了天完政权。

五

政治就是这么残酷，陈友谅做的事能做吗？能做，但做的时间点很重要。称王称帝早了，不仅容易成为众矢之的，还容易造成内部分裂。相比之下，朱元璋就聪明得多。渡江之后的朱元璋，曾经在徽州觅得一个与他同姓的某士朱升，后者向他提出了著名"高筑墙，广积粮，缓称王"策略。

遵循这一策略，朱元璋在政治上一直很低调。在灭了陈友谅之后，方给自己弄了一个"吴王"的称号；灭了张士诚后才在南京称帝，而且很讨巧地用乍一听和"明王出世"相关的"明"做国号。不去背溺杀小明王的锅。

与朱元璋相比，陈友谅就要短视得多。事实上，纵观整个天完政权的将领，在彭莹玉之后都显得没什么大志，没有统一天下的雄心。倪文俊为了割据一方，甚至一度考虑过名义上归顺元朝。只不过这个想法与红巾军创业理念有结构性矛盾，真落实的话风险太大，后来就不了了之。

2.0 时代的天完政权，除了经略江西方向的陈友谅以外，还有一个能与之抗衡，并且后来也独立建国的将领——明玉珍。

明玉珍和陈友谅都是倪文俊的部下。1357 年，明玉珍受命在三峡一带劫掠元朝的粮船。收到巴蜀兵力空虚，官员不睦的消息后，顺势逆流而上攻陷了重庆、成都。倪文俊想谋逆被杀，这对明玉珍倒没什么影响，他依然替天完政权在四川盆地攻城略地。但陈友谅把徐寿辉杀了，把天完变成大汉的操作，明玉珍就没办法忍了。

巴蜀所在的四川盆地本来就易守难攻，自成一体。如果站在明玉珍的角度，羽翼丰满后自立为王都是可以的。现在陈友谅把天完这块经营了十年的神主牌位给扔了，那明玉珍自然就顺势接了过去，更没有理由去做陈友谅的部下。

因此明玉珍收到徐寿辉的死讯后，当即把长江三峡给封了，奉天完为正朔，称"陇蜀王"。两年之后，明玉珍见自己在巴蜀的统治已经稳定，便在谋士刘桢的建议下在重庆正式称帝，以恢复华夏为名建立"大夏"。为了最大限度得到红巾军的政治遗产，明玉珍的大夏政权以弥勒教为国教。

要是套用三国时代的政治格局，明玉珍占的是益州、陈友谅得的是荆州。当初刘备两州在手时，可是他最意气风发的时候。光占着荆州或益州，那最多也就是刘表、刘璋的结局。

明玉珍也知道，自己肯定没有刘备和诸葛亮的本事，所以入川之后主要是向云南方向扩张，完全没有争雄天下的野心。1366年春，年仅三十八岁的明玉珍在重庆病故。死前叮嘱臣下用心辅佐自己的儿子，守住这份基业。五年后，北伐成功的朱元璋，从北面和东面两路派兵入川，很顺利地就拿下了这个偏安一隅的小朝廷。

为了和历史上那些同名政权区别开来，后世把明玉珍的大夏政权称为"明夏"，把陈友谅的大汉政权称为"陈汉"。于是在1362年这个时间点上，我们在整个长江流域可以看到四个独立政权，依次排开分别是：覆盖四川、重庆的"明夏"，以明玉珍为帝；覆盖湖北、湖南、江西的"陈汉"，以陈友谅为帝；以安徽为基本盘、南京为根据地，接受"韩宋"政权册封的朱元璋部；拿下江苏、浙北，次年自立为吴王的张士诚部。

第十章
朱元璋的统一之路（下）

一

可以看出，先不说南统北这个前无古人的目标，单就统一整个长江流域这件事来说，朱元璋的身份都是最差的。往前数三千年，往后数六百年，都没听说这样一个夹缝里的位置能成事的。真要说当时最有机会一统南方的，那还得说是陈友谅。

从陈友谅的角度来看，并非不知道如果舍去天完的招牌，会让明玉珍与自己决裂。然而话说回来，就算陈友谅继续留着傀儡徐寿辉，明玉珍其实也是不会听他的。巴蜀所在的四川盆地实在是太适合割据了，多少英雄好汉进去之后都搞出了独立王国。

江南才是陈友谅心心念念的所在。不光陈友谅想，从方国珍到彭莹玉、张士诚到朱元璋，各方势力都对这个天下粮仓动过心思。宁波、杭州、苏州、南京这四个江南重镇，先后成为这四大势力的桥头堡。

和刚才这些人比起来，陈友谅觉得自己才是最有优势的那个。

陈友谅的老上司倪文俊之所以能够统领天完兵马，并且拿下两湖地区，与他的渔民出身有关。史书记载倪文俊"用多桨船疾如风，昼夜兼行湖江，出人不意，临战多克捷"。归纳下来就一个字"快"。天下武功，唯快不破。船上多用桨手，而且昼夜不停地划。对手还没反应过来，天完的水军就攻到了门口。

两湖地区的元军就是这样被2.0版的天完军打败的。同是渔民出身的陈友谅作为倪文俊的嫡系，又兼并了老上司的部队，秉持的自然也是这种"水上闪电战"的战法。陈友谅不去管明玉珍，而是一门心思东进，与他的战法也有关系。打明玉珍是逆流而上，桨手再多也快不到哪儿去。要是顺流而下打，那就是快上加快了。

当然，这一切是建立在有绝对水上优势的前提下。往下游打要是败了，逃跑的话那可是很容易被对手追上的。

靠着这招，陈友谅不光拿下了江西，更是兵临南京城下。如果拿大家比较熟悉的三国历史做对比，就好比刘表战孙权。问题是刘表只有湖南湖北，位于江南和两湖之间的江西，是在孙权手上的。江西的位置历来有"吴头楚尾"之说，湖北和江南的政权打仗，谁更有地理优势，就看谁能先拿下中间地带。

陈友谅先抢占了江西，朱元璋却只得到了半个江南，最核心富庶的部分还在张士诚手上。理论上朱元璋和张士诚联手也只能和陈友谅打成平手，并且还是防守的那方。换成你是陈友谅，也会觉得一统长江可以说是板上钉钉的事了。

二

想得天下，天时、地利、人和缺一不可。和朱元璋相比，陈友谅和张士诚在人和上面是有欠缺的，朱元璋对他俩的点评一个是"志骄"，一个是"器小"。志骄则妄生事，器小则无远图。

在朱元璋眼里，陈友谅就是一个过于骄傲、不知道搞统战的主。这导致他白白送给了朱元璋一个水军基地。

这事得从淮西说起。明玉珍的墓在重庆，1982年被发现。棺椁前的碑文不仅明确记录了徐寿辉建立的政权也叫"宋"，还提到"淮人立徐主称皇帝于蕲阳"。这里说的"淮人"，就是淮西的彭党了。也就是彭莹玉在淮西传教发展的力量。

那淮西不是朱元璋的地盘吗，为什么成了天完政权的起源地？淮西是朱元璋的基本盘没错，但朱元璋从一个大头兵做起，也得一步步地做起来嘛。更重要的是，淮西在地理上是以合肥为界分为两块的：合肥以北属于淮河流域，合肥以南属于长江流域。

可别小看这一区别。南方政权特别依赖水运，如果从江南或者江西去淮西，坐船最多也就打到合肥。再往北打的话，往轻了说没办法用船只运输军队和补给；往重了说，没有水运支撑军心都得乱。这件事情当年孙权感受最深，他一辈子五征合肥都没能打过江淮分割点。

朱元璋、郭子兴他们是淮西的北方人，擅长陆战；彭莹玉的弟子们则是淮西的南方人，善于水战。天完1.0时代，彭党成员左君弼、赵普胜、李普胜等人，控制了合肥及其以南地区，可以说是搞得有声有色。结果彭莹玉一死，这局面就乱了。不光淮西的彭党在2.0时代的天完政权渐失话语权，内部更是斗得你死我活。

当时淮西的彭党内部分为两派：一派是占着庐州城（合肥）的左君弼；一派是赵普胜、俞通海、廖永安、张德胜等人结寨自保的巢湖水军。

元朝在庐州一带设了官马场，由此带动整个淮西地区遍布大小官、私马场。明朝建立后，朱元璋依旧在凤阳、庐州、滁州等淮西重镇设官马场。见民乱四起，元顺帝怕散落民间的马被起义者所用，下诏把民间的马都给没收入官。脱脱更化时为了缓解矛盾，又把这条取消了。所以郭子兴、左君弼这些淮西豪帅都很容易弄到马，并培养出骑兵队伍。

但若想在南方建立政权，光有马是不行的，必须得有水军。就淮西的情况而言，谁能得到巢湖水军，谁就能够把自己的军队变成"水陆两栖"。

巢湖位于合肥之南，是江淮地区第一大湖，南边有水道与长江相通，北边有河道直抵合肥城下。要是能有巢湖水军相助，就可在湘南图谋江南和江西。

三

左君弼在彭莹玉死后，表面还接受天完的册封，但实际上是想自己搞一块地盘在老家割据，与方国珍的格局差不多。后来他不光和张士诚联手打过刘福通，还投降过元军。等朱元璋北伐平定山东、河南了，见大势已去才最终决定归降朱元璋。左君弼之所以和赵普胜他们一直有摩擦，就是因为想兼并巢湖水师，壮大自己的力量。

然而但凡名字里带"普"字的，都是天完政权的时候就跟着彭莹玉的老彭党。左君弼则是举事之后，再带人归附的。更重要的是，左君弼的父亲还是元朝诰封的将军（虽然品级不高）。这要是按 20 世纪的说法，属于投机革命。说得直接点，左君弼想做淮西的老大，老彭党赵普胜第一个不服。

巢湖彭党的头是赵普胜，人送外号"双刀赵"，打仗是把好手，但头脑有点简单。朱元璋给他的点评是"勇而少谋"。左君弼想吞并他，他不服，但也没有谋略吞并对头，双方就这么一直摩擦下去了。

见朱元璋搞得有声有色，并且已经驻军于长江西岸，准备渡江，巢湖水军就动了背靠大树好乘凉的心思。1355 年 7 月，巢湖水军众头领投奔朱元璋。不过没几个月，徐寿辉在汉阳重新称帝。赵普胜又后悔了，当即和朱元璋决裂，重新归附天完政权（李普胜则被朱元璋所杀）。

好在除了赵普胜、李普胜以外，那些名字里没"普"字、与天完感情没那么深的巢湖水军头领，还是觉得跟着淮西老乡朱元璋混比较有前途。也正是因为得到了巢湖水军，朱元璋才能够抓住时机渡江拿下南京，没有让张士诚抢先，并在后来的鄱阳湖水战中击败志得意满的陈友谅。

可以这样说，如果没有巢湖水师归附，有马没船的朱元璋就没有可能渡江拿下南京，更没有可能一统天下。朱元璋对这些将领也是心存感念，无论战死的还是活到开国后的，都是极尽荣宠。

具体到和陈友谅相争这件事，赵普胜没跟朱元璋走，本来对天完政权是很有利的。朱元璋虽然一举拿下了南京，但赵普胜在淮西和巢湖的存在，让他一直如芒在背。别的不说，日后朱、陈二人在鄱阳湖大战，赵普胜的位置是能抄朱元璋后路的。甚至因为有赵普胜在巢湖，朱元璋都不可能到鄱阳湖与陈友谅决战。

结果这么重要的一个将领，让陈友谅自己给做掉了。1359 年，已经拿下江西的陈友谅，以与赵普胜会师为名，在长江边上的安庆城把赵普胜诛杀。有人认为是朱元璋施了反间计，才让陈友谅起疑的。

不管朱元璋有没有用计，陈友谅都认定赵普胜不会听自己的。赵普胜资格老，连天完 1.0 时代兴事的左君弼都不服，更别说 2.0 时代才入坑的陈友谅了。陈友谅没有手段收服这个刺头，也就只能先下手为强了。只有先拿掉天完老人，第二年陈友谅才敢杀了徐寿辉自己称帝。

赵普胜一死，合肥人左君弼一直想着的又是在老家自成一体，陈友谅建立的"陈汉"政权，就等于断掉了一条本来可以牵制朱元璋的左臂。后来攻南京城不下，数年后还让朱元璋攻到鄱阳湖反杀成功，实属自己把自己给玩没了。

四

大家是否发现，在元亡明兴这段历史中，朱元璋的主要对手都是南方人？陈友谅、张士诚，乃至方国珍都比刘福通和他扶植的韩宋政权显得更为关键。刘福通在《明史》中甚至都没有单独立传。

究其根源，朱元璋虽然跟着郭子兴这些濠州大帅，奉韩林儿为共主，但是真心瞧不上韩宋旗下这些将领。当然，这并不代表韩宋在元末这段历史不重要，举着韩宋旗帜的红巾军，闹出的动静是最大的。大到能围攻大都，还北出塞外拿下了长城北麓的元上都，甚至攻入了朝鲜半岛。

1355年2月，见围攻张士诚的百万元军因内斗而逃散，刘福通赶紧找到韩山童的儿子韩林儿，在淮北的安徽亳州称帝。一开始并没有挡住元军的进攻，被迫渡过淮河把都城迁到了淮南的寿春（时名安丰）。好在元朝也集结不起太大力量，韩宋这杆大旗还是有号召力的，基本上整个北方地区的红巾军都接受了韩宋政权的册封，表面上算是拧成了一股绳。

在寿春站稳脚跟后，刘福通决定乘势北伐，打出的旗号是"虎贲三千，直抵幽燕之地；龙飞九五，重开大宋之天"。为了完成宏愿，刘福通先后在1356年、1357年组织了三路大军：东路军往山东方向打；中路军往河北方向打；西路军往陕西方向打。刘福通自己则把目标对准了北宋故都汴梁，准备拿下后把都城迁过去，把光复大宋的口号落到实处。

单从军事角度说，刘福通的北伐还是相当成功的。除了攻入陕西的这一路遇到了特别顽强的抵抗，几经增援还是被打散以外。刘福通自己以及中路军和东路军都取得了不错的战果。刘福通拿下了开封、洛阳一带，把韩林儿的都城给迁了过去。中路军在围攻大都不克后，不仅没有回师，还北出长城拿下了元朝在塞北的上都城，休整七天后又攻入辽宁，最后甚至渡过鸭绿江，攻陷当时高丽王国的都城开城。

东路军的进攻路线更有意思。先是在江苏唯一的海港城市连云港袭夺了元朝驻扎于此的海船，然后不光沿海岸线而上攻陷了山东建立根据地，更是分兵继续沿海路北上，到朝鲜和中路军会师。

这种从淮河一路北伐，打到塞外甚至朝鲜的打法，可以说是前无古人，后无来者。不明就里的人，会觉得红巾军的战斗力实在是太强了。懂的人则知道，这就是流寇的打法。不要后勤也不管民心，一路打一路抢。

这种情况，除了想跟着一起快乐的人，普通百姓哪里会去归附？

关于这一点，《明史》在为韩林儿立传时就写得很清楚："林儿本起盗贼，无大志，又听命福通，徒拥虚名。诸将在外者率不遵约束，所过焚劫，至啖老弱为粮，且皆福通故等夷，福通亦不能制。兵虽盛，威令不行。数攻下城邑，元兵亦数从其后复之，不能守。惟毛贵稍有智略。"

意思是说韩林儿是刘福通的傀儡，而刘福通又根本管不住这些所谓的韩宋将领。红巾军兵过之处，不光抢劫放火，甚至还拿老弱百姓的粮食充当军粮。每次打下城后不久，就会被元军收复。也就是毛贵比较下来还有点头脑。

这里说的毛贵就是东路军的将领。他在拿下山东之后，不仅安抚元朝故吏继续管理地方，制定了详细的屯田策略，还发布法令，无论官田民田都采用十取其二的税收政策。这种做法才像是在建立政权。

因为有效的施政，毛贵在山东得以经略三年。可惜他最终死于内斗，被赵均用给害了。而想占据山东的赵均用也被从朝鲜闻讯赶回来的毛贵部将续继祖给杀了。

这种乱七八糟的局面，韩宋要是能灭掉元朝那才叫奇了怪。很快汴梁城就被攻破，刘福通和韩林儿又退回了淮西的寿春城。

五

刘福通和那些北方红巾军虽然成不了事，但流寇式的北伐实实在在地消耗了元朝的元气。包括后来退守淮西，也在客观上帮朱元璋挡住了元军，甚至张士诚的进攻。关于这点，《明史》中是这样写的："林儿横据中原，纵兵蹂躏，蔽遮江、淮十有余年。太祖得以从容缔造者，借其力焉。"

元朝好歹也是马上得天下，难道一个能打的都没有吗？那倒也不是。烂船还有几斤钉呢。脱脱罢相之后，元朝的政府军算是没了，但无论南北，组织民团与抗元力量对着干的并不少。其中尤以担心被清算的蒙古人、色目人为核心。

按当时的说法，这就是招募义军镇压民乱。这种事历朝历代都有，像清朝末年八旗兵、绿营兵都不行了，曾国藩得到机会出来招募民团打太平军。你可以去看清朝的军队，正规军胸前背后印的是个"兵"字，民团印的则是个"勇"字。

当然，双方都说自己是义军。到底哪个更"义"，要我说就看谁对老百姓更好。反正一路吃人那种肯定不能说是"义"。

各地拥元的民团里，以色目人察罕帖木儿和他的外甥——蒙古人扩廓帖木儿最为知名。两个人的家族都久居汉地，也都有汉名，一个叫李察罕，一个叫王保保。

李察罕的家在颍州，王保保的家在光州，隔淮河相望，正处在北方红巾军最盛的地方。所谓只有魔法才能打败魔法，对付红巾军还就得这种知根知底的力量才行。能够把搅乱整个北方的韩宋政权给打回去，二人可以说厥功至伟。

后来李察罕被刺杀，部队归了王保保。后者就成了大元中兴的希望，也是朱元璋最忌惮的北元将领。王保保出任左丞相，他的军队也升级成了元朝的政府军，和曾国藩的湘勇最后变成"湘军"一样。

既然北方红巾军被打败回缩至淮南，又在这个过程中诞生了王保保这样的中兴之臣，那么元朝为什么没有顺势南征，而是任凭南方各政权割据，最后坐大出朱元璋这个又有骑兵，又有水军，又有江南粮，又有淮东盐税的巨无霸呢？

表面原因看起来很多，归根结底有两个。首先，这时候的中国北方，实际和南方的情况是一样的，各路在征剿红巾军过程中壮大的民团武装，在接受朝廷册封后都各有军队和地盘。唯一不同的是，都声称自己是忠于大元的。

元朝政府任用官员，特别讲究出身，将家世称为"根脚"，大家族出身就叫"大根脚"。王保保虽然是蒙古人，但不是大根脚。在朝堂上并不受信任，甚至引来元顺帝的猜忌，调其他蒙古兵马来攻灭他。而王保保也吸取脱脱的教训，退到山西自设行省。以实际行动表示：我是效忠大元的，但谁要是想借天子的命令吞并我的部队，那肯定是不行的。

内部都还没统一步伐，谁会去想南征的事？后路都可能被自己人给抄了。

其次，是我们说的南统北这件事难，北统南这件事同样难。那纵横的水网根本不是想跨越就能跨越的。当年蒙古帝国那么强大，灭掉南宋还花了快半个世纪时间。再者，朱元璋和陈友谅的水军十分强大。就算王保保有这个心，也得掂量下自己有没有足够的实力。最低限度也得真正能当家做主后再缓图之。

要是放在之前的历史，这南北分治的格局可能还真得持续一段时间，就像东汉末年的情况一样。回头灭了陈友谅、张士诚的朱元璋，和明玉珍一结盟，王保保在北方再来个挟天子以令诸侯，那妥妥地又是一个新三国。

然而历史虽然会轮回，路径却不会一成不变。朱元璋的地盘虽然与当年的吴国相当，却没有走孙权的老路。还没正式建国号称帝，就以徐达为将领军二十五万北伐，用了不到一年时间就拿下了大都城。

眼见明军来势汹汹，元顺帝终于决定把复兴大元的希望全部寄托在王保保身上。王保保在总揽大权后，也的确打了几个漂亮仗，赢得了朱元璋的尊重。只是大厦将倾，一个人也无法挽回，元朝退回漠北已属必然。

朱元璋的北伐能那么成功，元朝政府之前那些与中原王朝运行规律不符的政策起了很大的作用，尤其是"南方养马，海上运粮"这件事，让朱元璋的军队不仅有了可以和游牧者一拼高下的骑兵，更可以通过成熟的海上运输线，把粮草补给异常方便地调往北方前线。

除此以外，之前刘福通的北伐虽然失败，但也为后来者提振了信心，认识到这绝非一个不可能完成的任务。这也是为什么，朱元璋要在北伐期间，把自己的国号定为"明"。

当然，这个小算盘有点拿不上台面，尤其后来朱元璋极力想和那些威胁新朝安危的民间宗教撇清关系。这也让"明"字的由来一直没有官方解释。想为朱元璋找个更冠冕堂皇解释的后世研究者，认为"明"字和元朝的"元"字一样出自《易经》。只是果真如此的话，就得解释另一个问题。既然有如此上得了台面的说法，为什么明朝对"明"字的来历讳莫如深，不能像元朝一样坦坦荡荡地说出来？

好在名字只是一个代号。不管朱元璋建立的王朝叫什么，都不影响一个新王朝横空出世的事实。接下来，已经站在长城边上的大明王朝，将围绕着一条看不见的纬度线，来建立自己的北方防线。

第二部分

草原与北纬42度

第十一章
养儿子是件大事

一

天下已经是大明的了。作为王朝的缔造者，朱元璋首先要考虑如何做到江山稳固。打江山难，坐江山更难。中原王朝想做到两三百年的正常寿数，要解决的无非是两点：内忧和外患。对内要让天下归心，对外要防止北方马上民族再次入侵中原。

修长城、减赋税、开科举、奖励生育……这些都要做，但对帝王家来说，又并不是最重要和最急迫的。最急迫的只有一件事，就是养儿子。

赤贫出身的朱元璋对于开枝散叶这件事有着异乎寻常的热情。这也好理解，朱家贫农八代，比不上那些世家大族。老话说富不过三代，其实要是特别穷，一般也是穷不过三代的。对于一个中国男人来说，要是穷得连媳妇都娶不起，那连第二代都不会有的。

挣了家业就得守住，想着子子孙孙传下去，如今朱元璋做了全天下最富贵的人，想为老朱家开枝散叶，心情是可以理解的。朱元璋有二十六个儿子，十六个女儿。这个数字相当可以了，正经皇帝里的排名仅次于宋徽宗和康熙。

一点都不开玩笑，怎么养儿子这事，关乎着一个王朝的安危，更和中国文明"家国天下"的治理文化有关。多少男人羡慕帝王家有后宫，殊不知那种做法本质是为了开枝散叶、王朝稳固。

当年秦始皇本来有二十三个儿子，结果秦二世为了皇位不受威胁，在赵高的鼓动下把所有的兄弟姐妹统统杀光。这直接导致陈胜点燃导火索后，还有强烈故国记忆的六国遗民，转瞬间就让秦国的天下变了色。西汉名臣贾谊在他那篇著名的《过秦论》中，对秦三世子婴的命运就感叹道："子婴孤立无亲，危弱无辅。"

国都要亡了，连个帮忙的亲人都没有。

吸取了秦始皇的教训，刘邦就特别重视用自家人，甚至以杀白马盟誓的形式，让群臣发誓"非刘氏而王，天下共击之"。天下姓刘的人越来越多，好处是很明显的。西汉运营了两百年，王莽取而代之，结果被刘邦的九世孙刘秀拨乱反三；东汉延续了近两百年，刘邦的第十九世孙刘备还想着再次复兴大汉基业。这都是子孙多的好处。

有了秦始皇断子绝孙的教训，以及刘邦这个初代布衣天子的成功经验在，你觉得朱元璋会怎么做呢？自然是鼓励生育，生得越多越好。

二

为了让朱家天下能长长久久，朱元璋操碎了心，甚至连排字辈的事情都别出心裁。一般的家族定字辈，都是在修谱的时候写一首字辈诗，然后每一代的男丁按顺序取一个字放在姓名中间。朱元璋觉得这样还不够，定的是"字辈诗＋五行偏旁字"的规则。儿子们可以给自己那一支拟定个字辈诗，但最后一个字，一定要按照"木火土金水"这五行的排序取名。

简单点说，名字里的最后一个字，得有对应五行的偏旁。

朱元璋的大儿子朱标，老四朱棣，你看名字里是不是都有个"木"字旁？朱标的儿子建文帝朱允炆，朱棣的儿子仁宗朱高炽，后一个字的偏旁是不是都有"火"字？再往后看，宣宗朱瞻基、英宗朱祁镇、宪宗朱见深，都是按这个顺序下来的。到了孝宗朱祐樘，又开始从木字旁重新轮回了。

这时有人可能会说了，我按你说的去查了下明朝皇帝的列表。孝宗儿子武宗朱厚照，怎么用了四点水的"照"字，不是应该用个"火"字旁的字吗？其实四点水的说法是个误会，四点代表的就是火，正确的说法是四点火。你去看，热、照、烈、烹、焦、蒸等四点底的字，是不是都与火有关？

朱元璋如此在意子孙的名字，除了为将来肯定会壮大的朱氏家族定家规以外，还与他当年的名字太随意有关。朱元璋这个高大上的名字，是投军后郭子兴给取的。他之前的名字大家都知道叫"朱重八"，很多人不知道的是，他哥哥叫朱重五、朱重六、朱重七，爸爸叫朱五四，爷爷叫朱初一。

不光老朱家用数字名，其他人大多也是这种情况。比如张士诚以前叫张九四，陈友谅以前叫陈九四。

关于这事，清朝有人推断是"元制，庶人无职者不许取名，止以行第及父母年齿合计为名"。意思是说没功名的普通老百姓，在元朝是不让取名字的。只能用自己的排行或者父母年龄相加为名。然而这也只是个推测，不见于正史。

这样取名，原因归根结底还是一个字——穷。没文化的话找人取名也是要花钱的，你看富贵人家就没有这么取的。名字的基本功能只是一个代号，能和周边人区别开就可以。等到有钱了，才会想着弄个好彩头。

三

凡事都是物极必反，生得少了觉得天下不姓朱，生得多了同样有烦恼。

可不要小看人的繁育能力。人类起源有一个"夏娃理论",按模型推算的话,当下所有人类的共同祖先可以追溯到二十万年前生活在非洲的一位女性。还有一个研究结果认为,40% 中国人的 Y 染色体来自五六千年前的三位超级男性祖先。皇族拥有最高资源支配权,让后代指数级繁衍完全不是问题。

朱元璋后代的繁殖力有多强,可以举一个例子说明。朱元璋有个叫朱钟镒的五代孙,在山西袭爵庆成王,终其一生繁衍了四十四个儿子,外加五十个女儿。朱家子孙全要靠国家供养,虽说朱元璋秉持的是多子多福的想法,但这繁殖速度太快,财政也实在是吃不消。

正因如此,朝廷下令郡王级别的最多只能纳四个妾,将军级别的不超过三个,中尉级别以两个为限。没有名分,就算生了孩子也不算朱家子孙,拿不到朝廷俸禄。但这样也无法阻止朱家人口膨胀。史书记载,1604 年这一年,仅在册的宗室人口就有十三万之多,其中还活着的超过八万。而此时离朱元璋长子朱标出生,只过去了二百五十年的时间。

按明朝科学家官员徐光启的估算,朱家子孙是每三十年翻一倍。

为此一直有个说法,认定明朝是被皇族吃垮的。不过清朝时不光宗室,连八旗都不事生产,靠朝廷发的钱粮度日(俗称"铁杆庄稼")也没吃垮。这锅让朱元璋去背,还是有点冤的。而且和清朝后期没落的八旗子弟一样,到了后期没落穷困的朱氏子孙大有人在,甚至到了衣不遮体的地步。

顺便说下,子孙繁衍太快,朱元璋定的五行取名法很快就不够用了。《康熙字典》才收录了四万多个汉字,而且不是每个汉字都有五行偏旁。哪怕规定只有袭承王爵的人可以用,那也是不够的。等到连朱蕴铣、朱幹蛙、朱厚炖这些看起来不像人名的名字都取完了时,就只能生造字了。

于是就出现了朱琼烃、朱勤烷、朱悦烯、朱恩钠、朱成钴等虽然初看有点蒙，但可以通过"认字认一边"的古老学习方法念出来的奇怪名字。而且看到这些字，接受过九年义务教育的人会不会觉得有点眼熟，怎么看着和元素周期表一样？

是的，你没有看错。19世纪70年代，元素周期表在被翻译成汉字时，就面临难以在传统汉字中找到对应字的困境。还好朱元璋子孙生造的那些字，都已经被收录进了《康熙字典》，算是为中国近现代的科学启蒙做出了独特贡献。

因此，有人调侃说朱元璋是"中国的化学之父"。

四

儿子重要，女儿和儿子的老婆同样重要。不光她们重要，连伺候家属的太监也同样重要。中国人最讲究以史为鉴，太阳底下无新事，何况中国历代王朝的治理模式，本来变化就不大。

朱元璋要的是皇权稳固，要的是把权力集中在朱氏子弟手中，那就要避免两个顽疾出现：外戚干政和太监干政。这两件事情，历史教训实在太多，尤其在刘邦开创的汉朝，很长一段都和"二人转"似的。老皇帝死了，新皇帝尚未成年，太后为了巩固权力，就要重用娘家人。小皇帝长大，想把权力夺回来，所倚仗的自然就是自己身边那些天天伺候着的太监。太监们更是乐得鼓动皇帝亲政，然后把权力控制在自己手中。更悲催的是自幼长在深宫里的皇帝，总是越来越短命。于是皇后变太后用外戚干政，皇帝借力太监亲政夺权的戏码，周而复始地上演。

朱元璋是很会从历史中吸取教训的，这种情况肯定不能忍。首先为了避免太监干政，朱元璋立了一个铁牌在宫里，上书"内臣不得干预政事，犯者斩"，并且还不让太监识字。不过后来朱棣篡位，为了避免宗室之祸重演，更为了把军队抓在手中，"始命内臣出镇及监京营军"，把太监派到各地军队中做监军，算是把规矩给破了。

这也是一个必然的选择，宗室不能信，外臣不能信，能信的就只能是这些身边人了。最起码他们不能生育，看起来不至于有后患。

相比之下，外戚干政这事明朝倒是解决得很好。明朝的后宫里面除了朱元璋的原配大脚马皇后，没有几个能数得出名的。

历史上那些出名的后妃，都不只是自己厉害，而是后面有一票跟着得道升天的娘家人。外戚能干政，很多是因为外戚家族本来就势力大，皇家与这样的家族联姻，属于政治联姻。朱元璋很清楚这点，他要的只是朱家坐大，不允许这些外戚家族尾大不掉。

除了在江山稳固之后，以各种理由做掉那些开国功臣家族以外，朱元璋还定下了一个规矩："凡天子及亲王后、妃、宫人等，必须选择良家子女，以礼聘娶，不拘处所；勿受大臣进送。"

纵观明朝历史，也只有朱棣的皇后是开国功臣徐达的女儿，其他皇后的父亲，不是国子监的学生，就是下级文武官员。朱棣的不一样，因为朱元璋一开始还需要笼络这些功臣，比如太子朱标的原配是常遇春的女儿，等把功臣集团灭了，那就可以按自己本心定规矩了。

不光儿子不娶高官女，连公主们也是一样。初代公主大都下嫁给了功臣之子。比如朱元璋的长女临安公主就嫁给了李善长的儿子。再往后凡公主婚配，多选择民间英俊善良的男子，不许文武大臣的子弟娶公主为妻，把勋贵们攀龙附凤的念想彻底了断。这也导致在国亡之时，除了被崇祯皇帝一剑砍掉胳膊的长平公主以外，其他明朝公主都没什么事迹被记载。

另一方面，朱元璋在历史上有一个恶名——恢复人殉。相关史料记载，朱元璋死后，有四十名左右的妃子宫人殉葬；朱棣的话也有三十多人。一直到明英宗临终前，才"遗诏罢宫妃殉葬"。

人殉这是开历史倒车，这件事不人道，当代人知道，明朝人也知道。《明史》对这事是讳莫如深，更不可能记载朱元璋做这事的理由。不过看完他定的那些家规，为什么这样做是显而易见的，那就是减少一切可能影响朱家天下稳定的因素。

五

儿子生下来不只是为了开枝散叶，更是要干活的。朱元璋的二十六个儿子，除了长子朱标做储君准备接替位置，还有最小的那个刚满月就夭折，没来得及册封以外，其他二十四个全都封了王。

自秦朝以后，各朝各代都知道关键时刻还得靠自家人，所以每朝每代都有封王的，而且都在极力避免异姓封王的事出现。不过虽然都叫"王"，那本质区别还是很大的。那种有封号有封国，还有实际军政管理权的王爷叫作"藩王"。这两个字出自《左氏春秋》中"封建亲戚，以藩屏周"，意思是说把血亲分封在各地，作为藩篱屏护周天子。

西汉和西晋建立之初，都实施藩王制度。只是权力诱惑力太大，不是说只有异姓王才会造反。西汉出了"七国之乱"，西晋出了"八王之乱"，这都是前车之鉴。

吸取前朝的教训，唐宋的亲王们都是没有实际封地，且集中供养在京城。清朝的话也是遵循这个原则，住在京城的满洲王爷们非奉诏不许出京。只不过有异族入主中原的背景在，王爷们作为自己人，参政度还是很高的。

结合自己的实际需要，朱元璋还是选择了在大明江山内推行藩王制度，即把自己的儿子们分封到各地。老朱家的根基实在是太弱，那些一起打天下的功臣又都得不到信任，让自己的儿子们去替代他们带兵守土是最稳妥的方案。

在这件事情上，秦始皇就是一个反面教材，而刘邦则是朱元璋的效法对象。秦一统六国之后，丞相王绾等百官曾进言"诸侯初破，燕、齐、荆地远，不为置王，毋以镇之。请立诸子，唯上幸许"。意思是说，六国刚被吞并，它们的土地离国都太远了，如果不赶紧分封立个新王，没办法治理。请皇上恩准把皇子们分封到各地为王。

秦始皇一共生了二十三个儿子，分封到六国故地的话肯定是够了的。不过他最终还是听从了李斯的意见，认定当年周文王、周武王分封了那么多同宗子弟，到底还不是关系疏远，互相和仇人一样攻伐，唯有改郡县制才能长治久安。至于皇子、功臣，多多赏赐就可以了。

问题是，不管后来乱不乱，但周天子的大位传了快八百年啊！不分封子弟的秦朝呢？二世而亡。

刘邦不想二世而亡，开国后就大搞"郡国并行"的双轨制。官员由皇帝直接任命的郡县要有，刘氏子孙管理的封国，也得梅花间竹式地杂在里面。外臣造反有宗室牵制，宗室谋逆有外臣镇压。

正因为如此，朱元璋权衡再三，选择让自己的二十四个儿子都去做藩王，毕竟历史教训还是要吸取的。明初的这些藩王跟汉初那种"国中之国"的定位有很大不同。朱元璋给儿子们的是兵权，是让他们替代那些开国武将去守边，至于地方官员仍由中央政府任命。

简单点说，朱元璋给儿子们的定位是世袭武将，不算是真正的裂土封王，地位相当于现在的大军区司令。一方面，兵权掌握在朱家人手中，才能避免外人觊觎大明天下；另一方面，只管军、不管民的设定，看起来也能牵制下藩王们未来的野心。

这个法子不是朱元璋想出来的，而是从忽必烈那里学来的。忽必烈在位时写下了"宗王出镇"的规矩，把儿子们派到岭北、河西、云南等边地，包括江南这种钱粮重地领兵驻守，却不参与地方治理。这种做法被称为"封藩不治藩"。

元朝是异族王朝，统治基础薄弱；朱元璋赤贫出身，同样担心自己根基不稳。有鉴于此，比较下来还是向忽必烈学最为稳妥。

问题是枪杆子里出政权，不管把军队交到谁手上，都不能排除造反的可能性。以朱元璋的智慧来说，应该想过日后这些藩王可能会尾大不掉。中国的治理原则本就是"家国天下"，对于帝王来说家即是国，国也是家。家有千口，主事一人。日后这坐在龙椅上的继承人，免不了要为削藩的事头疼。

然而天下的事都是此一时彼一时，没有一劳永逸的解决方案。

一个王朝最危险的时段就是开始的半个世纪，从士大夫到普通百姓，都还存着对前朝的记忆，消除记忆是需要时间的。像汉朝开始因削藩搞出"七国之乱"时，距离刘邦开国已经过去了四十八年。绝大多数人都出生在新朝，"生是大汉人，死是大汉鬼"的思维成了社会共识。这时候藩王势力坐大，小宗想与大宗争权，不管怎么解决，肉都是烂在老刘家锅里。

西晋出乱子的时候，离建国才过去二十六年，还没有足够的时间整合出内部共识，包括解决掉那些在三国时代进入中原定居的游牧民族。结果因为八王之乱，把自己给打残了。就算表现如此不堪，最后也还守着东晋这半壁江山，续了一百年的命。

如果这场子孙之祸无法避免的话，朱元璋肯定是希望这场子孙之祸和汉朝一样，三代之后再出来。悲剧的是，他一手扶上去的皇孙朱允炆有点操之过急，让这场祸事在大明建国后第三十一年就爆发了。

幸运的是，那个最像他的儿子朱棣，虽然做掉了他钦点的继承人，却也因此让大明的国防线，能够长久地稳定在北纬42度，这条看不见的生死线附近。让大明的后世天子，能够一直亲身感受到来自塞外的风。

第十二章
天子守国门

一

尽管朱元璋的儿子都被册封为藩王，但对于大明江山来说，藩王和藩王的重要性还是不一样的。中原王朝最大的威胁，是长城以北的游牧民族。鉴于这个原因，被分封到北方边境的藩王责任最大，手中也自然握有最多的兵权。以"藩屏朝廷"的原始功能来说，朱元璋这些被分封在北方边境的儿子，才是真正的藩王。

从东北到河西走廊，这些肩负大明安危重任的亲王总共分封了十三个，史称"十三塞王"。除此之外，还有"九大塞王"之说。中国北方整体可以太行山为界分为两大块：华北和西北。游牧民族也会从这两个方向对长城施加压力。

塞王们同样可以按此分为两大类：华北片和西北片。负责拱卫华北安全的是围绕着燕山设置的燕王、齐王、韩王、辽王、宁王、谷王、沈王，共七王；屏护大明西北安全的，是册封在山西、陕西、宁夏、甘肃等地的代王、晋王、秦王、庆王、安王、肃王，共六王。

朱元璋坐稳龙椅后，把与自己出身差不多的淮西功臣都解决得差不多了，怕的是有人复制自己的成功路径。同样的道理，朱棣上台后自是不能

明初十三塞王分布图

再让自己的兄弟掌兵了。十三塞王的命运也是不尽相同。朱棣把都城定到了燕山南麓的北京城，相当于"天子守国门"，为此华北片的塞王被尽数迁往内地。

反观那些在西北地区的塞王，就算想回来也不让回来。虽然不再让他们掌兵，但"藩屏朝廷"的责任还得背。

朱元璋的十六子朱栴被封为"庆王"出镇宁夏。可以说从到任的那天起，就想回自己生长了十五年的南京城。结果换了六个皇帝都不许他回去。悲苦的朱栴写了不少寄托乡愁的诗，比如"风阵阵，雨潇潇，五月犹如十月寒，塞上从来偏节令，倦游南客忆乡关"。你看，他到死都把自己看成客居边塞的南方人。

王朝的都城在哪儿非常重要，尤其对于一个中央集权属性的王朝来说，都城一定会汇集最多的资源。而那些生活工作在帝都里的官员，能否更多地感受到民间疾苦及外部压力，很大程度又会影响到他们的决策。

从这个角度来说，南京城并不是一个好选择。背靠富庶的江南，住在南京城自是好过绝大多数地区，朱㭎想回来实属人之常情。虽说总有胸怀大志者，想着塞外建功，但要是整个朝廷都在南京城，那别说去塞外苦寒之地出镇，便是去条件稍差的北方地区都没有动力。

要不然南京怎么会有"六朝金粉"之地一说？历史上凡是以南京为都的朝代，就没有长久的。

二

朱元璋是个极聪明的人，不光能抓住天时，对于地利与人和也都理解得很透彻。这里说两件小事，晋王朱㭎人很聪明但脾气特别不好，去就藩的路上，因为小事把厨师打了一顿。朱元璋听说后，马上写信告诫他："吾帅群英平祸乱，不为姑息。独膳夫徐兴祖，事吾二十三年未尝折辱。怨不在大，小子识之。"我率军平定天下那么多年，谁犯了错都不会姑息，唯独厨师徐兴祖伺候我二十三年，从来没有折辱过他，怨不在大，小子你给我记牢了。

治军要严，但厨师一类身边伺候的人还真别乱责罚。后来天天求道想当神仙的嘉靖皇帝，估计没认真看这段祖训。宫人犯了一点点过错就打板子，因此被打死的宫女有两百多人。逼得十几名宫女发动"壬寅宫变"，差点没把他给勒死。

值得一提的是，这种小事朱元璋都能很快知道，可想而知军中必定有耳目，事无巨细地往南京城传递消息。后来朱棣用太监监军，说到底也是从他爹那里学的。没办法，朱家也算是马上得天下，这军队不管在谁手上，皇帝都得心里有底才行。

另一件是朱元璋向驻防塞上的边军传授经验："说与军知道，教倣达达（鞑靼）一般，短当着羔儿吃他的奶。且如一户三口、四口，但种些田，收些粟米。一夏天，挤羊奶，搅和着吃，军省气力。一个羊下十个羔，年终带羔生羔，得三倍儿利，恰好三十个羊。（每）十个与军两个，不三四年，军（户家）的羊也成群了。这般，军多少不发迹？依着这般行。"

这是教边军在种地的同时，也像蒙古人一样养羊。以边塞的条件来说，不消三年便有了成群的羊。不光要农牧并举，饮食习惯也要跟上，除了吃粮食以外还得学着喝羊奶补充力气。元朝在淮西开辟大量草场的做法，不光送给了红巾军骑兵，更让朱元璋这个南方人有了放牧的经验。

这么聪明的人，怎么会不知道南京城做个半壁江山的都城还是合格的，却做不了天下之都？这倒不是说一定要把南京城给废了。天下实在太大，从周朝开始很多朝代都是两京制，其中尤以长安、洛阳两都最为知名，西周、两汉、唐朝，都是以这两城为都。

长安城是黄土高原的中心，有山河环绕的洛阳城是中原地理条件最好的城市。上述三个朝代都是崛起于黄土高原，然后入主中原。在东、西各选一个都城的确是最好的方案。

其他朝代也多是如此，甚至还有设四都、五都的。元朝就有四个都城：哈拉和林、上都、大都、中都。哈拉和林位于现在的蒙古国中心地带，负责管控的是元朝的祖地。元朝被赶出中原后，便是退回哈拉和林开启了"北元"时代。大都城对应的就是现在的北京，代表着元朝对长城以南诸地的管理。

有了这一南一北两个点还不够，蒙古高原由于中间有戈壁大漠阻隔，实际是分为漠南、漠北两块的。历史上的游牧政权，经常因此而分裂为南北两块。比如汉代的南匈奴、北匈奴。这种情况下，元朝还需要在贴近长

元大都／上都／中都位置示意图

城的漠南设置个都城作为中继。

元朝一共设置了两个中继点：一个是位于今锡林郭勒盟正蓝旗的"上都"；一个是位于河北张北县境内的"中都"。前者位于燕山北麓，后者位于燕山西端，扼守的都是两条由草原跨越燕山，进入北京的古道。

更为值得一提的是，元中都的坐标是北纬 41 度 30 分；元上都的坐标是北纬 42 度 30 分，正好都在北纬 42 度，这条大明王朝的生死线附近。尤其是上都城，距离朱棣身死的榆木川直线距离仅五十公里。

这并非巧合，中原王朝和游牧者之间的博弈，本来就是此消彼长的关系。无论中原王朝还是游牧者，谁控制了这条生死线，谁就能占得先手。

三

在北地找一座都城的事，可以说从明军北伐时就着手了。最先被列入备选方案的是开封。1368 年 4 月，徐达攻克开封，8 月朱元璋便前往考察，并将开封升级为"北京"，也就是从这一刻起，明朝才开始有南京。至于现在的北京，元朝的大都，当时是叫作北平的。

这时候的朱元璋还要借之前红巾军北伐的势，甚至把国号都定为了"明"。韩宋那次北伐打出的旗号是"虎贲三千，直抵幽燕之地；龙飞九五，重开大宋之天"。这重开大宋之天的关键，就是得把都城重新建在大宋故都上。从天时之利的角度说，这个选择是合理的。

此外，徐达刚刚拿下元大都。王保保正从山西率军反击，并取得大胜。如果元朝势力不能完全被驱逐出长城线，就有可能出现当年辽、宋对峙的局面。这种情况下，位置居中又有运河连通江南的开封还是适合做都城的。

有了"南京""北京"，朱元璋还想过再设一个"中都"。就像元朝在漠北、中原之间，还有上都和中都两个连接点一样。位置就选在他的老家凤阳。这倒不是说朱元璋光想着学项羽衣锦还乡。开封城背靠黄河，南京城西倚长江，若是选个中点，那淮河南岸的凤阳还真挺合适的，和南、北两京也都有水路相通。

开国后第二年，朱元璋就下令营建中都的宫阙。天下只能有一个中心，就算是两都五京的，也会有主都和陪都之分。比如元朝的主都显然是大都城。位于南北中点的中都城，甚至被朱元璋认定可以充当主都。既可北控黄河之地，又可就近把两淮、江南的钱粮抓在手中。

但工程开工到第八年，连城墙都建好的中都城却突然停工，还在修建中的皇陵作为祖地被圈起来了。之所以做这个决定，是因为朱元璋已经意识到，为了大明江山能代代相传，自己带出来的这些淮西勋贵必须一一清除。如果以凤阳为都，那客观上一定会使功臣们的家族势力坐大。不光中都凤阳的地位要降低，连开封的京城地位也得取消。开封城的问题在于一马平川，无险可守，北边的黄河还不时决口。所谓"开封城，城摞城，地下埋有几座城"，一场大水过来，整个城都被黄河的泥沙给埋了。更何况北宋说到底是个残缺的中原王朝，如果已经"直抵幽燕之地"，选开封说起来不是个好彩头。

基于这些考虑，1378 年，做了十年"京城"的开封，重新变回了一个普通行政区。与此同时，南京城也被正式赋予了"京师"之名，成了大明的法定首都。

四

归根结底，朱元璋还是无法放心地把江南交给别人。元亡明兴这段历史，已经完全显露出了江南的重要性。虽然说得江南者未必能得天下，但如果没了江南的钱粮，日后北方那条长城线也是守不住的。两百多年后，大明王朝被来自东北的马上民族破防的一个重要原因，就是朝廷收不上江南的钱粮。

朱元璋内心的斗争，可以通过他家老五变更封地这件事看出来。

帝王家儿子虽多，却也有嫡庶之分。正史记载，朱元璋的前五个儿子都是马皇后所生，也就是说他有五个嫡子。虽然后世和野史多有怀疑，认为朱棣不是嫡子，是为了抬高自己的身份篡改了历史，但是从朱元璋对儿子们的分封地可以看出，前五个儿子的确是最受重视的。

除了大儿子朱标作为太子以外，次子朱樉被封为秦王，出镇西安；三子朱棡被封为晋王，出镇太原；四子朱棣被封为燕王，出镇北京；五子朱橚最初被封为吴王。如果南京不做京师的话，那么朱橚的作用就是坐镇南京，替大明王朝看家。

中国北方前线最重要的三个省份，由西向东一字排开就是陕西、山西、河北。西安是陕西的省会，太原是山西的省会。北京如果不做首都的话，那就肯定是河北的省会。可以这样说，这三个地方，各方面条件都是最好的，并不是真正的边塞之地。其他几个塞王的受封地，那可真的是直面游牧民族的侵扰。

嫡庶有别，让庶子顶在最危险的一线，三个嫡子待在条件最好的二线提供支援，这就是现实。回过头说，亦只有这三个嫡子有造反的资本。其他几个被安排在农牧交接之地的塞王，就算想造反，只要把他们的补给断了，那分分钟军心就会乱掉。哪怕像宁王那样，看起来手上有八万兵马。

让最小的嫡子守家倒是与元朝的做法一致。草原环境恶劣，一片草原能养活的牛羊、人口有限。儿子大了，就会带着一部分牲畜另寻草场扎下属于自己的毡房。最后剩在家里就是最小的儿子了。这种做法被称为"幼子守灶"。成吉思汗故去之后，留在蒙古高原看守祖业的就是幼子拖雷。

幼子守灶，长子继承，另外三个嫡子出镇最重要的三个北方省份，再把七个庶子分封到一线。再把都城放在中原地带的开封，这个安排堪称完美。就算让我穿越回去，也得给朱元璋点个赞。

不过这个完美计划在1378年发生了变化。在这一年，朱元璋还是决定让皇家自己来守住大后方的江南，把南京正式定为京师，那朱橚的吴王可就做不成了。随之十八岁的朱橚被重新册封为"周王"，就藩之地被安排到了开封，等于和帝都对调了。

顺便说下，秦王和晋王的寿命都不算长，先后在四十和四十一岁时病逝，都死在了朱元璋的前面。老五朱橚生在1361年，而且也没派到边地去带过兵。相比那几个马上建功的塞王哥哥，他对文学和医药要感兴趣得多。后来因为犯错，他一度被流放到云南，一路见识到了民间疾苦，回来后甚至还组织编写过《救荒本草》《保生余录》等书，教老百姓如何在饥病之时辨识野菜、草药。

老五真是一个好人，但明显不具备竞争皇位的实力。如果他是建文帝，继位以后最担心的也一定是要名分有名分、要实力有实力的四叔吧。

<h1 style="text-align:center">五</h1>

北方一定要有个都城。燕王就藩的北平城看起来应该是 A 方案，好歹已经做过元朝和金国的都城。而且元朝已经铺好了海上运粮的路，可以让北京与江南结成密切的地缘关系。就算觉得走海路会让中间地带缺乏存在感，那也可以把前朝已经开凿的大运河修复（后面也的确是这么干的）。

不过都城的选择不光要考虑地缘政治问题，还要考虑风水问题。我们从朱元璋给儿子按五行偏旁取名之事，可以看出他肯定还是相信风水、王气这些东西的。王气是用历史验证过的，不算是迷信。南京城只做过半壁江山的都城；开封作为北宋之都，一看就底气不足；凤阳城更是什么都没做过。

历史告诉朱元璋，它们的王气都不足。

北平城虽然在金、元两代都做过都城，但每一代都只做了几十年，国就亡了，而且都是异族建立的政权。就当时的情况来看，朱元璋并不认为大明的都城放在北平就能长治久安。他曾经明确表示，"若就建业北平现成宫室，虽曰暂省民力，然皆地非中土，亦非长治久安之道"。在朱元璋看来，从契丹人拿下幽州那日起，历经辽、金、元三代，这片土地已经异化了。

朱元璋要恢复的是汉家天下，而且是强盛的汉家天下。要是按照标准来看，曾经做过汉、唐两代都城的西安、洛阳，那绝对是王气十足了。

1391 年 8 月，朱元璋命太子朱标西巡陕西。这次考察的重点有两个：一是西安是否适合做都城；二是就藩于此的秦王，是否真的特别暴虐。

史书上记载，这位王爷到西安后搞得天怒人怨，没事就折磨宫人百姓。在朱元璋最看重的民族政策问题上也处理不好。朱元璋在他就藩那年（1378）就下旨斥责，甚至骂儿子"不晓人事，蠢如禽兽"。如果朱标考察过觉得西安不错，秦王又没什么改进的话，那就顺势削了他的藩，把都城迁过去。

在那封敕谕秦王的诏令中，朱元璋开篇就说道："见周、秦、汉、唐藩王多有不才而失富贵者，有自己蠢而被欺侮者。"朱元璋是以周、汉、唐这三代为榜样，力图把大明打造成能有数百年国祚的王朝。

这三个成功王朝的主都皆在西安，所以朱元璋有意向迁都西安实属正常。除此之外，洛阳也是一个选择。不过要是按这三代的经验来说，洛阳还真不能做大明的都城。回顾历史朱元璋会发现：西周被周幽王烽火戏诸侯败掉后，平王才被迫迁都洛阳开启东周时代；西汉被王莽给终结了，刘秀起兵光复后，把都城重新定在洛阳，这才有了东汉。

唐朝的情况也是一样的，武则天担心长安城里的勋贵不服自己，才鼓动李治一直往洛阳跑，掌权后更是彻底把朝廷搬到了洛阳。这样一算，洛阳这个"中兴之都"的王气还是稍差了一些。

尽管朱元璋已经做好了迁都的打算，但一个意外完全打乱了他的计划。太子朱标从西安回到南京就病逝了。这就需要朱元璋做个艰难的决定，到底是从其他儿子里面再选一个储君，还是让朱标的儿子朱允炆代位继承。

无论做哪个选择，迁都这件事都已经不是最重要的了。一直到朱棣开启"靖难之役"，并成为大明天子后，大明的都城到底应该放在哪儿的问题才算是最终得到解决。有了朱棣的这段经历，没有人再怀疑北京不是一座有王气的城了。

更何况把都城放在了北京，把塞王变成皇帝，显露的也是"天子守国门"的气魄。大明江山能有两百多年的寿数，又何尝不是得益于这个决定呢？

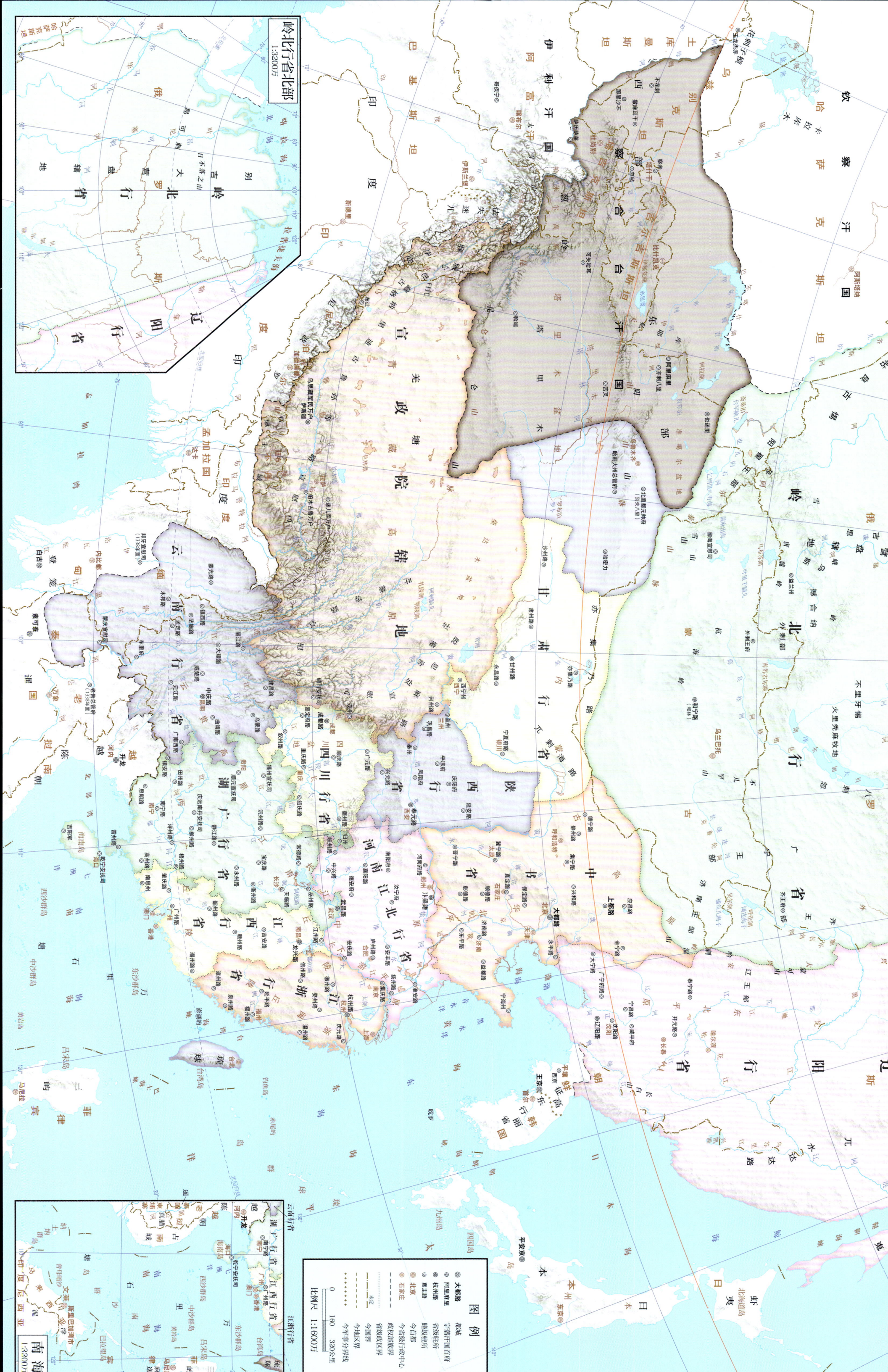

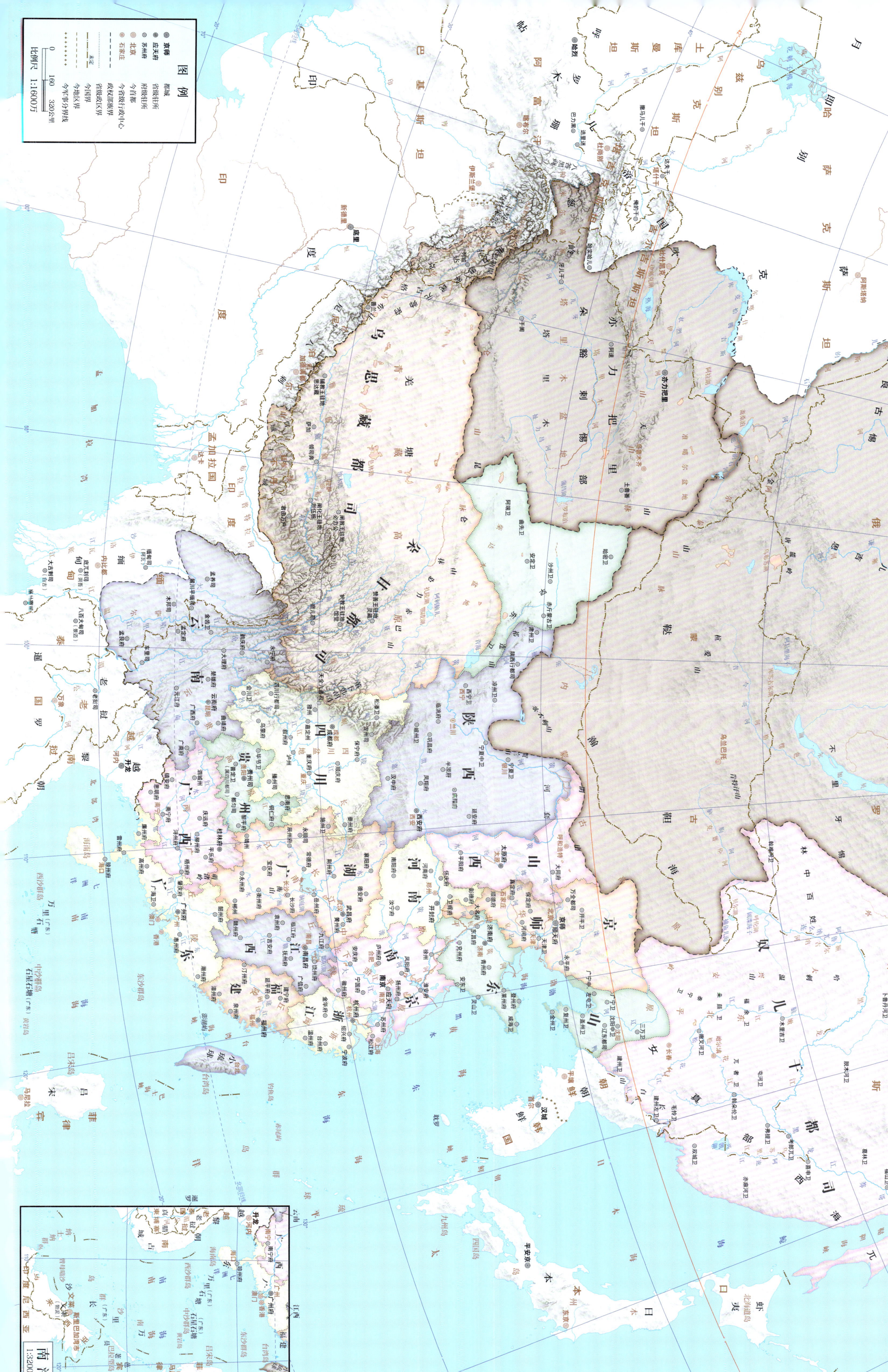

乌斯藏都司

朵甘都司

俺答

陕西

四川

云南

贵州

广西

广东

湖广

江西

福建

浙江

南京

河南

山东

山西

北京

奴儿干都司

朝鲜国

1:3200

第十三章
被放弃的不只是西域

一

1370 年，称帝两年的朱元璋开始把他的儿子们册封为藩王，其中秦王、晋王、燕王等则是即将出镇北方防线的塞王。朱元璋认定大明江山的北方防线将因此变得更加稳固。

然而朱元璋绝想不到的是，远在万里之外的一名蒙古贵族，此刻正在向世界显露他的野心，并险些成为大明的威胁。这位以成吉思汗后裔自居，其实并非黄金家族成员的蒙古贵族叫帖木儿，为了与众多同名者区分，他被世人称为"帖木儿兰"，意为跛脚的帖木儿。不过用不了多少年，帖木儿兰就会让后人一提到帖木儿的名字，第一时间就想到他。

这一年，帖木儿定都巴里黑（今阿富汗北部的巴尔赫），建立"帖木儿帝国"。在朱棣通过"靖难之役"掌握权力，重新让大明回归一统的1403 年，帖木儿也正处在他最高光的时刻，帝国领土在这一年扩张到了极致，横跨现在的乌兹别克斯坦、土库曼斯坦、塔吉克斯坦、阿富汗、伊朗、伊拉克，以及高加索诸国，甚至延伸到土耳其和印度境内。

不过帖木儿帝国的控制线并没有延伸到新疆境内。从这个角度来说，本不该出现在这段中国历史中。然而尽管在中、西、南亚扩张得如此成功，帖木儿的最大愿望却是入主中原。

为了完成这个宏愿，帖木儿所做的准备可以说是非常充分。1404 年，帖木儿征调数十万大军，准备了可供食用七年的粮草，绘制了详细的地图，甚至制订了沿线的屯田计划。

如此大规模的备战，大明不可能一无所知。《明实录》记载，收到消息的朱棣，表示帖木儿"假道率兵东向，彼必未敢肆志如此"。"假道"二字透露出了朱棣内心想法，在他看来，帖木儿这次大动干戈并不是真的想与大明一战，而是以宏大目标为幌子控制整个西域。

"西域"是一个源出中国视角的地理概念，这个概念可大可小，如果以一个合理标准来判定它的最大值，那就是历代中原王朝军事力量所能延伸到的极限。这个王朝更具体地说则是唐朝。以这个标准来说，西域其实并不仅仅包含现在的新疆地区，还包括天山北麓的部分中亚地区。

那些当下已经脱离中国版图，但曾经被唐王朝羁縻统治的西域故地，包含两个核心板块——"河中地区"以及"七河草原"。前者与南疆地区隔天山相望，由阿姆河及锡尔河上游滋养；后者则位于巴尔喀什湖与北疆之间，由以伊犁河为主的七条河流织就。

这意味着如果粗略概括的话，西域应该包含河中、七河、北疆、南疆四大板块。其中河中地区目前主要为乌兹别克斯坦、塔吉克斯坦、土库曼斯坦所有；七河草原大部则属于哈萨克斯坦。幸运的是，七河草原中最肥美的伊犁河谷，目前还留在中国境内。

帖木儿崛起于河中地区，鉴于西域四大板块之间存在着紧密的地缘联系，即便帖木儿不是真的想入主中原，也的确会有强烈的动机统一整个西域。

虽说不相信帖木儿能做到这点，朱棣还是下令甘肃总兵操练兵马、准备粮草，并向西派出斥候打探消息。不过，这两个几乎同时成长起来的亚洲帝国，最终却没有发生硬撞。1405 年 2 月，还未跨越天山的帖木儿因感染疟疾而病故，享年六十九岁。在他死后，庞大帝国旋即陷入分裂。就像亚历山大死后，他那横跨欧亚非三大洲的帝国便马上分裂为几块一般。

二

与朱元璋想复制的汉唐盛世相比，明朝最大的不同在于放弃了整个西域。帖木儿的东征本来有机会改变这一切，让大明感受到来自新疆方向的压力，不得不思考经略西域的问题。

这种放弃首先与选择以北京为都有关。

无论从明朝所面临的主要压力，还是从南粮北运的角度来说，将北京定为都城都是正确的选择。辽人把北京定为"南京"，金人把北京定为"中都"，元人把北京定为"大都"，不管叫什么名字，都已经用几百年的时间验证过，这座城市是北方马上民族入寇中原的桥头堡。只是放弃西安，也注定了大明的皇帝和朝臣们，很难认可在西线采取攻势的做法。

通往西域之路，最初是由雄才大略的汉武帝打通的，整个战略可以用九个字概括：通西域，列四郡，据两关。

公元前 121 年，汉骠骑将军霍去病领军一万，攻取匈奴右翼驻牧的河西走廊。随后汉武帝在此设立武威、张掖、酒泉、敦煌四郡，并在敦煌之西设玉门关、阳关两关，作为河西走廊与西域的分割点。

对于中国人来说，这是一件史无前例的大事件。原因在于河西走廊的环境与华夏文明之前融合的地区完全不同，而与西域类似。它的南面是高大的青藏高原，北面是隶属蒙古高原的阿拉善沙漠。来自太平洋的水汽，在河西走廊上空已经是强弩之末。这使得整个走廊地带呈现出沙漠气候。即使是最东端的武威，年平均降水量也只在 170 毫米左右，西端的敦煌更是只有 50 毫米，与撒哈拉大沙漠的情况差不多，远低于支撑农耕生产所需的 380 毫米降水量。

幸而河西走廊背后的祁连山足够高大，能够从高空拦截稀薄的水汽形成降水，并通过一条条流向沙漠的河流，在山前滋养出一个个被沙漠包围的绿洲。实际上，这也是沙漠地带的常态。只要背靠高大山脉，就一定能够生成绿洲。

然而有绿洲却不一定适合农耕，是否能够被开辟成农田与温度有关。农作物比野草要娇贵得多，如果积温太低，作物是没办法成熟的。决定温度的因素有很多，与海洋的距离、风的方向、海拔、纬度，都会影响温度。所有因素中最为重要的是纬度。就北半球的情况而言，位置越北就越冷，反之越温暖。

"北纬42度"这条农耕生产的极限温度线，在河西走廊乃至整个中亚地区依然适用。整个河西走廊乃至南疆地区，包括天山另一侧的河中地区，基本处在这条温度线的南端，并因此成为富庶的绿洲农业区。像锡尔河的中下游地区就因为位于这条温度线之北，而只能与"七河草原"一样成为游牧之地，并不被认定为"河中地区"的一部分。

三

既然知道北纬42度线在西域同样是一条难以逾越的控制线，那么后世王朝完整经略西域的逻辑就浮出水面了。这一逻辑归结下来有如下三点：

1. 在河西走廊建立直接统治；

2. 在南疆绿洲驻军；

3. 保有远征河中地区能力。

回过头去看汉朝在西域的经略，我们便能发现这一逻辑。首先拿下河西走廊建立四郡；然后建立"西域都护府"，羁縻南疆绿洲小国；通过远征位于河中地区上游的大宛国，确认自己的统治半径。

做这一切并不是如后世所想象的那样，为的是开拓丝绸之路或者交流东西方文化，这些都只是副产品。尽管北纬 42 度以南的西域，有着绿洲农业能够支撑帝国的统治，但对于内敛而又自给自足的文明来说，那些绿洲包括由此带来的商业利益，完全不构成吸引力。别的不说，从内地迁移人口去这些沙漠包裹的绿洲，就是一个大问题。

经略西域的终极目的是消除来自北方的游牧民族的威胁，蒙古高原与西域的分割线是阿尔泰山。从地缘角度说，这条分割线并不是位于阿尔泰山的分水岭，而是整个阿尔泰山南北两侧都属于蒙古高原游牧者的势力范围。

这意味着，任何统一蒙古高原的游牧政权，都已经天然站在了西域的大门之内，直面七河草原的诱惑。更大的诱惑，还在于河中地区与南疆，那些富庶的绿洲农业区。这些星罗棋布的沙漠绿洲，可没有长城作为屏障。在整个蒙古草原上的游牧者统一在一起之后，征服它们的难度要远小于入主中原。

对于中原王朝来说，阻止北方游牧者坐大的最有效方法，是让它的右翼也就是西侧不得安宁。整个战略在汉朝被称为"断匈奴右臂"，具体来说是联合七河草原的游牧者，一起应对来自蒙古高原的压力。以汉朝的情况来说，则表现为与七河草原的乌孙人结成联盟。

以蒙古帝国的声威来说，包括七河草原及整个西域在内的土地，显然都不可能脱离帝国的统治。不过在元朝末年，绝大部分的西域却并非元朝的统治区，而是属于成吉思汗次子察合台所建立的"察合台汗国"的领地。

1347 年，在元朝即将陷入大规模内乱之际，察合台汗国也分裂为了东西两部分。之后帖木儿再下克上，灭掉了西察合台的大汗建立的帝国，而它的"假道"东征计划，也是为了灭掉东察合台汗国，一统整个西域。

四

元朝没有着力向西域扩张，并不是因为没有这个想法，更多的是因为大家是一家人。忽必烈和他的子孙已经占有了世界上最富庶的土地，分得了蒙古本部，实在没有必要一定拿下西域。

不过这并不意味着元朝在西域就没有存在感。除了阿尔泰山南麓遵循传统被纳入元朝的领土以外，河西走廊所直面的哈密地区，也成了元朝制衡察合台汗国的桥头堡。

大家肯定不会对哈密感到陌生，就算不知道哈密在哪儿，也应该知道"哈密瓜"吧。这个闻名中国的土特产告诉我们，这里应该是一片沙漠绿洲。

处在天山东脉之南的哈密，以及它的西邻——以盛产葡萄著称的吐鲁番，是整个西域地势最低之处，被合称为"吐哈盆地"。有天山抵御来自西北的寒风，加上盆地的聚热效应，整个区域能够生成足够农业生产的积温。

事实上，吐哈盆地由于处在天山背风面的位置，还会产生特殊的"焚风效应"，过山气流在背风坡的下沉，让吐哈盆地的空气变得异常干热，地势最低的吐鲁番，甚至成了中国最热的地方。

值得一提的是，天山这条中亚最核心的山脉，整体正是沿着北纬42度线向东延伸。只不过西端略微向南倾斜，东端略微向北抬起。延伸到哈密和它的西邻吐鲁番之北时，已经压在了北纬43度线上，让吐哈盆地处在北纬42度与北纬43度之间。

天山这顽强地向北一拐，不仅让哈密和吐鲁番在历史上成为北纬42度线之北唯二的农业绿洲，更因为这段山体是整个天山最薄，也是最容易翻越的一段，身处吐哈盆地的人，可以感受到天山南北那强烈的气候差异。

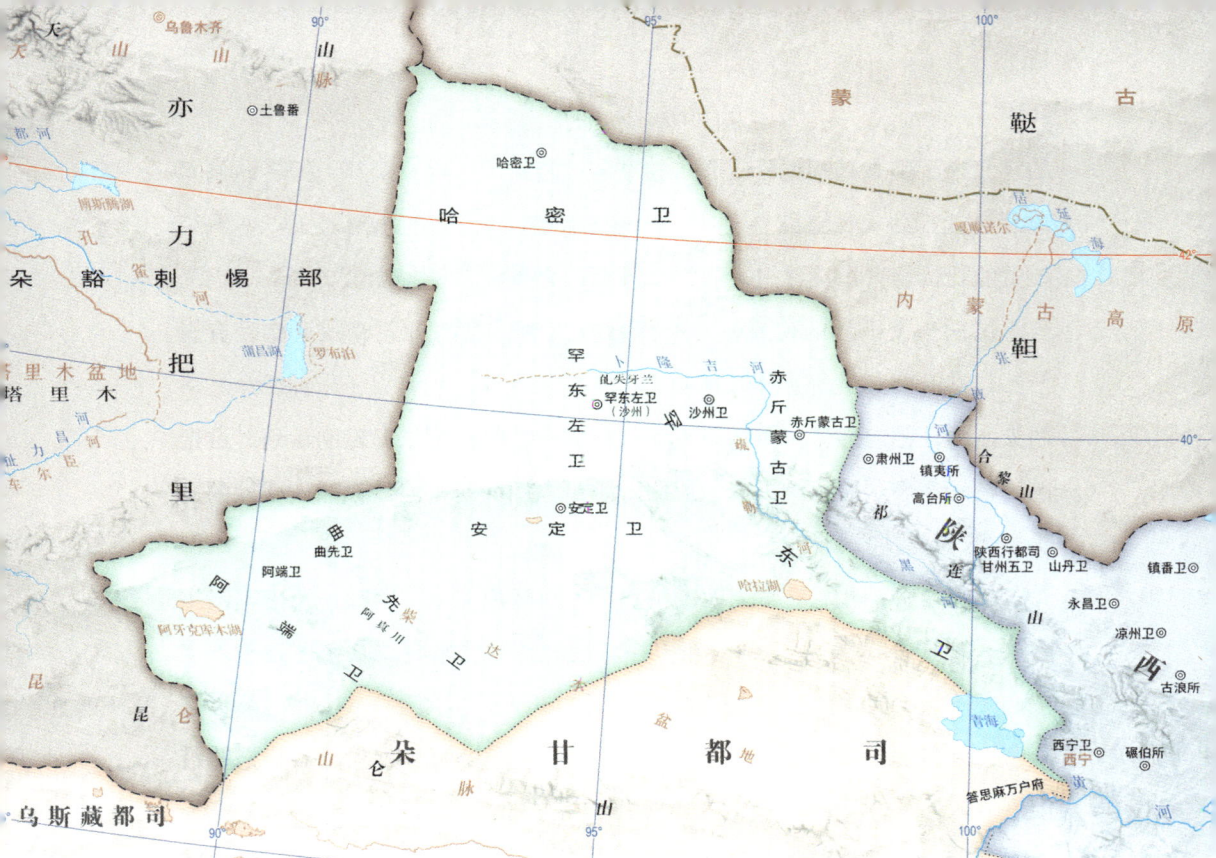

明哈密卫位置示意图

清代乾隆年间的兰州道台王曾翼，在从哈密翻越天山去往北疆时，曾经写诗感叹道"伊吾五月如当暑，才度南山凛若秋"。诗中说的"伊吾"就是哈密，是隋唐以前哈密的古称。山南还是盛夏，山北却已是深秋。正因为如此，当年住在哈密的贵族会在盛夏之际到山北去避暑，秋冬之际回哈密吃瓜。

无论是帖木儿还是其他草原势力，想要从西域进入河西走廊，都必须拿下哈密的最东点。正因为如此，元朝虽然放弃了在西域与察合台汗国火拼，却还是拿下了哈密这个关键点。

在朱元璋及建文帝时代，大明的控制线还只限于河西走廊。世守哈密的前元肃王则乘乱割据，成立了独立的"哈密国"，自称"哈密王"。朱元璋想过迁都西安，自然会对西域的事情比较上心。《明史》对于哈密地缘位置的评价为"东接甘肃，西距吐鲁番，为西域诸国之喉咽"。

这样一个极佳的位置，一心想恢复汉唐盛世的朱元璋不可能没有想法。1391年，朱元璋派军攻陷哈密。也正是在这一年，太子朱标受命考察西安，为迁都做准备。可惜第二年朱标病故，打乱了朱元璋的计划。逃走的哈密王亦表示愿意纳贡以示臣服，于是大明决定暂时放弃插入西域的桥头堡。

尽管哈密王此后一直向明朝纳贡，不过要说完全归附却还是下不了决心。一直到1404年，当帖木儿即将东征的消息传来时，哈密王终于下定决心归附大明。大喜过望的朱棣除了册封其为"忠顺王"，让他继续世守哈密以外，更是两年后在哈密设"哈密卫"，作为明朝收集西域情报的最前沿。

五

促成哈密王东附大明的根本原因是来自改换信仰的恐惧。在统治西域的过程中，察合台汗国的贵族，包括帖木儿都已经皈依了来自阿拉伯的宗教，而哈密王和大部分臣民因为隶属元朝而以佛教信仰为主。朱元璋与佛教的渊源自不必说，甚至还在1370年、1377年，两次派出以慧昙法师为首的"僧团"出使西域，以期复制张骞和玄奘的故事。

从这一点亦可以看出，朱元璋对经略西域是抱有浓厚兴趣的。有了这些前情，加上哈密与河西走廊紧密的地缘关系，哈密最终选择归附大明也就可以理解了。

有了哈密的归附，如果朱棣和后来的明朝皇帝有经略西域的想法，机会还是很大的。

然而明朝最终并没有这样做。都城的位置，决定了大明王朝把解决北方压力的筹码放在了东线，难以像汉武帝那样在西域展开"断匈奴右臂"的战略。这就让孤悬西域的哈密失去了桥头堡的作用，更让哈密了一直面临着来自西北方向的压力和渗透。

1504 年，东察合台的第十三代大汗满速儿在吐鲁番继位，并将夺取哈密视为复兴汗国的政绩。次年新一代哈密王开始改称"苏丹"。八年后，哈密王选择归附坐镇吐鲁番的满速儿。本就对经略西域失去兴趣的大明，在争取未果后于 1516 年放弃了这个战略要点。

满速儿继承汗位之后，他的弟弟割据吐鲁番以西的绿洲农业区建立"叶尔羌汗国"。夺取哈密的声威，让后者表示愿意臣服于自己的哥哥。此后的东察合台汗国，开始以哈密为跳板频频侵扰河西走廊。

1528 年，首都在北京的明朝廷下令西距敦煌三百五十公里的嘉峪关封关，切断与西域诸国的联系。自此，世人只知嘉峪关为明长城的西部起点，却忘记了关外还有一个敦煌。

要知道自从河西走廊归入华夏后，四郡都是捆绑在一起，穷如一柄帝国之矛，既刺向西域，又将蒙古高原与青藏高原完全隔离。后世诸朝要么像宋一样，完全没办法控制河西走廊，要么就完全控制四郡。单独放弃敦煌会让很多人觉得有点不可思议。

不过当我们在地形图上标出敦煌的位置，你就能够看出在明朝放弃哈密的情况下，弃守敦煌实属必然。

虽然同为河西走廊的一部分，敦煌的位置却与其他三郡有很大不同。如果说其他三郡都是在青藏高原的东北麓，面朝蒙古高原，那么敦煌的位置则已经转到了青藏高原的北麓，完全可以称得上南疆的东大门了。

汉朝所开辟的两条丝绸之路位于南疆塔里木盆地的南北边缘，因为这个关系，扼守塔里木盆地东门的敦煌方才成为河西这柄帝国之矛的矛尖。明朝无意经略南疆，只把哈密作为警戒北疆游牧势力前哨的做法，让敦煌这个矛尖客观上失去了战略价值。

更为致命的是，从河西走廊去往哈密并不需要路过敦煌。分隔哈密盆地与河西走廊的是天山山脉最东端的余脉"北山"。西出嘉峪关的旅人，在敦煌以东的玉门市便可转折向北，经由北山西侧的著名隘口星星峡，进入哈密境内。这一正好位于北纬 42 度线上的隘口，亦因此成了甘肃与新疆的分割点。

从河西走廊进入哈密不需要经过敦煌，反过来从哈密入侵河西走廊的游牧军队，在穿过星星峡后则会很自然地切断敦煌与河西的联系。朱元璋很显然也是意识到这种风险的，当初让自己的十四子，肃王朱楧出镇时称"甘州"的张掖，而不是前推到敦煌。

与此同时，嘉峪关也开始筑城，并以之为明长城的起点。从军事防御角度看，这个决定并没有问题，毕竟无论从敦煌还是从哈密入侵河西走廊，都绕不开嘉峪关。

可以这样说，自从元代将哈密定为进入新疆的门户之后，敦煌和玉门关、阳关的价值就已经大不如前。尽管明朝在此建立了"沙州卫"，但只是依历史惯性留在帝国的版图中。事实上，在正式放弃哈密的 1516 年，明朝就已经下令让人心惶惶的敦煌军民内迁。

好在不久之后，东察合台汗国还是再次分裂，吐鲁番与叶尔羌两个系出察合台系的西域政权相互攻伐，并不对嘉峪关构成实质性的威胁。这使得大明王朝虽然在西线失守北纬 42 度温度线，却还能封关以自守。

只是这一切看起来合理的选择，让朱元璋经略西域的宏愿成了泡影。

第十四章
胡马度阴山

一

1546 年，距离明朝放弃哈密与敦煌，退守嘉峪关过去了整整三十年。时任山西巡抚的曾铣因在边地御敌有功，被升任兵部侍郎，并总督陕西三边军务。上任伊始，曾铣就以数千兵力配合先进的火器，在陕北数次迫退蒙古土默特部俺答汗的侵扰。

土默特部占据的是著名的河套地区。河套地区位于阴山之南，唐朝诗人王昌龄有名句"但使龙城飞将在，不教胡马度阴山"。曾铣在陕北与土默特部接战，意味着胡马不仅已经度过了阴山，更直接控制了整个河套平原。

连续取得的胜利让曾铣有了信心，遂上书朝廷建议收复河套地区。具体的计划是在秋高马肥、游牧者来寇长城时避其锋芒，分散兵力据城堡自守。冬天的时候水源缺乏，马匹也缺少草料；春天的时候又阴雨连绵，土地泥泞不利于骑兵运动。等到春夏之交，对手被拖得疲惫不堪时，再集合精兵六万，搭配以从山东调来的火枪手两千，带足五十天的粮草水陆并进，一举将土默特部驱逐出河套地区。

除此之外，曾铣还请求拨款数十万两白银，用三年时间修固陕西与河套之间长达一千五百里的长城。

见曾铣斗志昂扬，兵锋正盛，嘉靖帝的情绪也被带动了起来。历史上虽然有很多窝囊皇帝，但没有一个皇帝是真想窝囊的。开疆扩土就是证明自己能力的最好手段，更何况河套地区原本即为大明领土。正因为如此，曾铣提出的这一计划被称为"复套"。

嘉靖在下给兵部的圣旨中写道："贼据套，为中国患久矣。朕宵旰念之，边臣无分主忧者。今铣倡恢复议甚壮，其令铣与诸镇臣悉心上方略，予修边费二十万。"敌寇占据河套为患中国已经很久了，我日夜惦念这件事，戍边的臣工中一直没有能为主分忧者。现在曾铣倡导恢复边疆的提议很壮烈，我命令曾铣与诸镇臣子悉心制定方略，同时拨付白银二十万两作为修固长城的费用。

皇帝的支持，更加坚定了曾铣复套的决心。然而相关的地方大员们，却并不看好曾铣的计划，久久不来与曾铣会商。盛怒之下的曾铣上书弹劾这些同僚，嘉靖帝亦马上斥责了这些官员，并重新任命了部分赞同复套行动的官员。

次年春，曾铣开始整修长城，并按计划调集各路兵马，于 6 月将俺答汗驱赶过黄河。借着这次胜利，曾铣再上《重论复河套疏》，奏疏中慷慨陈词道："中国不患无兵，而患不练兵。复套之费，不过宣（府）大（同）一年之费。敌之所以侵轶无忌者，为其视中原之无人也。"

然而在这个关键时刻，嘉靖帝的决心却出现了动摇。俺答汗作为成吉思汗黄金家族成员，现下已是蒙古诸部中实力最强者，嘉靖担心主动发起攻击会再次遭遇土木堡之变，陷入京师被围的困境，认为还是应该以防御为主，不宜主动出击。

皇帝金口玉言，如此反复是会落人口实的。于是嘉靖帝以询问的口吻给群臣下诏：复套是否出师有名？粮草是否充足？是不是一定成功？一个曾铣何足道，如果因此带来生灵涂炭怎么办？

嘉靖态度的转变，被认定为明朝奸臣之首的严嵩起了大作用。在时人看来，严嵩此举是为了扳倒内阁首辅夏言取而代之，后者当时正是复套行动的强力支持者。

虽然严嵩确实有自己的小算盘，但做决定的始终是皇帝。复套之议在朝臣边军中遭遇广泛抵制，最大的问题在于实在是太花钱了。坚持己见的曾铣在第三次，也是最后一次廷议时，给嘉靖算了一笔很细的账，包括买马多少钱、马船多少钱、粮草需要多少钱等。而且从军事角度计算出，只需要出兵三次就能复套成功。

三次军事行动的军费一共是白银一百八十万两。朝廷每年花在河北山西一线边境的军费就有一百七八十万两，在曾铣看来，省出一年的费用就够复套用了。

如果光是这些钱，倒也还能出得起，虽然那些裁减了军费的利益集团肯定不爽。然而这才是第一步。曾铣提到复套成功后，还要用十年时间在河套平原重新修筑长城、边堡，每年两百万两，十年下来一共需要两千万两。

这等于是说，以后得把北境的军费都划给曾铣用在河套，不然就得另外列笔开支。

这么多钱，朝廷是出不起的。一百八十岁的大明已经开始进入衰退期。衰退期的王朝最重要的一个表现，那就是财政收入日益减少。这一年（1548），朝廷入库的财政收入总共才两百万两，而且有一百四十七万两的赤字需要填补。

嘉靖显然被曾铣算出的账给吓坏了。既然解决不了问题，那就解决掉提出问题的人。至于锅，自然有热衷于权谋的朝臣去背。最终夏言和曾铣都被严嵩罗织的罪名处死，轰轰烈烈的"复套之议"就此作罢。

讽刺的是，明朝踩了急刹车，躲过明军攻击的土默特部却并不领情。两年后俺答汗率军由古北口入境，后临北京城下，焚掠了八日，在明朝答应他的条件后方才退兵，史称"庚戌之变"。

这并不是明朝的都城第一次被游牧者围攻。一百零一年前的1449年，明英宗领军北伐蒙古瓦剌部，在归途中遭遇土木堡之变被俘，北京城也因此被瓦剌首领也先围攻了二十多天。

二

可以这样说，明朝的两次都城被围都与没有好好经营河套有关，而经营河套的问题，也不是要不要"复套"那么简单。关于这个问题，后面的章节会有答案。这章我们要解决的是，大明皇帝们到底是怎么看待河套的。

当我们把视角抬高，纯粹从地理角度去看待中原王朝的北方防线，其实可以不去记那些每朝每代都在变化的地名，只要记住三座山：燕山、阴山、北山就可以了。这三座贴在北纬42度线上的大山，由东向西代表着三条防线。

虽说草原上部落繁多，你方唱罢我登场，但对于中原王朝来说，不管谁成为草原之主，要做到的都是依托这三座大山打造防线。鉴于朱棣把大明的都城设在了燕山之南的北京城，燕山防线毫无疑问会成为明朝防御的重中之重。

相应地，投入另外两条防线的资源就会减少。如果说河西走廊是护卫帝国西境的"帝国之矛"，那么阴山脚下的河套平原就是拱卫帝国北境的"帝国之剑"。中原王朝意识到这柄剑价值的时间，甚至比意识到河西走廊的价值还要早。

公元前300年，通过"胡服骑射"改革变得异常强大的赵国，迫使林胡、楼烦等游牧者向北迁徙。赵武灵王下令沿阴山一线构筑长城，同时在河套平原建置"云中郡"。

说到这里，我们要先解释一下哪里是"河套平原"，哪里是"河套"。《明史》描述"大河三面环之，所谓河套也"。黄河流出"几"字形对于中国人来说是个常识，河套指的就是被这个几字湾所包裹的地区。

河流是不会无缘无故拐弯的，黄河能走出这么妖娆的身姿来，与两条山脉、三片高原有关。其中居于河套中心的"鄂尔多斯高原"，先是与位于宁夏的贺兰山配合，写出了几字弯这左边一撇；然后和内蒙古的阴山一起，固定了上面一横。最后则由陕西北部的陕北高原，与隔壁覆盖山西全境的山西高原一道，完成了右边那一竖。

陕北高原和山西高原，都是黄土高原的重要组成部分，也是华夏文明的起源地。海拔略低、地势更平坦的鄂尔多斯高原，地理属性就有点暧昧了。有把它列为黄土高原一部分的，有把它视为蒙古高原一部分的。现在这片土地行政上隶属内蒙古鄂尔多斯市，单凭这点你估计也能感觉到，它在历史上应该是草原地貌。

鄂尔多斯高原整体位于北纬 42 度线以南，要从温度上来说，本是有机会开辟农田的。问题出在降水上，西北方向的蒙古高原不像青藏高原那样高大，不足以为鄂尔多斯拦截更多来自东南的水汽，导致整个鄂尔多斯地区的自然降水都低于农耕所需的降水量（降水最多的地方也只有 350 毫米 / 年）。

参考河西走廊的经验，雨水少也一样可以种地，只要有高山流水就行。不幸的是，水是往低处流的。背靠祁连山脉的河西走廊，不用人为干涉就会在山麓冲积形成绿洲，鄂尔多斯高原边上虽然就是黄河水，在古代却是没办法抽到高原上用的。

因此这片土地在历史上，注定就只能成为一片游牧之地。

河套地区地缘结构示意图

阿拉善高原

腾格里沙漠

阴

乌拉特中旗

乌加河

后套平

河

套

五原

乌拉特后旗

杭锦后旗

巴彦淖尔

黄河

乌拉特前旗

狼山

库布

磴口

乌兰布和沙漠

吉兰泰盐湖

桌子山

乌海

黄河

鄂尔多斯

乌达

海南

鄂托克旗

惠农

贺兰山

石嘴山

平罗

鄂

思

兔

河

毛乌素

阿拉善左旗

西套平原

贺兰

银川

鄂托克前旗

永宁

灵武

北大池

青铜峡

吴忠

苦水河

盐池

定边

中卫

中宁

红寺堡

罗

红柳沟

山

清水河

白

黄

于

河

山

色尔腾山

伍金河

杨油房水库

吕梁河

武川

乌拉察布

青

固阳 羊渠正水库

呼和浩特

大

黑

鸟梁素海

乌拉山

昆都

五当召

水洞沟

美岱召

土默特左旗

河

山

丹镇

其
沙
漠

昆都仑

包头

土默特右旗

前套平原

原 土默川 平原

河

和林格尔

新荣

达拉特旗

黄河

托克托

浑

卜

桑

右玉

左云

云冈

洪

怀仁

河

河

桃力庙海子

东胜

准格尔旗

山阴

卜

苍

海

斯
高
原

鄂尔多斯

康巴什

伊金霍洛旗

纳林川

清水河

管

偏关

涔

朔州

大同盆地

巴嘎淖尔

乌
兰

牛
川

窟
野
河

皇
甫
川

河曲

河

朱
家
川

山

山

神池

宁武

代县

浩通音查干淖尔

红碱淖

河

牛川

府谷

保德

五寨

芦

汾
河

忻
定
盆
地

原平

忻州

沙
地

神木

黄

河

岢岚

芦
芽
山

昌

汾

乌审旗

秃
尾
河

屈野河

兴县

岚
漪
河

岚县

静乐

山

阳曲

海
流
兔
河

榆溪

尼
河

陕
北

榆林

佳
芦
河

蔚汾
河

临县

北
川
河

汾
河
水
库

娄烦

高
原

古交

尖草坪

太原

黑
木
头
川

横
山

无定河

米脂

淮
宁
河

佳县

方山

文
峪
河

吕梁

清徐

交城

晋中

芦
河

子洲

定

太
河

柳林

三
川
河

中阳

吕梁

文水

太原盆地

太

秀
延
河

绥德

吴堡

汾阳

祁县

平遥

岳

上

延
河

高
原

清涧

南
川
河

孝义

介休

山

三

那河套地区难道只能眼巴巴地望着黄河水从身边溜走吗？当然也不是。黄河在受到贺兰山和阴山的阻碍后，流速变缓，并在两山与鄂尔多斯高原之间冲积成了三片被统称为"河套平原"的平坦之地。其中贺兰山前的被称为"西套平原"；阴山脚下的则分为两块，西边的后套平原、东边的前套平原。

对于游牧者来说，水草丰美的河套平原是最好的放牧之地，尤其是气候凉爽的阴山脚下。那首大家肯定都熟悉的北朝民歌——"敕勒川，阴山下。天似穹庐，笼盖四野。天苍苍，野茫茫。风吹草低见牛羊"——描述的"敕勒川"，指的就是前、后套平原，狭义的河套平原也只是单指阴山脚下的这片土地。

"川"在这里是平原之意，河套平原之所以在北朝叫敕勒川，是因为当时这里是敕勒人游牧的地方。到明朝开始讨论要不要复套时，这里就已经变成了"土默川"，也就是蒙古土默特部的驻牧地了。俺答汗正是以此为基地，在整个鄂尔多斯高原游牧，并对明朝在陕北的长城防线发起攻击。

面对来自河套的游牧民族的压力，中原王朝并不是一点反制的办法都没有。战国后期的赵国就已经在阴山脚下赶走胡人，设立了云中郡。这片地势平坦又不缺水的土地位于北纬42度之南，还有阴山阻挡部分西伯利亚寒流，是可以开辟农田的。只要能够屯田，再在阴山上面构筑长城，那就可以把河套平原变成一把插入游牧民族腹地的"帝国之剑"。

剑为双刃，刺出去后可以同时切割两面的障碍。河套平原的情况也是如此，鄂尔多斯高原得不到黄河水灌溉，只适合成为游牧之地。中原王朝在河套平原驻军、屯田，不仅要依赖阴山长城，防止游牧者从北方南下，还得提防游牧者从阴山与贺兰山之间的缺口"入套"。

黄河并不能成为游牧者的障碍，冬天黄河水结冰的时候，游牧者可以从冰面上直接过河，夏天则把随身带着的羊皮囊吹满气，抱着这羊皮筏子和马一起游过河。阻止河套成为游牧之地的最好办法，就是把三个水草最为丰美的河套平原，经营成中原王朝的立足点。

战国时代，赵国往前、后套平原扩张，秦国往西套平原扩张。同时赵国沿阴山修筑赵长城，秦国在陕北高原北沿修筑秦长城，算是配合着完成了河套地区的防御体系。秦统一天下后，更是将之融为一体。匈奴人要是再从贺兰山与阴山之间的缺口钻进来，南下陕西会被长城挡着，往外跑的话，会被河套平原的驻军给封住后路，自然不敢再觊觎河套。

再去看曾铣的复套之议，其实就是在复制这一战略。

四

对游牧者入套威胁感受最明显的地方是陕西和山西，朱元璋都想迁都西安了，对控制河套这件事不可能不重视。当时朱元璋在西套平原设置了"宁夏卫"等卫所，治所则设在现在的银川市。

为了巩固对河套地区的控制，朱元璋还把他的十六子庆王朱栴给册封到了宁夏。这位前面提到过的悲剧三爷，并不满意这种安排，日日想着回到江南。其实他还是要感谢父亲让他出镇宁夏，如果册封到更为寒冷的前、后套平原，估计更加受不了。

宁夏的地理位置相当于替陕西看门，但只在西套平原驻军还不够积极主动，无法解决蒙古人入套的问题。真想更彻底地解决问题，还是必须在黄河与阴山之间驻军屯田。这个问题，朱元璋也是考虑到的。

三个河套平原中，与山西相接的前套平原最为重要，现在的内蒙古首府呼和浩特就在前套平原上。唐朝时为了管理河套平原，在阴山之南筑了三座"受降城"。西受降城在后套平原；东受降城在前套平原、黄河北岸的托克托县；中受降城在二者的中间，也就是现在包头市的位置。

辽代时为了经略河套，在东受降城的基础上建制了名为"东胜州"的行政区，后来金元两代跟着继承了下来。1370年2月明军攻克东胜州，东胜元军选择投降。朱元璋遂于次年正月就地把东胜州转变为"东胜卫"，把那些蒙古驻军易帜为明军。

不过这显然是权宜之计，这么重要的位置不可能完全交由异族属性的降军管理，尤其大明与北元的战争还在激烈进行中。几年后，朱元璋下令带着蒙古印记的东胜卫内迁。

等于朱元璋有意向迁都西安，重新在河套驻军的事就迫在眉睫了。尽管朱标回到南京后很快就病故，把迁都这件事给拖了下来，但在处理完朱标的丧事后，朱元璋还是马上派出了二十四员将领在河套及山西大同设立了十六个卫所（1392）。其中东胜为五卫，包括建筑新的"东胜城"。

大同位于山西北部，历来为中原王朝抵御北方入侵的重镇。从地理上看，山西大同与河套的守军，守护的都是阴山防线。只不过河套面对的是阴山主脉，大同直面的是阴山余脉的丘陵地带。因为这层关系，不仅去东胜卫的驻军是从山西征召的，东胜卫也是由就藩于太原的晋王辖制。

一切就像当年，河套平原是被起家于太原的赵国管辖一般。

五

藩王上位的朱棣，自然不可能再遵循老父亲的想法，以藩王出镇的形式屏护朝廷了。除了把围绕北京一圈的藩王悉数内迁以外，东胜卫也被内迁至河北，以免为晋王一系所用，复制自己的成功之路。

清人顾祖禹在《读史方舆纪要》写道："河套南望关中，控天下之头项，得河套者行天下，失河套者失天下，河套安，天下安，河套乱，天下乱。"身为明朝皇帝的朱棣虽然无缘看到这段话，但他对河套的重要性却是清楚的，只不过朱棣并不认为在河套驻军建卫是当下最紧迫的事。

这个想法在他回复当时镇守宁夏，节制山西、陕西、河南军队的总兵官何福时有所表露："尔奏欲立东生卫，此策甚喜，须俟镇房、定边，诸卫皆定然后立之，则永远无虞。"如果想要重设东胜卫，这个想法是不错的，不过要等陕北一线的卫所全部部署完毕后，再重新设立，才能保长治久安。

这么重要的位置，没有放在第一时间控制，是因为朱棣认为北伐漠北才是当下最重要的事。只要把退入漠北的北元残余势力彻底打服，那么阴山一线的安全自然会有保障。基于这一战略，朱棣需要把最精锐的部队集中在自己身边。

依托元朝在南方苦心经营的钱粮战马，大明也的确有资本这样做。刚把陈友谅、张士诚击败，只是统一了长江中下游地区，朱元璋就马上派徐达北伐，一年时间拿下了大都，又花了两年时间，便把元朝残余势力逐出长城线。

1372 年，建国仅四年的朱元璋就策动了"岭北之战"。明军由北山、阴山、燕山三路出击，跨越大漠戈壁，直趋北元的都城哈拉和林。尽管这第一次出击，徐达率领的主力中路军，在漠北与王保保的接战中先胜后败，没能完成既定目标，但一个新生的中原政权，能这样一鼓作气地打到漠北，在中国历史上是绝无仅有的。

要知道汉朝是在立国八十三年后，才由汉武帝派遣卫青、霍去病发动漠北之战。建国之初，刘邦还差点在大同边上的白登山被匈奴包了饺子。唐太宗刚继位那年，突厥人还打到过长安，逼着唐太宗与之在渭水边上缔结"渭水之盟"。一直到 646 年，才由李勣领军追击薛延陀部，进入漠北作战。此时距离唐朝开国，已经过去了将近三十年。

终朱元璋一世，明军出塞北伐的次数，就达到了令人惊叹的十三次之多。其中三次深入漠北。除了徐达的第一次北伐失败，后面两次都取得了

蒙古高原地缘结构示意图

乌斯季伊利姆斯克

克麦罗沃

克拉斯诺亚尔斯克

布拉茨克

俄

新库兹涅茨克

阿巴坎

叶尼塞河

东萨彦岭

大叶尼塞河

小叶尼塞河

伊尔库茨克

彦岭

克孜勒

唐努乌梁海盆地

乌布苏湖

库苏古尔湖

哈萨克斯坦

阿尔泰河

阿奇特湖

乌拉山

唐努乌拉

吉尔吉斯湖

色楞格河

斋桑泊

额尔齐斯河

阿勒泰

科布多城

哈尔湖

杭

鄂尔浑河

塔城

哈尔乌苏湖

德勒湖

乌里雅苏台

鄂尔浑草原

克拉玛依

东

准噶尔盆地

泰

阿尔泰

爱

蒙

古尔班通古特沙漠

石河子

山

巴彦洪戈尔

山

乌鲁木齐

脉

戈

尔

天

吐鲁番

山

壁

泰

库尔勒

博斯腾湖

吐鲁番盆地

哈密

阿

山

塔

库鲁克塔格

嘎顺戈壁

尔

脉

里

木

河

北

山

中央戈壁

塔里木盆地

塔克拉玛干沙漠

阿拉善高原

库姆塔格沙漠

敦煌

玉门

玉河

巴丹吉林沙漠

且末

阿尔金山脉

柴

祁

嘉峪关

张掖

腾格里沙漠

昆仑山脉

达

连

金昌

木

山

武威

盆

地

青海湖

中华人

格尔木

西宁

兰州

都兰

黄河

临夏

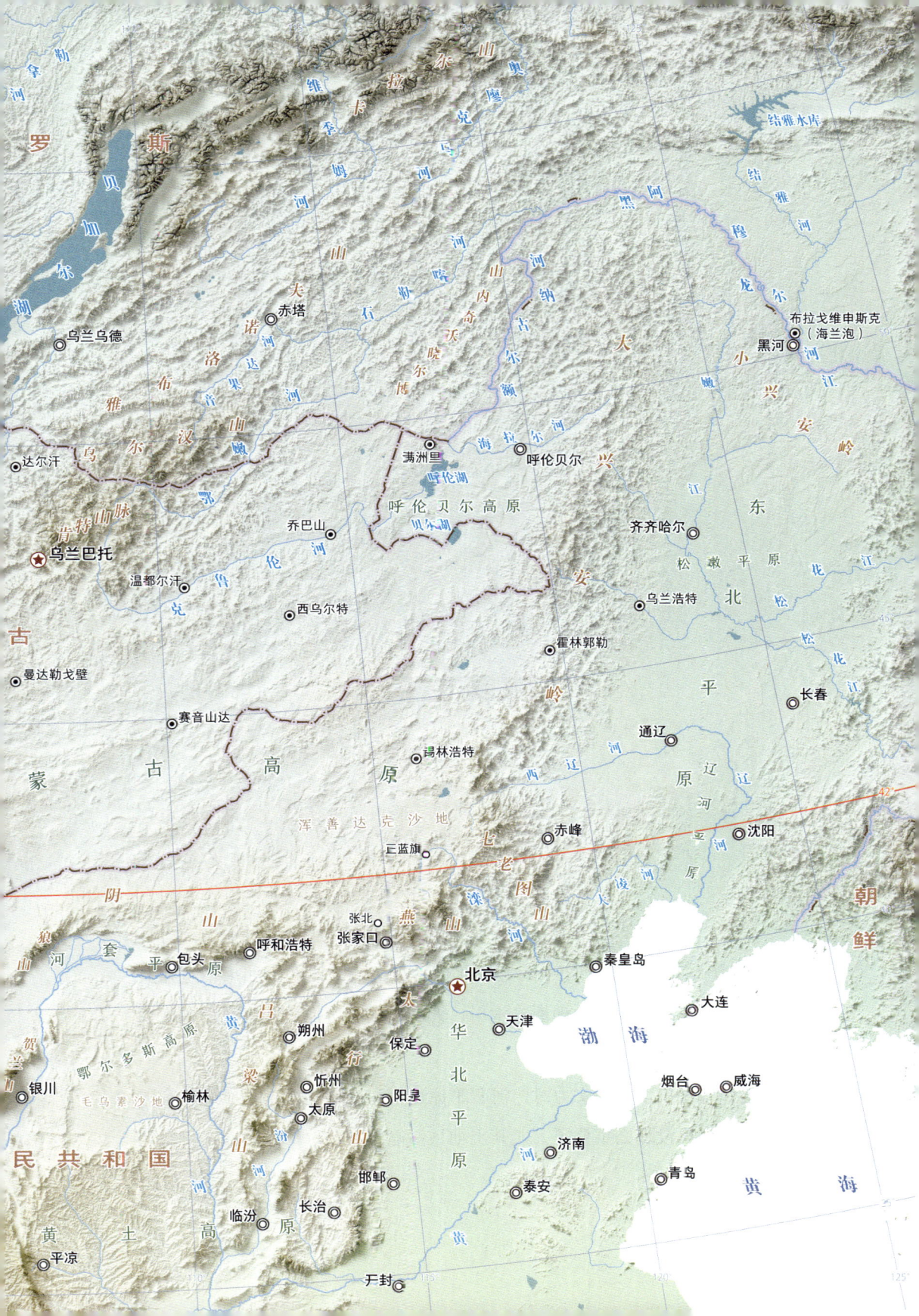

罗 斯

贝
加
尔
湖

结雅水库

乌兰乌德

赤塔

布
雅
山

洛
音
山
脉

诺
门
罕

达
果
尔
河

赤
塔

根
河

石
勒
喀
河

哈
尔
哈
河
内
奇
克
晓
尔

古
尔
额

海
拉
尔
河

大

黑
阿
穆
尔
河

龙
江

小
兴
安
岭

黑河

布拉戈维申斯克
（海兰泡）

黑
龙
江

鄂
嫩

达尔汗

乌
尔
汉
山

浩特山脉

满洲里

呼伦湖

贝尔湖

呼伦贝尔

兴

东

齐齐哈尔

江

嫩

北

乌兰巴托

温都尔汗

克
鲁
伦
河

乔巴山

呼伦贝尔高原

安

乌兰浩特

松
嫩
平
原

松

花
江

古

曼达勒戈壁

西乌尔特

霍林郭勒

岭

平

长春

蒙

赛音山达

高

原

锡林浩特

原

通辽

西
辽
河

辽
河

辽

长
河

沈阳

42°

朝

浑善达克沙地

正蓝旗

老

赤峰

哈
河

大
凌
河

阴

山

燕
山
深
河

七
老
图
山

鲜

民
共
和
国

狼
山
河

套
平
原

黄

包头

呼和浩特

张北
张家口

太

北京

华
北
平
原

秦皇岛

大连

渤
海

天津

贺
兰
山

鄂
尔
多
斯
高
原

毛乌素沙地

银川

榆林

吕
梁
山

朔州

行

忻州
阳泉

太原

保定

烟台

威海

黄

土

高

原

临汾

长治

原

邯郸

济南
泰安

青岛

黄

海

黄

平凉

开封

土木堡之变示意图

大胜。这当中以 1388 年，蓝玉在漠北的"捕鱼儿海之役"最为知名。此役全歼了北元最后的主力，俘虏了包括皇室贵族一百二十多人在内的七万余人。

朱棣作为朱元璋所有儿子中的武力最强者，上位之后更是立志北伐。从 1410 年开始，他在十四年间五次北伐，三次深入漠北。如果不是在最后一次远征漠北的归途中病逝榆木川，大明甚至有可能效法汉唐，羁縻漠北的游牧政权。

当你有直捣漠北的实力时，河套平原这柄用来切割漠南草原的"帝国之剑"就显得没那么重要了，尤其土地虽然能够农耕，但经营起来肯定还是要大量输血的。朱棣认为把钱花在北伐上更划算。

然而种地人看不上的河套平原，却是游牧者向往的草原。因此永乐朝之后，一直有不同的蒙古部落试图入驻河套地区，史称"北虏入套"。

有了朱棣的榜样在先，后世除了在位仅十个月，没来得及有所作为的明仁宗朱高炽以外，再往后的明宣宗朱瞻基、明英宗朱祁镇，也都没有再在河套建卫，转而在探知有北虏入套时派军驱赶，避免河套平原成为蒙古南下的跳板。比如明英宗第一次在立时，就两次派军在河套地区作战，并取得胜利。

最好的防守就是进攻，不在阴山筑长城，不在河套屯田驻军，而是采取入套就打的做法。你还真不能说是错的，前提是你得一直有实力。只是花无百日红，谁能保证大明一直有这个锐气呢？

1449 年，明英宗亲率数十万大军北征蒙古瓦剌部失败的土木堡之变，成为大明王朝的转折点。说起这次大败，朱棣看起来也得负点责。正是他"天子守国门"的做法，给后世立了一个榜样，那就是皇帝亲征塞外以鼓舞士气。除了英宗以外，宣宗也这么干过。

土木堡之变让大明王朝丧失了出塞作战的主动权，此后明朝开始大规模修筑长城，转入战略防御阶段。也正是自这个时间点起，河套成了任凭"北虏入套"的化外之地。日子一久，朝臣边将们甚至都已经忘记，河套之地原来也是可以耕种的。

第十五章
一切都是生意

一

河套平原是漠南草原唯一可以种粮草的土地，整个河套地区又深入北纬 42 度线以南，可以说，明朝解决游牧民族威胁的关键，就看河套问题解决得好不好。

回顾历史，胡马度阴山这件事，朱元璋和朱棣都有责任。朱元璋没有在阴山脚下册封个塞王，朱棣把他父亲建的东胜卫给撤了，都表明他们对河套的重视程度还不够。曾铣复套、驻军、屯田、重修阴山长城的计划总体来说并没有问题，错在一百八十岁的大明已经没有锐气和财力这样做了。

如果这件事在开国之时做，做成的概率要大上许多。

不过要想守住河套，是不是只要修长城和军屯三个河套平原就够了呢？并非如此。人可以与天斗，但不要总想着逆天。这里说的"天"指的是"天道"，直白点说就是规律。尊重自然规律，顺势而为才能长治久安。就像水向低处流是自然规则，治理洪水的话就不能学大禹的父亲鲧，用封堵之法，而应该像大禹那样用疏导之法，让洪水有地方去，甚至为我所用。

以经略河套及整个长城防线的需求而言，寄希望于完全把游牧者赶到漠北并不现实。就算一时做到这点，也不可能把长城南北的大片草原都变成农田。一方水土养一方人，这些草原是一定会被游牧者惦记的。正确的做法是招降一部分游牧者，让他们在长城左近的草原游牧。同时采取以夷制夷的手法，让这些熟悉草原的游牧部落，帮助自己抵御来自漠北的侵袭。

回顾汉唐对河套的经略，不外乎如此。西汉把内附的南匈奴呼韩邪单于安置在阴山北麓，然后支持其成功反攻漠北；东汉把再次分裂出来的南匈奴安置在鄂尔多斯高原，一方面用驻扎于河套地区的汉军就近监视，另一方面也可以在对外战争中征召这些内附的游牧者。

唐朝的做法如出一辙，在河套平原先后设立"燕然都护府""单于都护府"等军政管理机构，并筑受降城为据点，羁縻管理归降的东突厥等部。

联想到马上民族南下中原之后，也不可能做到把耕地尽数变成草场，农民都变成牧民，你就会明白无论愿不愿意，无论再怎么视游牧者为恶魔，这种共存都是客观存在的。今天整个河套地区尽数归于民族自治区属性的内蒙古，根本的原因便在于此。

明朝在既没有办法复套，又没办法阻止俺答汗劫掠的情况下，最终在嘉靖死后，新皇上位后册封了这位成吉思汗的第十八世孙为大明的"顺义王"。在此之后，俺答汗和他的后代在绝大多数时候与明朝交好，互惠互利，并且将扩张的方向指向漠北和青海。

二

明朝与俺达汗之间的平衡并非一蹴而就，从1550年那次庚戌之变后，反复折腾二十年的时间。在这期间，土默特部可以说是连年侵扰长城。

俺答汗的诉求并非入主中原，只是为了求财，明朝大部分官员都明白这一点。迎战的话本来胜率就小，万一吃了败仗还得军法处置。于是大家为保乌纱帽，索性每一次北房南下都紧闭城门拒不出战，等对方在农村劫掠够后，再从容回到草原上。

其实无论哪朝哪代，真有大志入主中原的游牧者都是极少数，经济因素始终是最重要的。这里面有个客观现实，是游牧经济特别脆弱，身家都系于畜群之上。老话说"家财万贯，带毛的不算"，一旦遇到大灾，尤其是特别凛冽的寒冬，牛羊成群冻死的话，那就只能把眼睛盯着家有余粮的农民了。

他们也不只会抢。如果有内部潜力可挖，哪会不去挖？俺答汗在河套的时候做了两件事：一是筑了座城作为自己的汗廷。这座城就是后来的呼和浩特；二是招募和掳掠了数万大明百姓，让他们在呼和浩特边上种地。

种地的人极少有愿意到草原上定居的。按曾铣打探到的消息，河套北房每帐（家）不过四五口人，抓来奴役的百姓倒有五六口人，每次打仗，都是把这些抢来的人口顶在前面。

不过俺答汗在意识到河套可以种地后，给了很宽松的政策招揽大明百姓前往河套拓荒。当时大同有个叫赵全的白莲教首领，就带着底下的教民主动去投了俺答汗。按嘉靖末年的统计，河套平原的五万汉人百姓中，有一万多白莲教徒。

从山西去河套谋生，要穿越名为"杀虎口"的关隘。这个关隘中的"虎"字原本是"胡"字，意指出关杀胡人，后来清朝觉得这名字把自己也连累了，才改名杀虎口。

去呼和浩特种地是往西走，所以杀虎口又被老百姓称为"西口"，去口外谋生则称为"走西口"。大多数人以为走西口是清朝末年才开始的，其实明朝中期就开始了。原因无他，唯河套能种地尔。

史书记载，当时甚至还有整村冒着杀头的风险去走西口的。逃出关外的除了百姓，还有兵变的士兵。不管是百姓还是军士，愿意逃入河套，最主要的原因还是活不下去，过去了还能有条活路。不要总想着只用华夷之辨一类的宏大叙事去给老百姓做工作，人都要活不下去了，说这些不管用。

大多数人走西口是为了求生，也会有想政治投机做带路党的，刚才提到的白莲教首赵全就是代表。有了熟悉明朝情况的人从旁协助，俺答汗犯起边来更是轻车熟路。结果后来双方议和，赵全等十几个首领就被当成礼物送还给了大明，落了个身首异处的下场。

反观那些愿意主动归附大明的夷狄，绝大多数也想活下去。比如说，明朝在嘉峪关外的统治，从一开始就是依靠归附的蒙古官员（治下军民并不都是蒙古人），建置了包括哈密卫、沙州卫（敦煌）在内的"关西七卫"。1426 年，敦煌遭灾，当时的沙州卫首领"困即来"派使者前往嘉峪关求贷谷种百石，等到秋收就还。说起来"困即来"的名字翻译得还真是传神——有困难就来。

刚继位的朱瞻基当即表示："番人即吾人，何贷为？"都是大明子民，谈什么借不借的，当即下令把粮食送了过去。

敦煌、河套平原这种地方还能种地，条件算是好的，多少能收些粮食度日，要是完全靠着草原过日子，那经济更是脆弱。

关键时刻能指着帮扶一把，只是诉求之一。草原上的物产非常少，特别需要中原的商品。嘉靖重臣王崇古曾经对游牧经济有过这样的描述："北虏散处漠北，人不耕织，地无他产，房中锅釜针线之日用，须借中国铸造，绸缎绢布之色衣，惟恃抢掠。"

游牧者散居漠北，铁锅针线这些日用之品，都得从中原输入。想穿一些好的布料，也得依靠进口。你不卖给他们，那他们就只有上手抢了。

三

如果说曾铣是武力复套的坚定支持者，那么王崇古就是怀柔政策的代表人物，主张用经济手段解决边患。当日曾铣的复套之议在群臣中有那么大的阻力，最重要的因素还是大多数人觉得，可以用钱解决问题。

能用钱解决的问题都不叫问题，只是这钱怎么出是有讲究的。总结下来，历史上中原王朝无非有三种手段：岁币、朝贡、互市。

"岁币"就是直接拿钱买平安，说定每年我给你多少钱，你保证不犯边。这种做法的典型代表是宋朝。澶渊之盟约定，宋朝每年给辽国绢二十万匹、银十万两，后来分别增加到三十万匹和二十万两。在解决西夏和金国的威胁问题上，两宋同样采取了"用岁币换和平"的策略。

两宋到底有没有拿钱买到平安，一直以来也是争议不断。赞同者认为是买到了，所以两宋的经济、文化特别发达；反对者认定花了这么多钱，两宋还是要养着数量庞大的军队，而且到最后不也被灭了吗？

不管如何粉饰，直接给钱的方式都特别屈辱，不符合天朝上国的身份。无论前朝还是后世，没有谁会想学的。朱元璋和他子孙们想复兴的是汉唐盛世，以宋朝的经历为鉴，更是不可能接受。

最能让中原王朝接受的贸易方式是"朝贡"。明朝也是按照这个体制在管理四夷。首领们接受大明皇帝天下共主的地位，皇帝便给他们虚封一个大明的官职。郑和下西洋后，甚至远在印度洋的国家都有来朝贡的。

朝贡这事，经常被用来显示中央之国有多么得人心，能引得四夷来朝。其实这就是个花钱买面子的事，那些前来朝贡，自愿认大明做宗主的国家、部落嘴里喊的是皇上万岁，心里想的全是生意。

说个不是笑话的笑话，明朝在建州女真崛起之前的边患主要来自两个方向：北方的蒙古入寇；东南的倭寇犯疆，史称"北虏南倭"。北虏南倭现象明朝初期就有，但到了嘉靖时期特别严重。而矛盾激化的导火索，都是不让他们来朝贡。不让朝觐天子，他们就造反。

1523 年，宁波爆发了一场"争贡之役"。当时日本的大名细川氏和大内氏，各自派使团来朝贡。对有资格来朝贡的使团，明朝是要发证明的，叫作"勘合"。结果这两家使团，一家拿着旧勘合，一家拿着新勘合。新勘合是上次来朝贡时发的，说好下次再来的时候把旧的交回来作废。

结果管事的太监受了贿，旧勘合也睁一只眼闭一只眼地认了。这导致两家在日本就不和的使团打杀了起来。肇事者逃回日本的时候，还一路在宁波烧杀抢掠，连带追击的明军官兵都死伤不少。

这事过后，嘉靖就下令彻底海禁，干脆都别来了，结果倭寇之祸愈演愈烈。

酿成土木堡之变的瓦剌，和明朝翻脸也是因为朝贡。也先作为瓦剌首领接受了明朝册封，被封为"敬顺王"。按前例是每次只能派五十人组成的使团来朝贡，一年来一次。结果瓦剌首领为了多表忠心，也不管使团的人数限制，最多的一次居然派了三千人，而且一年来四次。明朝下了几道敕令不许他这样做都不行。

之所以大家都争着来朝贡，是因为这就是笔生意，而且是稳赚不赔的生意。也先之所以不按规矩来，来得这么多这么勤，是因为明朝会按使团人头来发赏赐，并且为了天朝上国的面子，赏赐是非常丰厚的。

以明朝给也先使团的赏赐来说，一等正副使者赏彩缎六表里、绢五匹，正副使之妻赏织金衣一袭、彩缎二表里、绢一匹。其余二等、三等依例减少。朝廷赏赐的物品，使者要是嫌带回去麻烦，还可以折成现银，更可以自由拿到外面去和百姓交换。

至于使者朝贡的礼物，一律不计价，不会说因为你送的礼轻了，就少给一份赏赐，千里送鹅毛，礼轻情义重嘛！所谓"厚往薄来"，方显大国气派。

有这种好事，谁不想来叫声皇上万岁？那种不听劝就是要多派的，说好听是给大明面子，说难听就是来敲竹杠。谁能敲到更多，就看谁更有实力。终明一世，最有实力也是敲得最狠的就数也先了。他和大明闹翻那次，不光派了三千人来敲竹杠，还虚报成了一万五千人。

大明朝廷再能忍，官员胆再肥，也不敢凭空多发一万多份赏赐吧，只按点到的人头发放。就这样，双方翻了脸。

四

朝贡对于中央帝国来说，就是一件赔本赚吆喝的事。把制度调整下，正常地礼尚往来，你送我多少礼就回多少礼，人家一样会来，一样能体现四夷臣服的盛况。因为来朝贡的人，除了图赏赐以外，更重要的是可以借机进行贸易，获取更大的利益。

换句话说，谁也别占谁便宜，公平交易就行了。问题是华夏文明对商业这件事，一直抱有很强的戒心，一是觉得农民好管，商人奸猾。这也正常，农民是固定在土地上的，当然好管。商业的根本是流动性，商业发达的话，人和物的流动性都强，不好管。二是觉得商业本身不能产生价值，老老实实地种地才是正道。

此外就是觉得自己物产丰富，没什么需要从外面进口的，反倒是那些可能与大明为敌的人需要中原的物品，尤其是反复无常的游牧者。

因为这种思维，明朝大多数时候外贸管控很严。朱元璋开国后很快就下令海禁，所谓"寸板不许下海"，整个大明差不多有快两百年禁止海上贸易。请注意，这里说的禁绝贸易指的是民间贸易。官方贸易还是有的，而官方贸易就是以朝贡的形式进行。

《明会典》记载，四夷使者朝贡领赏后，可以自由贸易三日或五日（朝鲜、琉球有特殊待遇，日期不限）。这官差出得，又有赏赐，又能把中原的奇货换回去，当然是人人打破头都要来的了。

就蒙古诸部的朝贡而言，在 16 世纪初因为草原内乱中断过将近三十年。1532 年，明朝开始收到北虏重新要求"通贡市"的要求。之后一直到庚戌之变，光俺答汗就先后六次遣使要求议和通贡。

客观地说，俺答汗的要求还是比较合理诚恳的，只是每次最后都要写几句威胁的话。比如开始有一封信末尾写道："果许贡，当趣令一人归报，伊即约束其下，令边民垦田塞中，夷众牧马塞外，永不相犯，当饮血为盟誓。否，即徙帐北鄙，而纵精骑南掠去。"你要是同意的话，就让人来报个信，我马上约束手下，你的人种地，我的人放牧，歃血为盟，永不相犯。不然的话，我把大帐迁到燕北，自己纵兵去抢。

估计就是这些话让嘉靖觉得很没面子。于是对朝贡一事，嘉靖一概严词拒绝。下面的官员知道了皇帝的态度，甚至还两次诱杀蒙古使者，最后酿成了庚戌之变。

上任皇帝明武宗无后，选了性格比较强硬的堂弟朱厚熜做继承人，也即嘉靖。此时的大明已经运行了一百五十年，也形成了许多利益集团，急需一场改革重获活力。在那么多藩王里选了十四岁的朱厚熜，也是方方面面觉得他的性格对中兴大明有帮助。

上位之后，嘉靖也的确手段强硬。先是借把自己亲生父亲尊为皇帝这事，搞了"大礼议"事件，把权力集中在自己手上；后来又搞"嘉靖新政"，按历朝历代的路数，整束吏制、税制，重新丈量土地，算是有了些新气象。

不过凡事都是物极必反。把权力都集中在自己手上，而且初见成效后，嘉靖变得更加听不进别人的话。自己认定是对的事，谁分析利弊也没用。

五

客观地说，俺答汗是要比也先好打交道的。也先那种做法明显是客大欺店，摆明了是来敲竹杠。俺答汗的准确要求是"通贡市"，重点在"市"而不是"贡"。一定要加贡的原因，是大明好面子，不纳贡称臣就不谈。

如果说"贡"的核心是有配额的官方贸易，那么"市"就是民间自由贸易了。俺答汗的意思是，双方沿长城开放些市场，准许军民定期贸易。不会借着朝贡敲竹杠，能正常做买卖就行。

这种贸易方式，历史上叫作"互市"。当时大部分的官员都觉得这种做法可行，大家也不用成天提心吊胆的。但是嘉靖觉得这些夷狄反复无常，肯定只是以开贡市为名，有更险恶的想法。虽然曾铣的复套之议被否定了，但和谈也是决计不肯的。

俺答汗其实想买很多东西，因为草原上实在是太穷了。就算招募了明朝百姓去种田，很多东西也没有办法生产。他最想要的东西有两样：一样是布匹，一样是铁锅。草原上的人可以用羊毛做毡，毛毡能做帐篷、能做衣服。但是毛呢大衣冬天穿可以，夏天穿那是苦不堪言。

铁锅的问题并不是因为他们缺铁，而是没有铸造生铁锅的技术。俺答汗自己感慨过，铁锅要是破了，那是千方百计都要补好了用，实在没办法就只能用皮袋装水来煮肉。当日土木堡之变，明军的衣服旗帜等都被也先大军给捡走了，反倒是枪炮之类无人要。

人生四件大事，衣食住行。大明能帮着解决一半，你把门关起来，那人家肯定和你急眼。

做生意的话，彼此都得有对方需要的东西。汉地有草原需要的铁锅、布匹，草原有没有汉地需要的东西呢？也是有的，那就是马。马对于国防的重要性自不必说，朱元璋能得天下，就是因为骑兵比别人强。因此明朝是非常重视马政的，开国后不光在江淮养马，甚至连江南都要求养马。

只是南方养马这事，成本实在太高，后来元朝开辟的草原渐渐又恢复成了农田，马的质和量就更难保证了。把官马交给老百姓养的做法，更是让那些农民苦不堪言，不小心养死了就得赔钱。

这种情况下，北至蒙古、南至青藏的贡马就成了很重要的补充。具体到俺答汗要求的互市，他那边提供的商品主要也是马，所以这种贸易口岸当时被叫作"马市"。

庚戌之变时，明朝一开始答应了俺答汗开放马市，不过也就一年时间，嘉靖因为觉得太失面子而反悔。下面很多官员知道皇帝不愿意，就一个劲地说俺答汗是个骗子，包藏祸心，只把劣马卖给大明，好马都自己留着，这马市就这么关了。

叶向高在《四夷考》中记载，俺答汗在包围北京城时，曾放过一个太监去给嘉靖送信，信里写道："予我币，通我贡，即解围，不者岁一虏尔郭！"给我钱，让我来朝贡，就马上解围，不然我一年来围一次北京。结果俺答汗也是说到做到，明朝反悔后，除了连年犯边以外，还真的又到京郊劫掠过两次。真是想来就来，想走就走。

六

人都是要面子的，嘉靖恨透了这些北虏，更为小小倭寇的事都解决不了而胸闷。东夷、西戎、北狄、南蛮，这一东一北两大寇合起来就是"夷狄"了。晚年时的嘉靖但凡诏书、奏章上有这"夷狄"两个字时，必写得极小。用这种小儿科的手段矮化对方，方能解心头之恨。

偏巧嘉靖还挺长寿的，当了四十五年皇帝，庚戌之变后还在位十六年。他本来就固执，老了更是偏执。朝廷上下都觉得政策要调整，不能再这么用封关自守的法子了，但也得等新皇登基才好说。

1566 年，嘉靖驾崩。三子朱载垕继承大统，改元隆庆。虽然才当了六年皇帝（1567—1572），但隆庆朝让北境、海疆两面受敌的大明出现了中兴之相。

上位伊始，隆庆就下令开放海禁，史称"隆庆开关"（1567）。倭寇之乱很多人都知道，其实大部分都是东南沿海一带的船民，为了贸易利益与日本人合起伙来作乱。这么些年闹下来，朝廷上上下下都清楚怎么回事。只是祖宗之法不可变，开口子是要有勇气的。与其说隆庆个人有本事，不如说民意如此，他顺势改革就能赢得民意。

效果立竿见影。能正正当当做生意，谁愿意做海盗？虽然明面上还是要官家发配额，但只要放开了流动性，整盘棋自然会活起来。史书记载，从此"倭渐不为患"。

开关绝倭患的成功，也为解决与俺答汗的矛盾提供了范例。四年后的1571年，在名相张居正的促成下，明朝册封俺答汗为顺义王，开放了十一个贸易口岸，史称"俺答封贡"。

再往后，明朝的烦恼就不再是蒙古入侵，而是卖过来的马越来越多，要花钱养着的问题了。这事的确有点矛盾。养马是为了打仗，但仗打得少了，马的需求也相应减少。但你要是不买，又坏了规矩。

什么事情都是有利有弊的。不管怎么说，马市的开放让明朝不再为草原威胁所困扰。一直到王朝终结，边军也都没因为缺马的问题束手束脚，大明亦活到了正常寿数。这件事还是要给正面评价的。

"隆庆开关"和"俺答封贡"解决北虏南倭之患给后人的启示是，"改革"这件事不能光盯着内部，必须得跟"开放"一起做才能真正带来活力。你去看汉、唐两代，要是没有对外的开放政策，也不会有那么高的成就和历史地位。

第十六章
其实草原一直都是分裂的

一

对于大明和其他任何中原王朝来说，北虏都如草原上的野草一般，野火烧不尽，春风吹又生。就算哪天有一支北虏强大到入主中原，日子一长也会生成新的北虏。比如鲜卑人入主中原建立北魏后，漠北草原就被柔然给占领了。鲜卑统治者对这些北方远亲恨得牙根都痒，甚至将他们改称为"蠕蠕"，意思是说这帮野蛮人是不会思考的虫子，全然忘记自己也是从那片草原上来的。

有人可能会说，元朝就没有出现过这种情况，失败后还能退回漠北重整旗鼓。那是元朝败家败得太快了，还没等到漠北生乱就被朱元璋赶回了老家。等回到漠北之后，一样还是面临后路被绝的风险。

对北元来说，也先所在的瓦剌部就是他们眼中的北虏。

明朝人在《大明会典》中对他们所能接触到的北虏做过一个分类："北狄，鞑靼最大，自胡元遁归沙漠，其余孽世称可汗。东兀良哈，西哈密，北瓦剌。瓦剌强，数败鞑靼。"翻译过来就是，大明眼中的北虏分为四种，继承北元法统的是鞑靼，鞑靼的东面是兀良哈，西边是哈密，北边是瓦剌。其中瓦剌最为强大，几次打败鞑靼。

这个描述大致是对的，只是不够精确。这也是中原王朝的通病，中原王朝向来以自我为中心，对这四夷的了解一直都有点盲人摸象。同一个部落，在这本书中是这个名字，在另一本书中又是另一个名字。此外，草原上也是真的乱，你方唱罢我登场，讲究的是丛林法则，谁强大我就跟谁姓。

当年匈奴被迫西迁，鲜卑入主草原时，就有十余万户留在漠北的匈奴人"自号鲜卑"。具体到"蒙古"这个概念也是一样。苏联曾在自己占得的那部分蒙古高原上，细分出了布里亚特人、图瓦人、阿尔泰人等。放在中国则都是在蒙古的概念之下。

明朝人搞不明白的事，现在我们可以帮着搞清楚。

想搞清楚状况，就不能把目光只局限在长城，得从源头说起。大家都知道，欧洲人是白种人，亚洲的话以黄种人为主，尤其是在亚洲东部。这欧亚大陆是一整块的，之所以在东、西两头形成了截然不同的两个人种，是因为欧亚大陆中心地带降水太少，所以地广人稀，宛如"结界"一般阻碍了亚洲与欧洲的交流。

大约五千年前，东欧平原南部的居民驯服了马，并诞生了最早的马上民族。凭借这一优势，白种游牧者先是赶着马车，后是直接骑马，在随后的两千多年间向西亚、中亚、南亚地区扩张。征服伊朗和印度的雅利安人只是其中一支。在匈奴崛起之前，包括如今新疆的整个中亚地区的居民，基本也都是这些欧洲骑马民族的后代。

《汉书》中在天山南北游牧的"塞种人"，欧洲历史中强悍的"斯基泰人"，古波斯人口中的"萨迦人"都来自欧洲游牧集团。其实你若仔细分析发音，就会发现它们不过是同一名称不同的汉字翻译罢了。

除了肤色以外，已经开始骑马的欧洲游牧者有一个共同特点，那就是头戴尖顶毡帽。不过在中国人开始修筑长城之后，欧洲游牧者主导草原的历史很快就成了过去时。

草原从来不是铁板一块，如果说中原王朝一直认为统一才是常态的话，那么在逐水草而居的游牧者看来，分裂才是常态。最早打破常态的是匈奴人。前209年，匈奴冒顿单于杀父上位，用了数年时间击败东、西两线的主要对手——东胡和月氏。将从大兴安岭到阿尔泰山的草原地带统一在了自己的旗下，与同时期建立的汉朝形成对峙状态。

这个时间点与秦始皇修长城是一致的。正是中原王朝太有统一意识，长城修得太牢固了，才逼着蒙古草原上的游牧者联合起来，不然真的无法突破。小股游牧骑兵就算找个缺口进去抢掠，也很容易被断了后路。

可以说，从中原王朝学来的统治模式以及先进技术，才使得源出蒙古高原的游牧势力，在长达两千年的时间里，成了整个欧亚草原的洗牌者。

从5世纪中期，匈奴王阿提拉入侵欧洲开始，一批又一批的亚洲游牧者进入欧洲草原，融合那些世居于此的欧洲游牧者。突厥、蒙古都是他们当中的佼佼者。

反观结构松散的欧洲，却没能"帮助"欧洲游牧者建立类似的草原帝国。这使得从阿提拉开始，欧洲人印象中的游牧者就与亚洲及黄皮肤挂钩，甚至将游牧威胁称为"黄祸"。那些来自草原的掠夺者不仅被笼统地冠以"鞑靼"这个出自蒙古草原的标签，甚至连带整个东欧平原，包括生活在此的俄罗斯人，都长期不被视为欧洲的一部分。

二

很多草原史的研究者都喜欢将后世诞生于蒙古草原的政权视为匈奴帝国的继承者。然而事实上，这些草原政权之间并没有继承和替代关系，并且最起码可以分为两大体系。

关于这点，两千多年前的中国人就已经意识到了。在匈奴从蒙古草原消失之前，"胡人"是用来特指匈奴人的。而这片草原的东部还有另一支

阿尔泰语系分布图

与之对抗的势力"东胡"存在。战国后期，燕国就是翻越燕山，击败东胡得以扩地千里的。

日后在中国历史中留名的鲜卑、乌桓、契丹、蒙古诸部，都属于东胡后裔。而与匈奴族源关系紧密的草原部族则包括丁零、突厥、回鹘，等等。

有鉴于此，我们可以将蒙古草原上这两大游牧体系称为"匈奴系"和"东胡系"。

二者间的区别，还可以从语言学上找到证据。整个中国北方，包括东北地区的土著民族，过往在语言上都被认为属于阿尔泰语系。阿尔泰语系下面又包含突厥语族、蒙古语族、通古斯语族。其中突厥语族对应的游牧集团就是"匈奴系";蒙古语族对应的则是"东胡系";女真人则是通古斯语族的代表(用突厥、蒙古来做语言标签,是因为他们对后世的影响力,而非语言集团的起点)。

值得一提的是,现在很多语言学家认为这三个语族并非同源,只是因为历史上交流频繁,所以语法词汇上有很多相似之处,更应该被认定为三个独立语系。不管怎么说,它们彼此间的独立性都是可以肯定的,而造成这种独立性的一定是地理间隔。

了解整个蒙古草原被分隔为东、西两大游牧体系显得异常重要。

刚才我们已经提到,草原上遵循的是丛林法则,谁强的话就融入谁。今天我们觉得无论漠南、漠北当然都应该属于"蒙古"的概念,然而在成吉思汗统一蒙古诸部、试图征服整个漠北草原时,他的两个主要对手——草原中部的克烈部、西部的乃蛮部,主体都属于匈奴系(今天在哈萨克斯坦共和国境内,仍存有操突厥语的克烈与乃蛮部落)。

换而言之,如果当时统一草原的是匈奴系民族,那么这片高原不仅不会叫蒙古高原,更可能在语言、文化上,与现在的哈萨克斯坦共和国类似。

尽管一个强大的游牧政权可以统一整个蒙古草原,并且同化那些加入自己的部落,但无论匈奴系还是东胡系游牧部落,想完全融合对方是做不到的。

熟悉中国人口史的人会知道,中国历史上有两个被山脉包裹,自成一体的人口基地:江西与山西。战乱之后往往从这两个省份迁出人口,帮助南、北方恢复活力。明初大移民中,这两个省份也是纯人口输出省。

在蒙古高原的东、西两端,也有两个这样的人口基地,作为匈奴系和东胡系部族的蓄势之地。

三

东胡的蓄势之地是分隔东北平原与蒙古高原的大兴安岭。当年东胡被匈奴逐出蒙古高原后，残余的东胡部落向东逃入了大兴安岭。其中躲在北端的被称为"鲜卑"，归隐于南端的被称为"乌桓"。大兴安岭的北端也因此被称为"大鲜卑山"，南端则被命名为"乌桓山"。

游牧和农耕经济都是从更为原始的渔猎生活升级而来的。被迫躲进山林的鲜卑、乌桓两族，很自然地在经济生活中加入了大量渔猎成分。北魏的建立者拓跋鲜卑，提到自己的起源时就写道"畜牧迁徙，射猎为业"。拓跋鲜卑祖先归隐山林之初，所居住的"嘎仙洞"，今天也已经在大兴安岭的北端找到。

射猎生活虽然较之游牧更为原始，但非常有利于提升单兵的战斗力。对于渔猎部落的男人来说，狩猎是生活永恒的主题，复杂的森林地形，更是把渔猎民族训练得有如特种兵一般敏感强悍。一旦他们把狩猎得来的技巧用在战场上，就将成为最优秀的战士。至于游牧者的最大优势，则在于游牧生活带来的机动性，狩猎则只是游牧经济的补充。

"畜牧迁徙，射猎为业"的生活，让鲜卑人得以具备游牧及渔猎双重优势，并在匈奴西迁后，迅速征服草原上那些残存的匈奴游牧部落。纵观历史，你会发现每当蒙古草原出现权力真空，总会有生活在山林、草原交界地带的部落出来做这件事。后面我们会说到，也先所属的瓦剌同样是这种情况。

渔猎生活虽然能带来更强的战斗力，但已经尝试过游牧生活的东胡后裔们，显然不可能放弃畜牧经济，否则他们将完全丧失重返蒙古高原的能力。好在大兴安岭作为东胡的根基之地，不仅在面对蒙古高原的西麓，生成有锡林郭勒、呼伦贝尔这一南一北两条山麓草原带，更在东侧和南侧东北平原，形成有两条草原地带。

沿大兴安岭东麓分布的草场，沿山脉之东的"嫩江"流域点状分布；而处在大兴安岭之南的草原，则生成于大兴安岭与燕山之间的"西拉木伦河"（辽河西源）。如果用河流来命名的话，我们可以将这两片"东北草原"分别命名为嫩江草原和西拉木伦河草原。

当年的鲜卑诸部就是依托嫩江草原保持自身的游牧色彩，乌桓人的游牧之地则是在西拉木伦河草原。就这两片草原的情况而言，嫩江草原更多地呈现出森林、草原相间的地貌，西拉木伦河草原则因为降水量相对较少，草原地貌要连贯得多。只不过由于正处在两山包夹的风口位置，西拉木伦河草原这些年被来自蒙古高原的风沙所侵蚀，在地图上往往被标注为"科尔沁沙地"。

换而言之，人文意义上的"蒙古草原"并不只存在于蒙古高原，而是在客观上向大兴安岭以东的东北地区延伸。就像河套地区虽然在地理上，往往被视为黄土高原的一分子，但实际上成了蒙古草原的一部分。

东北草原位于东北地区，但适合游牧经济的现象，在现下中国的行政区划中得到了精准体现。

一提到中国的东北地区，大家脑海中首先浮现的肯定是统称为"东三省"的黑龙江、吉林、辽宁三省。很多人会以为大兴安岭是东三省与内蒙古的天然分割线。然而当你把行政地图叠加上地形图，就会发现大兴安岭的南麓和东麓，乃至整条大兴安岭，几乎都处在内蒙古境内。

这些位于东北但行政上属于内蒙古的地区被合称为"三市一盟"，包括呼伦贝尔市、兴安盟、通辽市以及赤峰市。除了最北端的呼伦贝尔横跨大兴安岭，涵盖了位于蒙古高原之上的呼伦贝尔草原以外，其他三个都可以说是纯粹的东北地区。在外的东北人亦会把这三市一盟的内蒙古人当成自己的老乡。

在鲜卑人西出大兴安岭，控制漠北草原甚至入主中原后，嫩江草原很快被蒙古民族的祖先，同样系出东胡的室韦所占据。同时期，乌桓人因为

大兴安岭周边草原地带示意图

卷入东汉末年的三国之争，被曹魏尽数内迁，他们所留下的空间则被另一支以契丹为名的东胡系部落所占据。

于是就如大家看到的那样，先是契丹人崛起，向西征服整个蒙古草原，向南拿到燕云十六州并建立辽朝；后是蒙古部落在鲜卑势衰后，以同样的路径进入蒙古高原东部，最终击败匈奴系游牧集团，建立史上最强大的草原帝国。

请大家务必在地图上多看两眼围绕大兴安岭而生成的呼伦贝尔、锡林郭勒、嫩江、西拉木伦河草原这四大草原。因为不仅东胡系游牧集团的兴衰与它们有关，大明王朝的生死也受到这四大草原的影响。这一点与之前的汉唐时代有着很大的不同。

四

现在我们已经找到了东胡系游牧者的龙兴之地，接下来再来看看匈奴系游牧者的人口基地在哪儿。遵循刚才我们所分析出来的规则，这应该也是一片与草原相接的山林地带。

事实的确如此。今天我们提到蒙古高原，浮现在脑海中的会是一望无际的草原。如果对这片高原再多点了解，又会知道它的腹地生成有大片的戈壁荒漠，将整个草原切割为漠南、漠北两块。

鲜为人知的是，蒙古高原在漠北草原之北，还有一条横贯东西，并以森林地貌为主的地带。在成吉思汗统一整个蒙古高原时，那些生活在高原北部的部落人民被统称为"林中百姓"，以区别于草原上的"毡帐百姓"。

林中百姓的生活状态与鲜卑先民如出一辙，被《元史》概括为"逐水草而居，以射猎为业"。这些狩猎者主要分为两部分：环贝加尔湖地区的"不里牙惕"部与生活在唐努乌梁海地区的"斡亦剌惕"部。前者在今天的俄罗斯被称为"布里亚特人"，后者则被称为"图瓦人"（俄国分别为之建立了"布里亚特共和国"与"图瓦共和国"）。

鉴于这片蒙古高原北部的森林地带当下已经完全为俄罗斯所有，我们还可以将这些林中百姓生活的区域称为"俄属蒙古"。

历史上那些称霸草原的匈奴系游牧政权，多出自西部的图瓦共和国一带。这片由北部的萨彦岭、南部的唐努乌梁山包夹而成的山地，在中国历史中被称为"唐努乌梁海"。

这片森林、草原相杂的山地在历史上还有一个地理标签"八河地区"。这是因为两山包夹的谷地中，生成有八条河流，这八条河流最终汇集成了俄罗斯最大的河流"叶尼塞河"，向北穿透整个西伯利亚汇入北冰洋。

唐努乌梁海盆地

　　如果你喜欢历史的话，会经常看到某个游牧民族被认定为最初生活在叶尼塞河上游，而叶尼塞河上游所指向的就是唐努乌梁海。从这里走出来的最著名的游牧势力，是当年被唐朝征服的突厥人。而也先所领导的瓦剌蒙古，最初同样是从这里走进草原的。

　　值得一提的是，尽管纬度偏高，但受到高大山脉保护的唐努乌梁海地区，内部有些河谷的积温，甚至能够满足农耕的需求。当年汉将李陵在被迫归降匈奴后，就被安置于此。以至于后来从这片山地走出去的"黠戛斯人"，在向唐朝皇帝朝贡时自称李陵后裔。再往后黠戛斯人像大多数匈奴系游牧民族一样，向天山之侧的七河草原扩张，形成了现在的吉尔吉斯人。

耐人寻味的是，从大历史的角度看，现在无论是归属中国的内蒙古，还是独立成国的外蒙古，都可以被视为东胡系游牧民族扩张的结果。然而以唐努乌梁海为核心的，历史上不断诞生出匈奴系游牧民族的北部森林地带，如今却是俄国的领土，并且一直在有意无意地强化这些"林中百姓"与蒙古的区别。

倘若历史还是在不断地轮回，难保将来有一天"林中百姓"中又会诞生一支强大的部落，一统整个蒙古草原。当然，如今已经是工业时代，游牧者纵横欧亚大陆的历史肯定是不会重演的。只是蒙古高原如今这三分天下的格局，不由得让人感叹地理的力量。

俄属蒙古高原位置示意图

图例
俄属蒙古高原范围

西西伯利亚平原

托木斯克

克麦罗沃

克拉斯诺亚尔斯克

乌斯季伊利姆斯克

布拉茨克

新库兹涅茨克

阿巴坎

东萨彦岭

西萨彦岭

伊尔库茨克

克孜勒

唐努乌梁海盆地

唐努乌拉山

乌布苏湖

库苏古尔湖

阿奇特湖

吉尔吉斯湖

阿尔泰山

阿勒泰

科布多城

哈尔湖

德勒湖

哈尔乌苏湖

杭爱山脉

鄂尔浑草

准噶尔盆地

戈壁阿尔泰山

斯 高 原 通 古 斯 卡 河 勒

河 沿 岸 高 原 勒

勒 连斯克

阿尔丹

维

提 尔 山

卡 姆

湖

尔

加

贝

尔

乌兰乌德

诺 果 达

洛 河

果 勒 河

石

亚 布 洛 尼 山 脉

乌 尔

鄂

布

尔

肯 特 山 脉

乌兰巴托 ★

温都尔汗

西乌尔特

克 鲁 伦 河

赛音山达

古 高 原

山

夫

赤塔

喀 勒 奇 河

内 奇

沃 晓 尔 博

阿 黑 龙 江

尔 河

河

古 尔 河

海 拉 尔 河

满洲里

呼伦湖

贝 尔 湖

乔巴山

霍林郭勒市

乌兰浩特

呼伦贝尔

大

兴

安

岭

通辽

第十七章
瓦剌与鞑靼

一

随着蒙古大军四处征战，这些非嫡系的蒙古部落也分散到了欧亚大陆各地。比如说现在居住在呼伦贝尔草原的"巴尔虎部"，就是布里亚特人的近亲。17 世纪末，从伏尔加河流域突破沙俄重重阻拦，东归回到中国境内的土尔扈特部，则源自克烈部分支，在明清时属于瓦剌四部之一。

尽管蒙古的概念在扩大，但嫡庶有别，内部区别还是挺大的。成吉思汗的成就是史无前例的，按草原上的共识，只有黄金家族的后代才可以称汗。哪怕强如帖木儿亦只能自称"大埃米尔"（"君主"的意思），而无法给自己上一个"蒙古大汗"的尊号。

于是那些源出东胡，与成吉思汗黄金家族血缘关系紧密的部落首领，所统领的部落被称为"蒙古本部"，至于那些后加入的匈奴系部落首领，则因为父系来自俄属蒙古的森林中，地位要略低。

虽然蒙古成了草原之主，但并没有终结匈奴系与东胡系游牧集团之间长达两千多年的暗战。唐努乌梁海作为匈奴系游牧者的福地，仍然在积蓄着力量。倘若工业文明来得再晚点，兴许图瓦人也有机会走进草原，建立一个让长城颤抖的草原帝国。

蒙古帝国示意图

    事实上，蒙古征服时期走出唐努乌梁海的瓦剌人，在明清时期就两次差点做到这点。

    瓦剌在元朝时被翻译为"斡亦剌""外剌"，在明朝被译为"瓦剌"，到了清朝则被称为"卫拉特"或者"厄鲁特"。除此之外，还有一个代表其方位的名称——漠西蒙古。

    瓦剌在明朝的崛起，与明军的强势北伐有直接关系。1388年4月，明将蓝玉在呼伦贝尔草原赢得"捕鱼儿海之战"。这一战俘虏了包括大量北元贵族在内的七万多人，只有北元天元帝和他的太子带着数十人出逃。西逃的天元帝旋即被另一位黄金家族成员也速迭儿所杀，后者取而代之成为第十八代大汗。

也速迭儿是忽必烈的弟弟阿里不哥的后裔。当年阿里不哥是汗位的有力竞争者，甚至为了汗位曾与忽必烈进行了一场长达四年的战争。

这场内战并不是简单的兄弟之争。如果说当年忽必烈的执政方针是适应中原的统治模式，那么阿里不哥则是草原传统的坚守者。从这个角度，我们可以将他们所代表的势力分别称为"中原派"和"草原派"。最终取胜的是忽必烈的中原派，从他开始，蒙古大汗开始按照中原传统，用汉文取年号和庙号，并立"大元"为国号。

在争夺汗位失败后，阿里不哥的后裔便一直驻牧于漠北。当忽必烈的后人从中原被赶回了漠北，还被明军消耗掉大量主力时，草原派要是不借机取而代之，那还真是枉费了这一百年的坚守。尽管也速迭儿只当了三年大汗就去世，汗位再次转入忽必烈一系，但草原上要大乱的趋势已经不可逆转了。

一

也速迭儿的夺权，得益于瓦剌诸部的支持，在他上位后，大量瓦剌贵族开始进入权力中心。这点倒是很好理解，元朝想巩固在中原的统治，自然要内迁大量部落。中原之地如此繁华，即便是驻牧漠南草原，条件也比漠北要好得多。这种好事更多地落在蒙古本部头上。至于漠北草原，尤其是中西部的草原，则逐渐为本就熟悉这片草原的瓦剌诸部所填充。

虽说成吉思汗史无前例的霸业为草原留下了非黄金家族不能称汗的共识，但共识这种东西就是用来打破的。草原上信奉的始终是丛林法则。在朱元璋的连续打击下，蒙古本部属性的"鞑靼"实力被大大削弱，如果你是瓦剌会不会顿生野心呢？

1399 年，"大蒙古汗国"第二十二代大汗额勒伯克汗为瓦剌首领乌格齐哈什哈弑杀，后者找到阿里不哥的后裔做傀儡。三年后，汗位又转到了窝阔台后裔身上。额勒伯克汗的太子本雅失里则逃往河中投奔帖木儿。

这一事件的发生，直接让瓦剌势力站到了前台。

作为14世纪的最后一年，1399年还真是个分裂之年。因为在这一年朱棣起兵靖难，中原也陷入了一片混乱。此时的帖木儿帝国正如日中天，一边有草原名义上的共主来投，一边又传来了明朝分裂的好消息。有了这双重利好，帖木儿才生出东征的念头。只不过等帖木儿结束在印度和土耳其的战争，着手准备时，朱棣已经让大明重归一统，就算是没有"出师未捷身先死"，获胜的概率也是极低的。

因为朱棣是朱元璋的儿子，所以有本事让大明重归一统。如果没有这个身份，就算实力再强亦没有可能只用三年时间就一统天下。反观瓦剌，首领们却总是受困于自己的出身，必须扶植黄金家族的傀儡。

问题是以"鞑靼"为名的蒙古本部，又不可能甘心受瓦剌所挟制。1407年，本雅失里重回蒙古，并于次年被鞑靼各部拥立为新一代大汗，与瓦剌扶植的汗廷呈东、西对抗之势。此时的鞑靼诸部，希望这位无论在血统还是法统上都最正的大汗，能够带领他们对抗已经骑在他们头上的瓦剌人。

鞑靼重新找回了草原共主，让瓦剌方面感到了压力，于是主动派遣使者前往北京，希望与大明联手对抗鞑靼。

漠北草原分裂为东西两个汗廷，最开心的肯定是已经坐稳皇位的朱棣了。以夷制夷的手段不用谁教，是个人在这个位置上都会这么做。当时瓦剌为马哈木、太平、把秃孛罗三首领共治。朱棣就索性把三人分别封为顺宁王、贤义王、安乐王。

不过这并不代表瓦剌就成了大明的藩属。仅仅是因为瓦剌需要与大明贸易，包括得到大明在政治和军事上的支持。反正中原王朝的逻辑就是这样，不管你求的是什么，都得让我先封个官。

其实朱棣本来也想对鞑靼来一番这样的操作，让两大草原势力攻伐不断，同时又都不得不依靠大明。然而瓦剌三首领可以向大明称臣寻求结盟，代表鞑靼的本雅失里却不能这样做，毕竟大家都是"皇帝"。这次能被拥戴，也是因为他的血统和身份，真要向朱棣求个王爷做相当于作死。一百多年后，同为黄金家族后裔的俺答汗愿意接受大明封赐的"顺义王"，那是因为他没能争到"大蒙古汗国"的汗位。

出于这层原因，试图重振雄风的本雅失里甚至杀了朱棣的使者，包括全歼朱棣用来北伐的一支先头部队，以显示自己中兴大元的决心。

三

瓦剌愿意接受封贡，鞑靼与大明为敌，朱棣肯定要把鞑靼作为打击对象。1410 年，朱棣亲率大军北伐，在漠北的呼伦贝尔草原，以及蒙古视为发祥地的斡难河（鄂嫩河）畔大败鞑靼，本雅失里也在西逃时为马哈木所杀。

鞑靼势衰，瓦剌就会坐大，这一点朱棣同样不愿意看到。本雅失里被杀之后，他的太师阿鲁台也向朱棣请封修好，希望借助明朝的力量对抗瓦剌。蒙古大汗为了颜面不能做明朝的王爷，下面的人却没有这层顾忌，并可以因此获取草原急需的中原商品。对于整个鞑靼来说，如此操作倒也是面子和里子都有了。

朱棣顺势也给阿鲁台封了一个"宁王"。顺便说下，后来朱棣还封了来投的鞑靼五子做"忠勇王"，为的就是不让瓦剌一家独大。

不仅如此，朱棣在第二次亲征漠北时，还直接打击了有点翘尾巴的瓦剌。在这次北伐后不久，马哈木也在与阿鲁台的战争中战死。

事实证明，在这场草原内乱中，明朝的取向是非常重要的。1418 年，马哈木的儿子脱欢请求袭爵"顺宁王"；朱棣顺势恢复了与瓦剌的结盟关系。同时本就不是真心朝贡的阿鲁台又开始犯边，于是朱棣北伐的对象又变成了鞑靼诸部。

借着明军北伐的东风，脱欢不仅杀了太平和把秃孛罗，兼并了他们的部众，还借朱棣不断北伐之机东征成功，最终逼杀已成穷寇的阿鲁台，统一了整个漠北草原。

如果不是自己的瓦剌出身，脱欢这次就自己称汗了。只是瓦剌虽然能够直接兼并一些鞑靼部众，但很难上那些为自己身份而骄傲的鞑靼部落自认为瓦剌的一部分。这种情况下，脱欢只得扶植黄金家族身份的脱脱不花为蒙古第二十六代大汗（岱总汗），并把那些鞑靼部落交给这位傀儡大汗统领。

不过脱欢想做大汗的野心最终还是让儿子也先实现了，1452年，也先杀死他父亲扶植的脱脱不花，僭称"大元田盛（天圣）大可汗"。一切都好像当年曹操给曹丕铺路一般。

帮助也先和瓦剌上位的是一位明朝皇帝——明英宗。但凡对《明史》感兴趣的人，没有不知道土木堡之变的，这一震惊长城内外的大事件，在之前的行文中多次提及。相比这场战役本身，很多人更关心的是为什么也先把明英宗给放回来，而瓦剌在此之后不久却又盛极而衰。

毫无疑问，也先在战前就已经动了称汗的心。他战前屡次狠敲明朝的竹杠，为的就是向那些竞争者证明，自己有威胁大明的实力。人终究是讲利益的，没有谁会是永远的王，谁能够带领大家获取最大的利益，谁就能够让别人服气。

换句话说，当年不管明朝如何处理，也先都已经决定用一场全面战争来确定他草原共主的地位。如果明朝当时肯屈从于他的条件，那下次敲竹杠的数字就会继续翻倍，一直到明朝受不了为止。

四

从政权 PK 的角度来说，这相当于是一场元明战争。也先不止一次说过"我每问天上，求讨大元皇帝一统天下来"。意思是说，我是为了大元皇帝重返中原才这么努力的。而要是从草原内部来说，这场战争是瓦剌—鞑靼联军一起打的。脱脱不花所率领的鞑靼主力负责攻掠明军的燕山防线，也先统领的瓦剌部则在大同一带攻击明军的阴山防线。

实际上，鞑靼对开战这事有很大意见。《明实录》中记载脱脱不花在听也先说要和大明开战时，表示"吾侪服用，多资大明，彼何负于汝"。我们穿的用的多要仰仗大明，何苦要去得罪他们？只是也先势大，反对也没用。索性就借势多抢些人口、财物壮大自己。他日也先想吞了自己，也有实力抵抗。

历史记载，土木堡之变中，鞑靼在燕山的战绩是很不错的。明朝光官兵百姓就被掳掠了一万三千多人。明朝在燕北的边军，只能紧闭城门避战。

虽然北京城在燕山之南，表面看鞑靼这一路的压力更大，但明朝知道所有的事情都是也先搞出来的。于是在边关全线告急的情况下，明英宗整合了五十万兵力，亲自领军去大同与也先会战。

看古代战争最大的烦恼是会遇到一大串地名。其实脑子里如果有张地形图，事情并没有那么复杂。就土木堡之战来说，记住燕山、阴山、太行山这三座山的位置就行了。

阴山和燕山是东西向连着，太行山则是南北向与燕山相接。如果明英宗这次北伐是去打鞑靼，那明军主力就会从燕山东麓的山海关出塞。而去阴山防线和瓦剌决战，那就是从燕山与太行山相接处的居庸关出关，一路向西进入山西境内。

等明军出居庸关后，瓦剌军发挥游牧骑兵的特长，一路诱敌深入，根

土木堡之变示意图

本不与明军决战。等到明军因敌军侵扰、暴雨连连而士气低落，不得不从大同原路返京时，瓦刺军又在东距居庸关四十公里的土木堡设伏，导致明军死伤过半，甚至差点攻下了京城。

这件事情最让人憋屈之处在于，明军自始至终没有踏入草原一步，整条进军路线都是贴着传统的长城线之南。

五

也先对自己的实力颇为自负，毕竟通过之前小规模的侵扰战，以及每次去北京敲竹杠，早已看透了明军不堪一击的本质。不过能全歼明军主力，甚至俘虏到皇帝的事，那肯定是个大大的意外。

如果也先的目的真的是帮大元重新夺回天下，这事真就堪比当年金军攻破汴梁，俘虏徽、钦二帝。可也先并没有这么大的野心，也没做好准备。他只想借与大明的战争，成为真正的草原之主，包括多多地从大明手中得到些财帛。

也先劝脱脱不花一起与大明开战时就曾说道："王不为，我将自为。纵不得其大城池，使其田不得耕，民不得息。多所剿掠，亦足以逞。"你要是不干，我就自己干。就算夺不下城池，搅得大明不得安生，我们多抢点东西，那目的也就达到了。

就这格局，但凡明军在北京城能守上一两个月，瓦剌军必退。哪怕是破了城，也是抢完了就走。

不要觉得也先格局小。纵观历史，也先的这种想法才是正常的。当年匈奴冒顿单于在大同边上的白登山围困住了刘邦；东突厥的颉利可汗都眼望长安，与唐太宗隔渭水相望，也都没敢生出入主中原之心，最终都是和谈了事。

说到底，游牧民族凭借自己强大的机动能力，用掏心战术兵临城下并不难，但对于攻城和守城这事缺乏信心。如果觉得自己实力足以碾压，大多数游牧首领的想法都是趁着秋高马肥的时候直接上手抢就是了，何必自己苦心经营。

反观大明，皇帝重要也不重要。重要之处在于，中原王朝是中央集权体制，国不可一日无主；不重要之处在于，大明已经运转了九九八十一年，自有一套完整的官僚体系支撑，谁都可以当皇帝。等于谦他们当机立断地拥戴了明英宗的弟弟朱祁钰做新皇帝，被遥尊为太上皇的明英宗，在也先手上反而成了一块烫手山芋。

为了不让失陷敌手的皇帝成为筹码，明朝规定边关将领不许主动出击，也不许与瓦剌人接触，全当没这回事存在。之前不管是战是和，边地的走私贸易都是存在的。现在倒好，一刀切的政策下去，所有的线都算是断了。

封关自守这事虽然不好看，但要论起守城来，还真是中原王朝的强项。前面提到，脱脱不花本来就对与大明彻底翻脸的事心存疑虑。事实上，连瓦剌内部的意见也是不统一的，大多数人的意见都是应该把英宗放回去。

这种事情就是这样，如果不一下子把大明打服，就不得不像宋朝那样用岁币买平安。要么就只能卖个乖，索性拿这个筹码和谈罢了。

最终经过一年时间的商谈之后，明英宗被礼送回了北京城。瓦剌也再次开始年年入贡。为了与大明和好，也先甚至把妹妹硬塞给了英宗。只不过明朝的新皇帝虽然不得不答应瓦剌的封贡，以免再生战事，却有意与脱脱不花通好，以离间双方的关系。

脱脱不花的心理和当年的汉献帝差不多。若问汉献帝希不希望曹操父子一统天下，答案指定是不愿意。天下若真的一统，汉献帝的皇帝也就做到头了。脱脱不花和汉献帝唯一的区别是，草原始终没办法彻底集权，脱脱不花在大兴安岭两侧还有自己的基本盘。

当然，最后没有统一天下，汉献帝的皇帝也做到了头，脱脱不花的情况也是一样。对汉献帝来说，唯一幸运的是，中原王朝还有"禅让"这种王朝和平更迭的标准程序。放在奉行丛林法则的草原，失败者就只有一死。

脱脱不花的三心二意，让也先意识到还是要先真正统一草原。1452年，不再遮掩自己野心的也先击败脱脱不花，后者出逃后被杀。也先遂于次年正式称汗，并对威胁到自己汗位的黄金家族成员进行大清洗，史称"凡故元头目苗裔无不见杀"。

当然，黄金家族的后裔遍布欧亚草原，也先能清洗的也只是自己控制范围内的。即便如此，脱脱不花的异母弟满都鲁也逃了出去，二十年后又被鞑靼诸部拥立为了新的蒙古大汗。

也先自然知道自己瓦剌的身份做大汗有点虚。统一漠北草原之后，也先最想得到的是大明的认可，把妹妹硬塞给英宗，也是为此做准备。在给明朝的国书中也先说道：以前元朝受命于天，现在我已经得到了元主的位置，尽得他的国土百姓，包括传国玉玺。我们双方都应该顺应天道，派遣使臣和好，共享太平。

明朝自然不愿意看到草原一统的情况出现，拒不承认也先大元可汗的身份，仍然只称他是"瓦剌可汗"。

大明的不承认，直接影响了也先的影响力。博弈多年，无论鞑靼还是瓦剌内部各首领，都知道大明站哪边，哪边就会得势，更何况也先的得位实在是不正。

1455 年，称汗仅三年的也先死于瓦剌内乱。接下来的三十年间，东、西蒙古在漠北混战不休。最终整个蒙古高原还是回到了代表蒙古正统的鞑靼手中。瓦剌诸部也西迁至阿尔泰山以南，去西域开辟新天地了。

后来在清朝前期控制整个西域及七河流域，让康、雍、乾三朝都头疼不已的准噶尔部，就是瓦剌的一部分，其始祖即为也先的次子。

对于并不热心经营西域的明朝来说，瓦剌跑到了西域就相当于不存在了。然而对于北京的朝廷来说，最直接的威胁始终不是"西蒙古"属性的瓦剌，而是"东蒙古"属性的鞑靼。

接下来的内容我们会讲到，明朝为应对这些北元后裔有多么努力。

第十八章
兀良哈三卫与消失的"热河"

一

要是按我们在"胡马度阴山"一章中的解读，中原王朝与游牧政权之间在争斗时，无论哪方都会用上"以夷制夷"的手段。俺答汗想精准打击明朝，得招揽大明百姓到河套去种地；明朝要是想钳制住那些屡屡犯边的北虏，也得有听从自己号令的游牧部落，像南匈奴之于东汉一般。

《明史纪事本末》中记载，"燕王复选朵颜诸卫，三千为奇兵，从战"。意思是说朱棣起兵靖难时，从朵颜诸卫中精选了三千人作为奇兵。这"朵颜诸卫"就是大明的南匈奴。

"朵颜诸卫"又称"兀良哈三卫"，具体来说包括朵颜卫、泰宁卫、福余卫。由于朵颜部势力最大，所以成了这股力量的代表，甚至将之误称为"朵颜三卫"，这种说法很容易让人以为，大明拿朵颜部一家建了三个卫所。

说起"兀良哈三卫"，还得先解释下什么是"卫所"。朱元璋创立的军制叫作"卫所制"。军队的基本单位叫作"卫"，比卫低一级的是"所"，合称"卫所"。一个卫是五千六百人，下面有五个千户。每个千户下面又有十个百户。

大家最熟悉的"卫"肯定是锦衣卫。从这个名字可以看出，锦衣卫隶属的是军队系统。原始职责是充当皇家的护卫，后来变成了一个特务机构。整个定位颇有点像民国时期全称为"国民政府军事委员会调查统计局"的军统组织。

卫所与卫所也是有区别的，明朝正规军的来源为"军户"，像兀良哈这种属于"羁縻军户"。

所谓"军户"是一种户籍，征兵的话就从军户里出，一般老百姓则属于"民户"。除此之外还有"商户""匠户"等。而户籍是不能随便改的，如果一个人是军户，那么他的子子孙孙都是军户，而且连职位都可以传下去。

"军户制"古已有之，花木兰家就是军户，所以才被征召。至于朱元璋的这些做法则是向元朝学的。蒙古帝国原本与中国历史上那些马上民族建立的政权一样，所有的男人都有当兵的义务。成吉思汗的创新是把蒙古诸部按照万户、千户、百户的形式组织起来。等到入主中原后就自然演变成了"军户"，其他被征服的人口，则根据不同的职业划分为民户、匠户、盐户等，统称"诸色户计"。

军户制不适用于那些整体归附的边疆民族。对于这些边疆民族，中原王朝历来的做法是"羁縻"。"羁"的原意是马的笼头，"縻"的原意是牛的缰绳。羁縻的意思就是控制使用。控制的方法主要是给那些部落首领加封中原官职，并且在他们管辖的地区建置名义的行政区。这种"俾仍旧俗，各统其属"的行政区被称为"羁縻州"。

明朝在北境收服马上民族为的是保境安民，所以归附者被纳入的是军事系统，建置的也是"羁縻卫所"。像努尔哈赤所属的建州女真，就设立了三个羁縻卫所，合称"建州三卫"。嘉峪关外，包括哈密、沙州（敦煌）在内的"关西七卫"，也是羁縻卫所。

二

仅负责管理东北边疆的"奴儿干都司"，永乐时期就设置了130多个羁縻卫所。这些卫所与其说是"因地而设"，倒不如说是"因人而设"。明朝真正关心的是这些化外之民是否服管，至于他们的生存状态、生活在哪里，他们并不关心。

既然设置了很多羁縻卫所，为什么说兀良哈三卫是大明的南匈奴呢？这就要从兀良哈人驻牧的位置说起了。南匈奴被东汉安置在了河套，兀良哈人则被朱棣安置到了大兴安岭与燕山之间。

1914年1月，民国政府在河北与东北之间设置热河特别区，1928年9月，将其改制为省。1955年7月30日热河省被撤销。其辖区大体对应着现在内蒙古自治区的赤峰市、通辽市，河北的承德地区，以及辽宁的朝阳、阜新地区。兀良哈人在永乐朝之后的控制区基本上与这个1955年之后消失的省份对应的区域一致。

热河省的省会位于燕山之上的热河。自康熙以降，每年夏季清朝的皇帝都会移驾长城之北的承德避暑山庄。同时在七八月份举行名为"木兰秋狝"的围猎活动。

清朝的皇帝显然不只是为了避暑和打猎之乐才去承德。出身于塞外的政权，在贴近长城的塞上之地设陪都，作为中原与祖地的中继点，这属于日常操作。比如元朝在燕山北麓和西端建置的元上都、元中都，都是这个功能。

承德便相当于清朝的"塞上陪都"，康熙、乾隆这些盛世之君，每年甚至有半年时间都是在承德理政。之所以没有把塞上陪都安置在山麓的草原地带，是因为清朝的建立者为渔猎出身，山林之中才是他们的舒适空间。

举行"木兰秋狝"有两层意义：一是检阅八旗精兵的战斗力；二是和

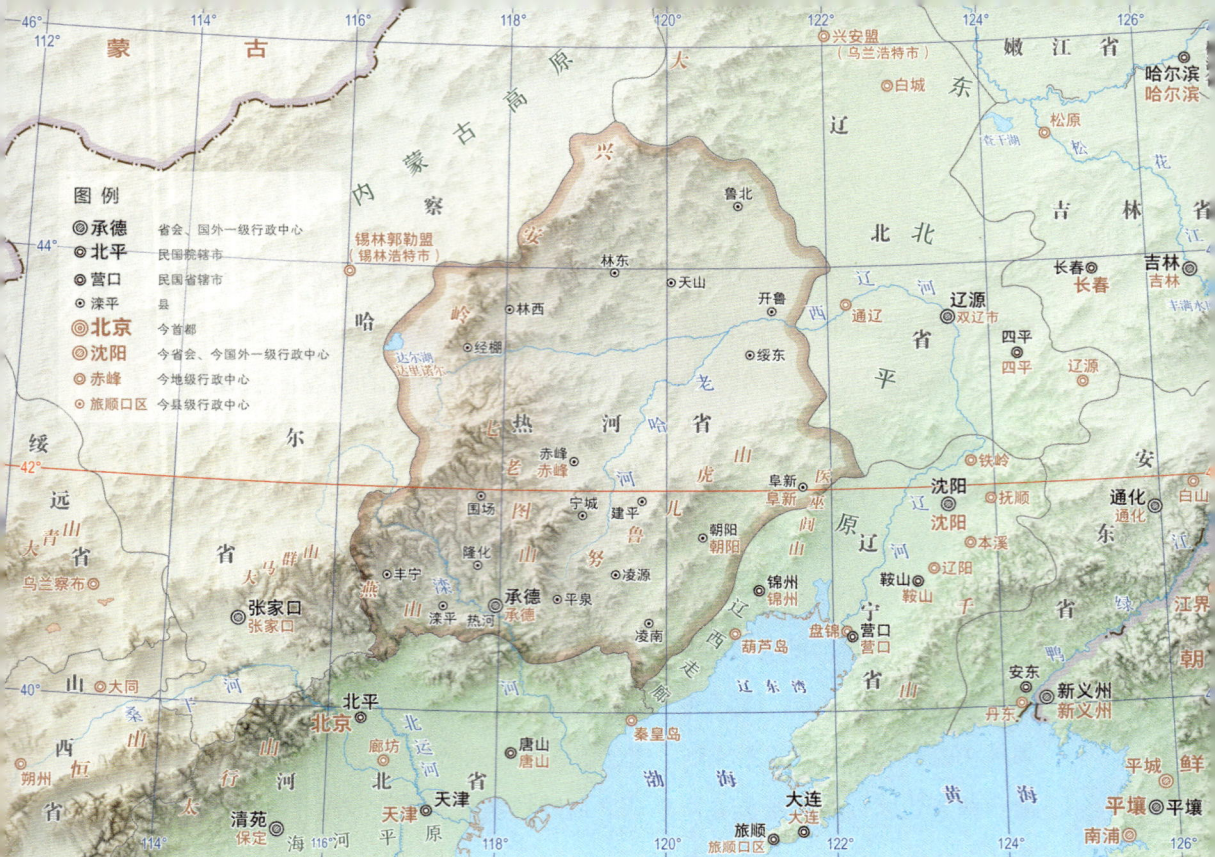

图例
◎承德　省会、国外一级行政中心
□北平　民国院辖市
□营口　民国省辖市
○滦平　县
◎北京　今首都
◎沈阳　今省会、今国外一级行政中心
◎赤峰　今地级行政中心
○旅顺口区　今县级行政中心

热河行政区划示意图

前来觐见皇帝的蒙古王公联络感情。

从承德向北步入燕山的密林，就是蒙古草原延伸入东北的匕首——西拉木伦河草原。整个热河在地理上对应的，就是以西拉木伦河为核心，向北包含大兴安岭南端，向南包括大部分燕山山脉的区域。

坐镇北京的清朝皇帝可以通过承德，直接监控西拉木伦河草原这条与自己祖地相接的草原走廊，反过来，在西拉木伦河草原上游牧的部落，也必定成为北京城的最大威胁。

三

兀良哈人并非一开始就活动在热河地区。朱元璋北伐漠北，特别是取得捕鱼儿海大捷后，大量蒙古官员、部落归附大明，其中就包括兀良哈部。当时朵颜部首领在写给朱元璋的信中就言明，自己的部落从成吉思汗时代起，就没有离开过朵颜山和绰尔河。

绰尔河是嫩江右岸支流，朵颜山则位于大兴安岭中。整个朵颜之地对应的是大兴安岭东麓的兴安盟。作为整个嫩江草原的核心地带，不仅朵颜部因此成为兀良哈三部的代表，兴安盟亦因为这层原因被归入了内蒙古自治区。

无论是建立北魏的拓跋鲜卑，还是蒙古人的祖先，都是先在嫩江草原蓄积力量，然后翻越大兴安岭进入蒙古高原。这样说起来，兀良哈人相当于在帮蒙古帝国看守祖宅。即便后来大部分归降朱元璋的北元残部又叛逃回了漠北，兀良哈三部也没有离开这片成吉思汗赐给他们的土地。

兀良哈人的这份坚守与他们的特殊出身有关。你有没有感觉"兀良哈"和"乌梁海"的发音很接近？没错，二者就是一个意思，就像瓦剌在清朝会被翻译成卫拉特一样。这意味着兀良哈三部的祖先，也是属于匈奴系游牧集团，而并非与明朝称为鞑靼的蒙古本部同源。

如此划分，兀良哈应该是和瓦剌站一起的，怎么又会跑到草原的最东端？别急，答案就在后面。

虽然与蒙古本部不同源，但兀良哈部在蒙古的地位可不低，不是瓦剌人能够比的。成吉思汗统一蒙古诸部时，手下有四员猛将，合称"蒙古四獒"，分别是速不台、者勒蔑、哲别、忽必来。这当中哲别、忽必来出身的部落，与成吉思汗乞颜部同祖，速不台、者勒蔑却都是原始属性为"林中百姓"的兀良哈人。

兀良哈人大约是在9世纪，也就是唐朝末期走出唐努乌梁海，东迁至蒙古高原中东部的肯特山一带。肯特山被蒙古民族尊称为圣山，也是当年霍去病封禅的"狼居胥山"，蒙古国首都乌兰巴托就在肯特山西南麓。

大约同时期，蒙古的前身"室韦"的一部分被南边的契丹人吸收，一部分则翻越大兴安岭，进入肯特山与大兴安岭之间的东蒙古地区游牧。两条山脉之间是由两条东西向的河流连接起来的：北边的斡难河，也就是现在的鄂嫩河（下游名"石勒喀河"）；南边的克鲁伦河（下游称"额尔古纳河"）。这两条河流皆为黑龙江的源头。

斡难河、克鲁伦河，肯特山、大兴安岭，这山水相连的两横两竖构成了东蒙古高原的骨架，使之成为蒙古民族龙兴之地。整个区域"黑龙江流域"的属性，注定了蒙古民族与东北地区，必定有着剪不断理还乱的关联。

1127 年，即南宋建元那一年，成吉思汗的曾祖父合不勒成了蒙古诸部的领袖，后被金朝认可册封为"蒙兀尔国"国王。尽管此后不久蒙古诸部再次分裂，却为成吉思汗日后的崛起，奠定了血统基础。

东胡系游牧部落在不断翻越大兴安岭西迁，匈奴系游牧部落也在不断从唐努乌梁海走出东迁。成吉思汗所在的乞颜部，是最深入高原腹地的蒙古部落，活动区域位于肯特山东麓的斡难河（鄂嫩河）上游，正好与东迁至此的兀良哈人相遇。

不过遇见这种事情，从来都是两说的，到底是成为敌人还是朋友并不一定。彼时克鲁伦河为匈奴系的塔塔尔部所控制，并且成为蒙古民族统一的最大障碍。成吉思汗在攻灭塔塔尔部后，遵循祖训将塔塔尔部所有高过车轮的男子尽数杀光，算是正式让高原东部蒙古化。

草原从来都是分裂的，既讲血统又不讲血统。想要统一草原，就必须吸收那些不同出身的部落，形成共同的民族认同。并且很多时候，倒是那些没有血缘关系的部落会显得更为忠诚。像代表鞑靼与瓦剌争雄的阿鲁台，出身于"阿苏特部"。而阿苏特部最初却是蒙古西征时带回来，作为

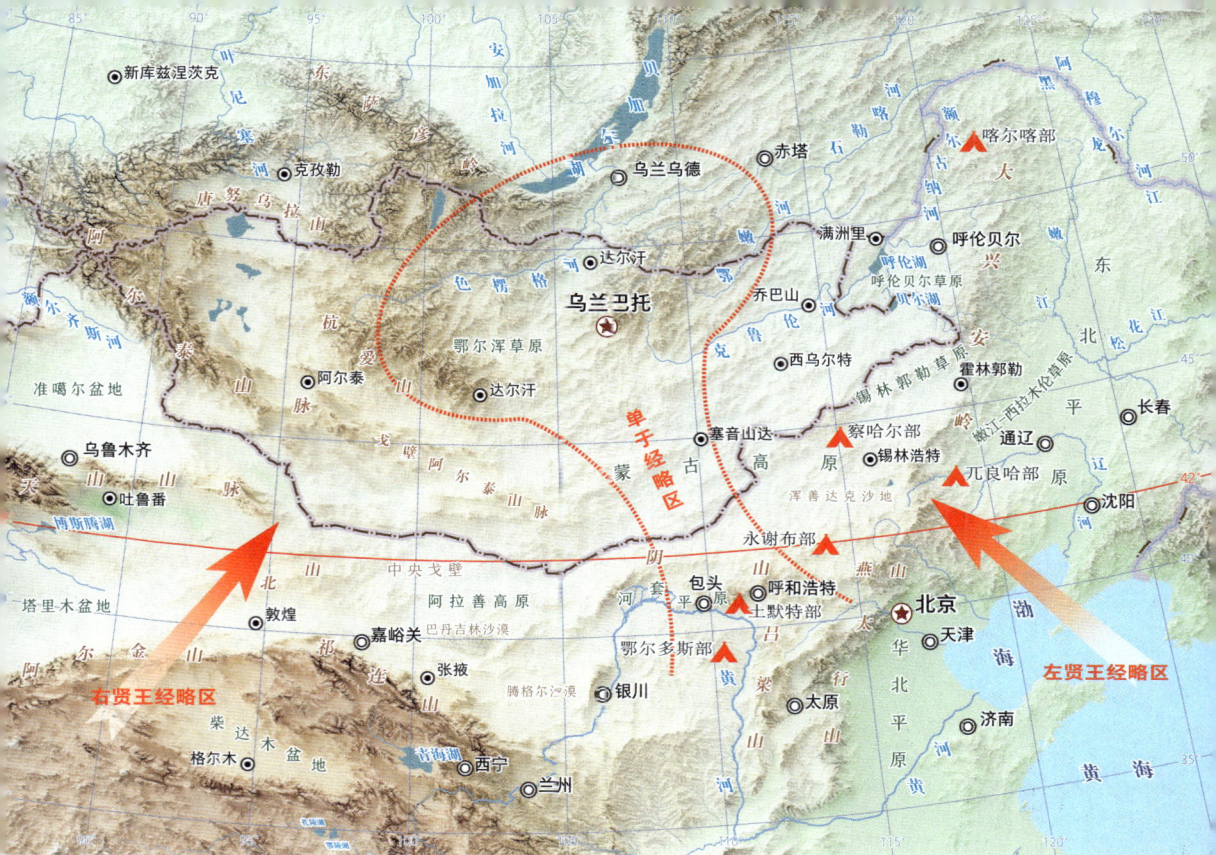

匈奴地缘结构示意图

皇家近卫的白种游牧部落。通俗点说，可以理解为蒙古化了的波斯人。

这种情况在历史上司空见惯。以至于历朝历代的长城守卫者都常常因入侵者的种族属性而感到困惑。只不过蒙古高原始终是黄种人占优的地区，这些迁入者最终都被融合得看不出白种人痕迹，就像西迁至中亚、欧洲的黄皮肤游牧者，现在绝大多数都呈现出更多白种人特征一般。

具体来说，被朱棣收服的兀良哈三卫，源于者勒蔑所在的部落。至于血缘关系，则是可以通过联姻来拉近的。据不完全统计，从者勒蔑之子娶成吉思汗之女开始，仅朵颜部在历史上就与黄金家族联姻多达 29 次。

东北地区地缘结构示意图

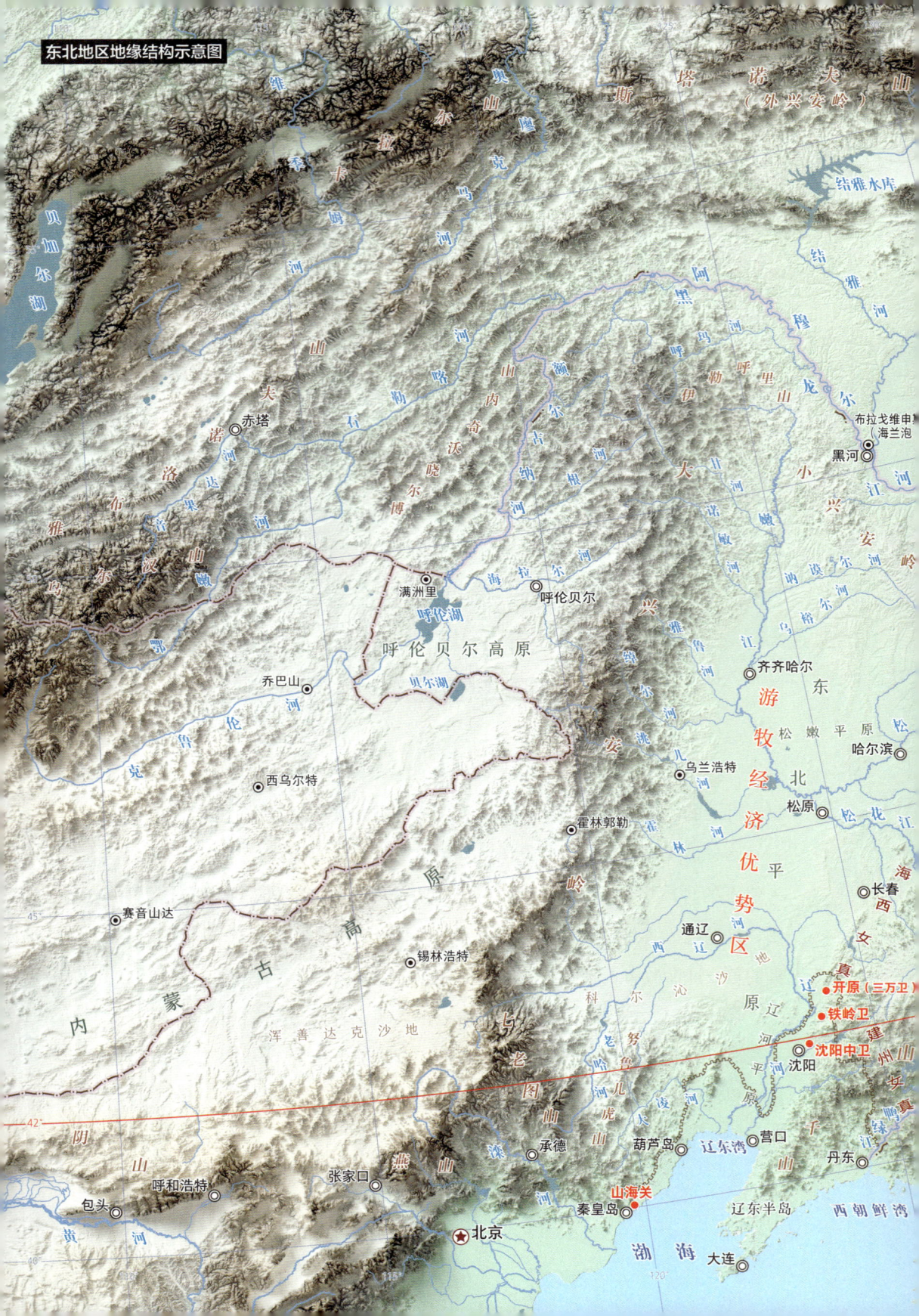

斯 塔 诺 夫 山
（外兴安岭）

结雅水库

贝加尔湖

雅 布 洛 诺 夫 山 脉

外 兴 安 岭

结雅河

黑 龙 江

穆 河

阿 穆 尔

伊 勒 呼 里 山

布拉戈维申斯克
海兰泡

黑河

赤塔

诺 河

洛 达

布 雷 雅

雅 东 汉 山 脉

鄂 克 山

呼 玛 河

小 兴 安 岭

石 勒 喀 河

额尔古纳河

海 拉 尔 河

满洲里

呼伦湖

呼伦贝尔

嫩 江

雅 鲁 河

乌 裕 尔 河

齐齐哈尔

东

游牧经济优势区

呼伦贝尔高原

贝尔湖

兴 安 岭

大

北

松嫩平原

哈尔滨

乔巴山

克 鲁 伦 河

洮 儿 河

乌兰浩特

松原

松 花 江

海

西乌尔特

霍林郭勒

霍 林 河

平

长春

西女真

赛音山达

老 哈 河

原

通辽

辽 河

建 州 女 真

开原（三万卫）

内 蒙 古 高 原

锡林浩特

西 辽 河

沙 尔 沁 科

努 鲁 儿 虎 山

铁岭卫

沈阳中卫

沈阳

浑善达克沙地

老 哈 河

大 凌 河

辽 河

建 州 安 真

鸭 绿 江

阴 山

燕 山

滦 河

承德

医 巫 闾 山

葫芦岛

辽东湾

营口

丹东

千 山

呼和浩特

张家口

张 家 口

山海关

秦皇岛

辽东半岛

西朝鲜湾

包头

黄 河

北京

渤 海

大连

鄂霍次克海

奴儿干都司

萨哈林岛
（库页岛）

鞑靼海峡

50

共青城

锡霍特

南萨哈林斯克

45

宗谷海峡（拉彼鲁兹海峡）

哈巴罗夫斯克
（伯力）

野人女真

阿穆尔江

乌苏里江

完达里山

黑龙江

三江平原

北女真地区（纯渔猎）

佳木斯

五国城 渔
猎
经
济
优
势
地
区

鸡西

兴凯湖

稚内

北海道岛

札幌

42

函馆

津轻海峡

牡丹江

张广才岭

图们江

牡丹江

符拉迪沃斯托克
（海参崴）

彼得大帝湾

长白山脉

南女真地区（农猎）

40

日 本 海

秋田

本

州

盖马高原

清津

东朝鲜湾

富山

岛

铁岭城

东京

35

朝鲜半岛

图 例

● 明代卫所关城

四

嫩江虽然孕育了蒙古民族的祖先，但兀良哈人更想去的是古称"潢水"的西拉木伦河畔。如果说嫩江草原能够让蒙古人积蓄力量重返漠北，西拉木伦河却可以让这里的游牧者产生入主中原的野心。当年东胡出身的契丹人就是从西拉木伦河草原起家的。916 年，辽太祖耶律阿保机建国号契丹，定都"上京临潢府"（今内蒙古赤峰市巴林左旗）。所谓"临潢"便是与潢水相邻的意思。

即使没有入主中原的野心，西拉木伦河草原也依然对兀良哈三部构成强大的吸引力。西拉木伦河是西辽河的上游，而西辽河与东辽河汇集，成了向南注入渤海的辽河。这片草原上的游牧者并不需要攻打燕山上的长城，只要顺着河道往下游走，就能进入辽河下游平原。

一提到东北，大家应该马上会联想到"东三省"的概念。其实在抗日战争之前，东北的代名词是"东四省"，不仅包含黑龙江、吉林、辽宁三省，还包含热河省。如果不是因为后来的民族自治区将所有的游牧之地都归入了内蒙古的范畴，"东四省"的标签是最能体现东北地区地缘结构的。

简单点说，黑龙江、吉林两省对应着东北的"渔猎区"。其中黑龙江省的地理核心是黑龙江，吉林省的地理核心则为长白山。《金史》中据此将女真人的祖地称为"白山黑水"。

以西拉木伦河草原为核心的热河省，则代表着东北的"游牧区"。至于以辽河下游平原及辽东半岛为主体的辽宁省，则因为绝大部分处于北纬42 度温度线之南，成了东北的"农耕区"。

从燕国跨越燕山击败东胡，在辽宁建置辽西、辽东两郡起，辽宁地区就已经成为中国核心区的一部分。历朝历代都会从河北、山东两地招募移民，前往辽宁进行农业开发。就明朝的情况而言，如果能够有效控制辽宁，那就可以西扼蒙古，北控女真，南联朝鲜，将帝国的羁縻线向北延伸至黑龙江地区。

考虑到明朝的首都是燕山之南的北京，之前的元、金两代，都是突破了燕山防线入主中原，辽宁在整个大明北方防线的地位，比过往任何朝代都要高，超越了河套以及河西这两个平级的枢纽点。大明的军费、大部分都是花在辽宁。

然而，中原王朝在辽宁的统治又是比较脆弱的，根本的问题在于，代表中原的河北地区与辽宁之间隔着燕山山脉。而燕山的东端又与渤海相连，以至于连接河北、东北的关口被命名为"山海关"。

这条依山傍水，经山海关出关的狭长通道被称为"傍海道"，在燕国北征东胡时还不存在，只能在燕山中寻找山路通道。一直到两汉时期，傍海道仍不能做到通行无碍。东汉末年，曹操本欲通过傍海道北出燕山，打击控制燕山北麓的乌桓人，却因为大雨冲毁道路而无法成行，最终不得不冒险沿燕山中的卢龙古道突破，方完成这场北伐。

曹操自己对此事也是相当后怕，觉得自己的这次决策太过冒险，发誓再也不这样干了。即便后来由于沿海平原的扩张，傍海道的通行再无大碍，想封锁这样一条山海之间的通道，也是非常容易的。正因为如此，山海关方成了明长城的起点，"入关"亦成为大清政权入主中原的标志。

辽宁在地理环境上适合农耕，却又因燕山的存在与中原地区的连接脆弱。这就使得它成了东北各边疆政权的眼中肥肉。无论是辽宁西部的东胡系游牧民族，还是北部的东北渔猎民族，谁能够拿下辽宁，谁就具备了与中原王朝掰手腕，甚至入主中原的实力。

后面我们会看到，清朝正是遵循这一路线，先控制山海关与北纬42度温度线之间的农业区，然后抓住时机入关的。

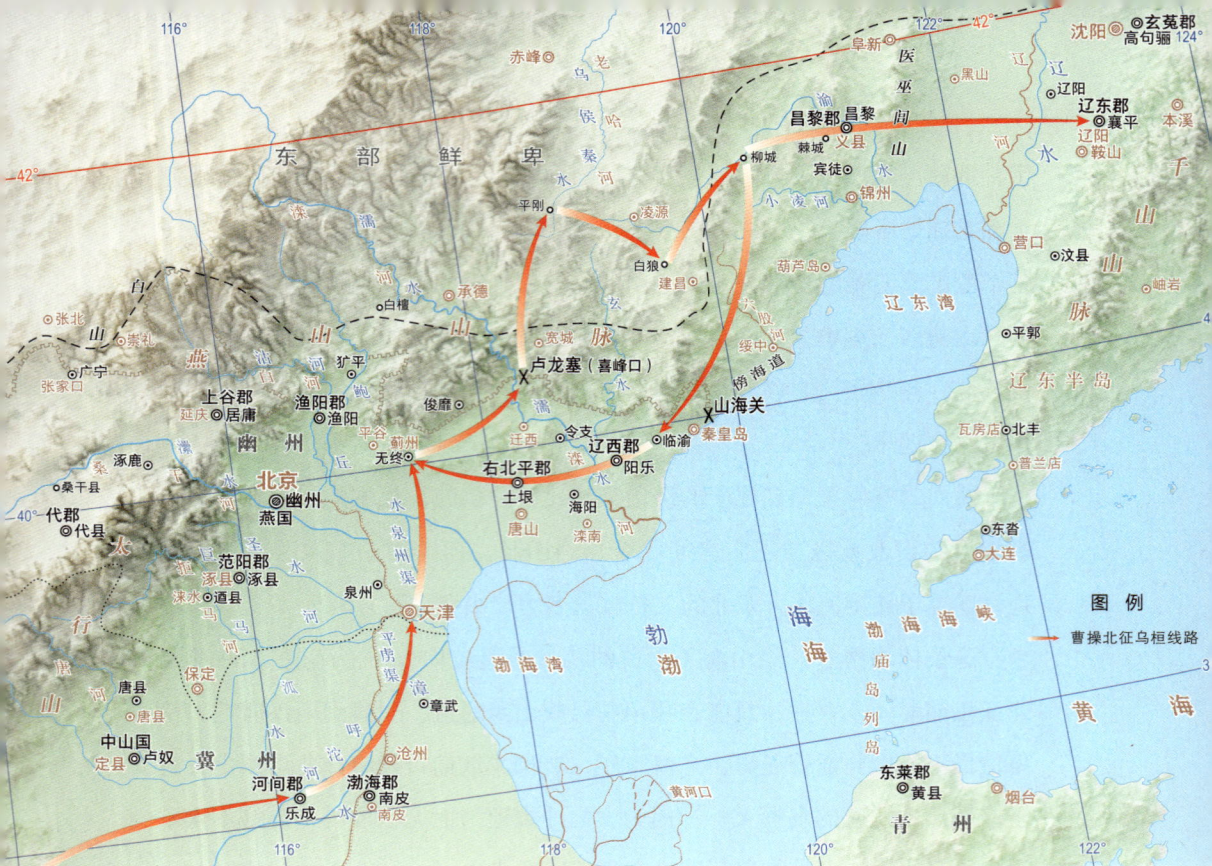

曹操北征乌桓示意图

五

　　鉴于热河地区既可以向东威胁明朝在辽宁的统治，又直接与北京隔着长城相望，朱元璋一开始并没有允许归降的蒙古人留在这一地区，而是在此建置了"大宁卫"，后来又令自己的第十七子——宁王朱权镇守于此，朵颜三部在军事上亦归宁王节制。

　　由于兀良哈三部并没有跟随其他蒙古部落逃入漠北，宁王时代的兀良哈人被允许把牧地向南延伸至西拉木伦河，但仍然不被允许进入西拉木伦河以南地区。换句话说，朱元璋希望整个燕山山脉能够完整地成为大明的天然屏障。

朱棣起兵时，最为顾虑的就是身在塞外、拥兵八万的宁王，尤其是受他节制的兀良哈三卫。史书对这兄弟俩的评价是"燕王善战，宁王善谋"。好在建文帝削藩的板子同样落在了宁王身上，兀良哈三卫被剥离出了宁王的军队。朱棣则乘机说动了兀良哈三卫归附自己，再用计控制宁王。解除后顾之忧的朱棣，则带着燕、宁两个军区的兵马南下夺取了皇位。

除了封赏之外，兀良哈三卫获得的最大奖励，就是被允许进入大宁卫故地游牧，明朝的直接控制线，则退至燕山之东的辽河下游平原。此外，帮助明朝屏护北方的兀良哈人，还能够从明朝获得最多的贸易利益，乃至救济。

比如1406年冬，兀良哈地区闹饥荒，朱棣当即令"官署视马匹优劣，倍价易米"，一匹马算两匹马的价格，多余的就当是赈济的。

当然，永远不能指望只用怀柔手段就让游牧者臣服。朱棣在位时期，兀良哈三卫就曾经因归附北元，而受到朱棣的军事打击。朱棣死后兀良哈人更是时叛时附，成为与鞑靼、瓦剌并立的三大边患之一。

只是兀良哈人兼具"林中百姓"与"毡帐百姓"的双重特点，热河这片山林、草原之地始终是他们的舒适空间。即便朱棣当年没有允许他们南下，一直坚守在嫩江草原的兀良哈人，最终也一定会近水楼台先得月的。

第十九章
最后的黄金可汗（上）

一

1479 年，大蒙古国第二十九代大汗——脱脱不花的弟弟满都鲁（尊号为"满都古勒汗"）逝世。生老病死本是无可避免的，哪怕贵为大汗。不过这次汗位的更迭，却对蒙古草原的结构造成了深远影响。

继任的大汗是一个只有七岁的孩子孛儿只斤·巴图孟克，尊号为"达延汗"。从 1487 年达延汗亲政，一直到 1634 年蒙古末代大汗林丹汗身死，这一个半世纪时间里，蒙古草原经历了潮起潮落的几个阶段。以事件来罗列的话，分别为达延汗中兴、库登汗东迁、俺答汗封贡、林丹汗西迁。把这四件事情的地缘背景理顺，明亡清兴过程中蒙古诸部的身份，以及后来与清朝的关系也就基本搞明白了。

满都古勒汗离世时，当时的草原诸部还无法预料到日后的变化，所有人的目光都聚集于一件事上——汗位会不会旁落。二十七年前，也先僭越称汗时曾对留在蒙古草原的黄金家族后裔进行过一次大清洗，所谓"凡故元头目苗裔无不见杀"。满都古勒汗离世之后，放眼草原竟然找不到一个合适的成吉思汗后裔来继承汗位。

这意味着，满都古勒汗很有可能成为最后的黄金可汗。

当然，如果去中亚、欧洲找察合台、术赤的后裔回来继位还是找得到的。只不过在草原称汗终究是要讲实力的，光想凭着血统就上位，那谁也不会认。更大的问题是，那几个汗国现在都已经伊斯兰化和混血化，很难再被视为一个民族了。

综合血统和实力这两点来评估，科尔沁部的乌讷博罗特王算是勉强合格。这位驻牧漠北的王爷，属于成吉思汗弟弟哈撒儿后裔。当年成吉思汗把大兴安岭一带的草原分封给了弟弟，所以科尔沁部在东蒙古算得上是树大根深。

可草原上认的是成吉思汗本人，黄金家族的范畴也只能限定为成吉思汗的子孙，除非真的一个都找不到了。

按照草原上的规矩，新大汗是可以继承前任大汗所有财产的，包括没有血缘关系的妻室。这不是蒙古时代才有的事，草原上人丁稀薄，能生育的女子属于重要财产，没有理由就这样浪费。当年去往匈奴和亲的王昭君，在呼韩邪单于死后，就遵循这一传统，嫁给了先夫的儿子复株累若鞮单于，而且又生了两个儿子。

于是在各方都认为黄金家族再无继承人的情况下，这件事情到最后就变成了谁能够娶到先汗遗孀，谁就能够顺理成章地得到汗位以及大汗的直属部落。

满都古勒汗的遗孀叫作"满都海"，如果说成吉思汗是草原上最令人崇拜的男人，那么满都海就是最受人敬仰的女人。为了确保成吉思汗传下来的汗位不会旁落，满都海拒绝了所有觊觎汗位的求婚者，而是把再婚对象限定在成吉思汗的子孙中。

最后找到的继承人就是前面提到的巴图孟克，后来的达延汗。作为成吉思汗的第十五世孙，达延汗的曾祖父、祖父当年都被也先清洗了，其被羁押在瓦剌部的父亲巴彦蒙克，在出生时被伪装成女孩才逃过一劫，后来成了满都古勒汗的副汗。而巴彦蒙克没有成为继承人的原因，是他在三年前就已经死于鞑靼内斗。

可以说，达延汗是当时唯一能被找到的黄金家族血脉。让人略感别扭的是，达延汗的曾祖父和脱脱不花与满都古勒汗是兄弟，按常理是要叫满都海一声曾祖母的。二人的年龄差有十五岁和二十五岁两种说法，不过这倒也不是什么问题，一切都是为了政治。

二

事实证明，这个选择是非常正确的。也先的前例已经证明，大蒙古国的汗位一旦落入非黄金家族成员手中，整个草原就会陷入"不知几人称帝，几人称王"的混乱局面。能够让整个东蒙古各部臣服，让瓦剌不敢再生异心的只有黄金家族成员。

在达延汗能够亲政之前，满都海用尽政治和军事手段稳定住局面，度过了最危险的时段。亲政后达延汗被认为是蒙古本部的"中兴之祖"。在他上位后，最紧要的事情是先统一"东蒙古"，尤其是沿长城线分布的"漠南蒙古"。

"漠南蒙古"这个概念的出现还得感谢也先。本来在朱元璋和朱棣的连番打击之下，整个漠南地区几乎只剩下在靖难之役中出过大力，并且脱离鞑靼序列的兀良哈三部。也先对鞑靼的强力挤压，迫使表面为蒙古大汗，实则只是鞑靼首领的脱脱不花，将复兴的希望投向东北地区。

蒙古人的祖先来自东北草原，人在发达之后往往会嫌弃老家逼仄，但在最困难的时候，祖地却能够救命。无论是当年的匈奴、突厥，还是当下如日中天的瓦剌，都不曾冒险越过大兴安岭。这里始终是东胡系游牧者喘息的地方，就像蒙古帝国如此强大，也没能在语言上同化唐努乌梁海的图瓦人一样。

1442 年，被也先父子扶上位的北元大汗脱脱不花移牧至嫩江草原。

其以蒙古大汗的身份，说动在西拉木伦河草原游牧的兀良哈三部臣服于自己。

蒙古本部这次翻越大兴安岭的行动，并不仅仅是为了让兀良哈人归队。人口在自然经济时代是第一生产力，尤其对于地广人稀的游牧者来说，人口的多寡更是直接决定了部落的实力。

生活在密林中的渔猎部落，一直是草原重要的人口补给源，按照蒙古人的分类方法，东北地区的女真人也可以算是"林中百姓"。对于游牧者来说，从汉地掠夺招募来的百姓，更多的是带来先进的技术以及进行农业生产，而从作战的角度来说，渔猎属性的"林中百姓"才是最好的融合对象。

之后，蒙古本部与兀良哈部一道对东北地区的女真人，发动了一场大规模的征服行动。这次征服严重影响了大明在东北地区的羁縻统治，总计有三四百位女真首领被杀，四五万人口被掠，其中仅可以充当士兵的精壮就有两万。七年后，鞑靼与兀良哈联军更是配合瓦剌一起向大明的北方防线发起进攻，酿成了土木堡之变。

顺便说一下，也多亏脱脱不花领着鞑靼、兀良哈两部，对大明的燕山防线发起进攻，迫使明英宗去大同亲征瓦剌时，没把这条防线上的明军编入他的送人头大军。也先围城时，如果不是燕山方面军回援，北京城能否撑得住还真不好说。

僭越称汗的瓦剌同样对兀良哈动了心思，也先的想法是逼迫兀良哈部迁徙到河套地区去。而后者也知道，河套地区当下处在瓦剌人的攻击半径范围，失去了大兴安岭的保护，被兼并的可能性将大大增加。所以兀良哈部在也先得势时虽然不得不配合，包括进入大同等地抄掠，但始终不肯真的离开东北。

如果一定要在鞑靼和瓦剌之间选择，兀良哈三部肯定还是会选拥有正统身份的鞑靼，毕竟自己本身就出身于鞑靼。这种不配合的做法引来了瓦剌人的报复。《明实录》中有记载，也先在被手下伏杀时，被列数了三大罪状："汉儿人血在汝身上，脱脱不花王血也在汝身上，兀良哈人血也在汝身上"。

俘虏了大明的皇帝、逼杀了鞑靼的大汗，还对草原上的第三股势力兀良哈人痛下杀手。这场博弈本来就是场"四国演义"，也先把其他三方都得罪完，又没实力一统江湖，最终不出意外地落得个惨淡收场。

三

也先所主导的土木堡之变，是瓦剌在明代最高光的时刻。高潮过后必然是低潮，随着也先的退场，瓦剌的衰弱在所难免。与此同时，大明经此一役也选择了大修长城的保守战术，虽然后来还是会出塞作战，但远征漠北、彻底解决游牧者威胁的想法是不会再有了。

瓦剌退缩回漠北，大明惊魂未定地死抱长城，兀良哈三部蜷缩在东北过小日子，客观上谁最受益呢？自然是鞑靼。尽管因为也先对黄金家族的清洗，鞑靼各部还得再乱上一阵子，但乘机进占河套这件事却是可以做的。

在土木堡之役时，也先就已经在河套地区部署了攻击部队。可以说，那场影响双方国运的战役并非一般人理解的只是一场伏击战，而是一次草原针对长城的全线进攻。具体到鞑靼出来摘桃子这事，那就得提到一支特殊的蒙古部落——鄂尔多斯部了。

鄂尔多斯是音译，意思是"宫殿群落"，一些史书还翻译成"斡耳朵""斡鲁朵"等，到了清朝才固定成鄂尔多斯。从它的原意就能看出，鄂尔多斯相当于是蒙古大汗的紫禁城，既是大汗议政的地方，又是后宫的所在。只不过草原上的紫禁城和中原王朝的不太一样，没有固定的城郭宫殿，实际都是由一个个可以移动的大帐组成的。

成吉思汗生前一共设置了四个斡耳朵来安置他的后宫。在他死后，部分服务于斡耳朵的官吏军民转变成了他的守陵人，守护着代表成吉思汗陵寝所在的八个白色毡帐，世称"八白宫"。当然，世人都知道蒙古大汗根据传统是秘密下葬，到现在也没哪个汗陵被找到。八白宫的功能相当于汉地的宗庙，作用是供人凭吊。

朱元璋北伐后，八白宫被护送回了漠北。1460年前后，八白宫从漠北被送入河套之地。此后围绕八白宫而形成的鄂尔多斯人就再没有离开过这片土地，并演化成了以鄂尔多斯为名的部落，而河套的这片核心高原亦因此在地理上被称为"鄂尔多斯高原"。

代表成吉思汗宗庙的八白宫进驻河套，不仅标志着蒙古本部又回到了漠南，对瓦剌部的影响更是致命的。西蒙古高原游牧民族的成长路径分为三步：首先是从高原北部的密林中走出，在肯特山以西的草原地带完成由渔猎向游牧进化的过程；然后向南横穿大漠戈壁，进入阴山南北的草原地带；最后以此为跳板侵扰中原王朝。

当年强大的匈奴、突厥都是遵循这一路线成长起来的。燕山以北本就是蒙古本部的舒适空间，要是连河套之地都成了鞑靼的天下，那对瓦剌人来说意味着自己将与长城以南那些富庶的农耕区绝缘。

1571年，达延汗的孙子俺答汗与大明和解，达成封贡协议。此后瓦剌再想南下就更是千难万难了。

离了中原的物产能活吗？能活。羊毛可以做毡房、衣物，羊奶、羊肉可以吃，马可以确保游牧部落的机动性。光靠这两样草原物产，游牧者就能生存下去。然而所谓"由俭入奢易，由奢入俭难"，看着鞑靼在漠南或贡或贸或抢来的那些中原物产，瓦剌首领们要是就这么困在漠北，那手下的部众肯定要自寻活路去。

不是只有长城之南才有草原需要的物产，前朝那些草原王者早就做好了示范。南匈奴得了势，北匈奴就西迁；东突厥占了蒙古草原，就再分裂出个西突厥。靠近不了长城线，那就离开漠北去往中亚甚至欧洲。北纬42度温度线在欧亚大陆腹地同样适用，从唐努乌梁海走出的部落，并不只有东南一条路可走。只要向西南翻越阿拉泰山，入主七河草原，就能够从南疆、河中的农业区得到自己想要的物资。

正因为如此，明朝后期的历史中，基本看不到瓦剌的存在了。等他们再吸引中原王朝目光时，瓦剌已经变成了清朝眼中游牧于漠西的"卫拉特四部"。

如果让瓦剌人选肯定不愿意再顶着"蒙古"之名，因为这意味着他们永远没办法竞争过黄金家族出身的鞑靼。1640 年，距离清军入关还有四年。已经控制漠北草原的喀尔喀诸部，作为鞑靼的代表与卫拉特会盟，签订了《喀尔喀—卫拉特法典》，试图结束两大势力长达两百多年的纷争。法典的名称在客观上表明了卫拉特人想自立门户的野心。

四

现在回到达延汗统一"东蒙古"和"漠南蒙古"的问题上来。东蒙古和漠南蒙古这两个概念的区别在哪儿呢？这样说吧，现在的内蒙古减掉呼伦贝尔草原那就是"漠南蒙古"了。也就是说，呼伦贝尔草原和现在的蒙古国一起，都属于"漠北"的范畴。

这样说看起来有点儿绕，问题的关键在于定位"呼伦贝尔草原"的坐标。大家都知道中国地图的轮廓线像一只雄鸡，既然是雄鸡就会有鸡冠，而鸡冠就是大兴安岭西侧的"呼伦贝尔草原"。

"呼伦贝尔"的名字得自呼伦湖和贝尔湖。从大兴安岭奔流而下的喀尔喀河先注入贝尔湖，然后向北通过乌尔逊河，与蒙古人民的母亲河克鲁伦河相遇，汇集成面积更大的呼伦湖，再通过额尔古纳河汇入黑龙江干流。

受益于大兴安岭所提供的丰沛降水，呼伦贝尔草原被认为是整个北亚地区最美的草原，牧草长势良好的时节，真可以见到"风吹草低见牛羊"的场景。不过这片草原现下并非全是中国领土，呼伦湖和它的上源乌尔逊河归属中国，位置更靠南的贝尔湖及喀尔喀河，绝大部分归属蒙古国。从这个角度可以认为，中国得到的是"呼伦草原"，而蒙古国拿走的是大部分"贝尔草原"。

贝尔湖及它的上源喀尔喀河，是贝尔草原的核心，也是漠北草原的东部起点。如果光提这两个名字，估计大家没什么印象，那要是换成"捕鱼儿海"和"诺门罕"呢？是不是顿觉熟悉了许多？

明将蓝玉北伐漠北，大破北元主力的"捕鱼儿海"就是贝尔湖。1939年，已经控制了东北地区的日军在哈拉哈河畔与苏军展开"诺门罕战役"，为此这场战役也被称为"哈拉哈河战役"。在哈拉哈河畔，日军遭遇到前所未有的惨败，就此放弃了主动攻击苏联的想法，使得第二次世界大战时的苏军敢于将东线部队调往西线。

哈拉哈河就是喀尔喀河，也是蒙古喀尔喀部的起源地。

这两场相隔五个半世纪的著名战争，恰好从两个方向验证了呼伦贝尔草原的重要性。从漠北草原腹地进攻长城，走直线的话要穿越高原腹地的戈壁沙漠。尽管游牧者穿越这片干旱之地的难度，肯定是要低于中原王朝的，但对于发端于高原西北的匈奴系游牧民族来说，这始终都是一个现实的障碍。

相比之下，一直围绕大兴安岭生长的东胡系游牧民族，南下的障碍就要小得多。这条绿色山岭的两侧，生成有连续的草原地带，与燕山北麓的草原地带相接。你可以把大兴安岭想象成"东胡之矛"，燕山比喻成"中原之盾"。这一矛一盾之间并没有大漠阻隔，使得历史上那些能够进入中原建立政权的游牧者总是出身于东胡系。

然而力的作用是相互的。反过来明军想要北伐漠北的话，同样可以利用大兴安岭西麓的草原地带，相对安全地北上。沿此路线北伐，呼伦贝尔草原将是他们抵达漠北的第一站，取胜之后再沿着克鲁伦河西进，直趋漠北腹地。捕鱼儿海之战的胜利便是在这一地理背景下取得的。相比之下，之前徐达惨败的那次"岭北之战"，则是过于自信，纵穿大漠戈壁的结果。

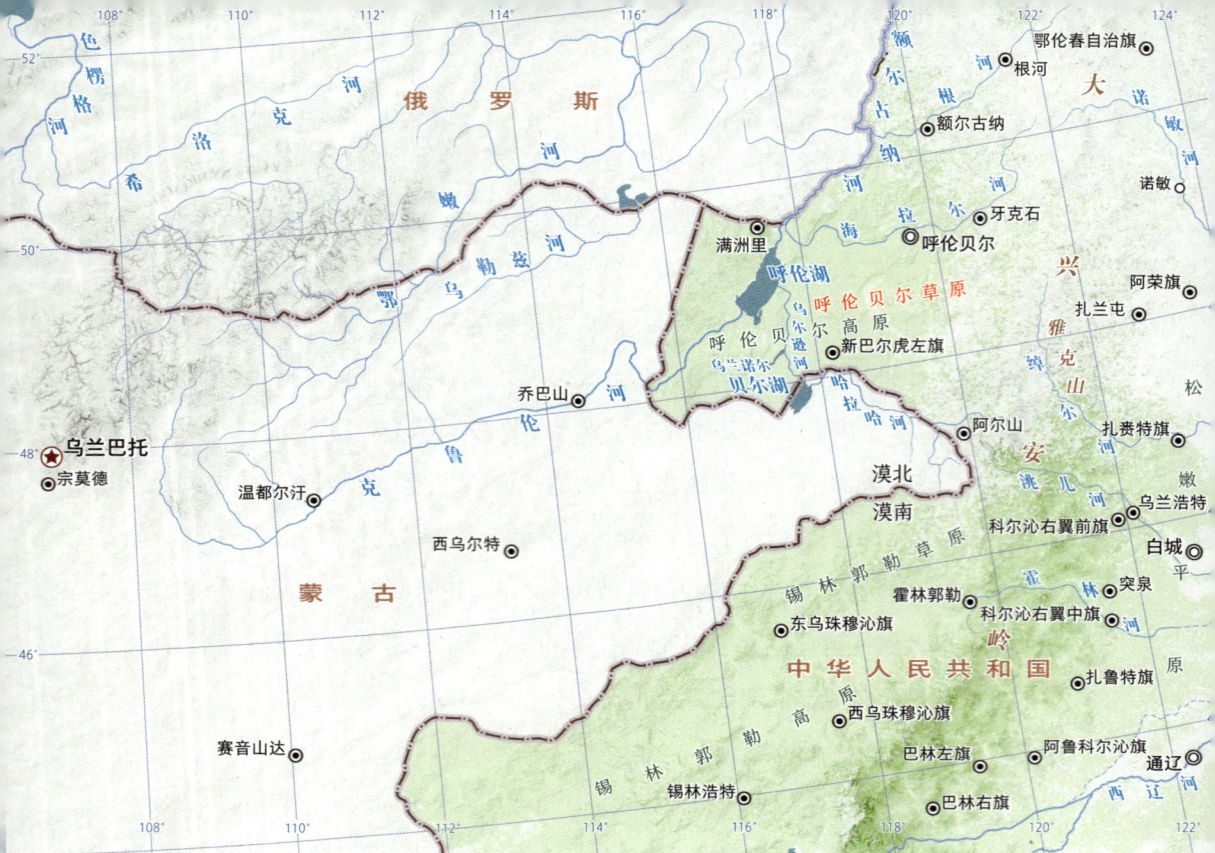

呼伦贝尔草原位置示意图

诺门罕之战所反映的则是呼伦贝尔草原对于东北势力西入蒙古高原的重要性。无论翻越大兴安岭出山的是蒙古人还是女真人，呼伦贝尔草原都可以成为他们统治漠北的跳板。正因为如此，清朝在控制漠北之后，将大部分呼伦贝尔草原划给了"黑龙江将军"，而不是交给漠北的喀尔喀人管辖。这种做法同时阻断了漠北蒙古进入东北地区及中原地区的主通道，可谓是一箭双雕。

更重要的是，清朝的这种做法，最终让大部分的呼伦贝尔草原留在了中国版图中，让中国在漠北拥有了一个永久性支撑点。

第二十章
最后的黄金可汗（下）

一

中兴北元最需要做的是什么？答：和草创大明一样，那就是多生儿子。黄金家族被也先折腾得夬绝了户，这情形和赤贫出身的朱元璋当年没什么区别，都得从头生起。生活在农村地区的老辈人都知道，人丁稀薄的家庭会承受多大压力，哪怕你祖上曾经阔过。就当时的情况而言，达延汗要是不多生几个儿子，根本震慑不了那些觊觎汗位的人。

达延汗的儿子虽然没失元璋多，但也有十一个。其中仅满都海就生育了七个（包括两对双胞胎）。即便不考虑其他贡献，光为黄金家族开枝散叶这点，也足以让满都海名垂青史。

除了汗位需要传承以外，被大汗收服的部落，更需要交给黄金家族的子嗣管理，才能让草原重归一统。这些部落散布于从呼伦贝尔草原到河套草原的东蒙古地区，总订分为六大部分。达延汗的中兴从技术上说，就是按照成吉思汗设立的整合方式，以部落为基础设立六个万户，同时让自己的儿子成为这六万户的首领。

六万户依方位还可以分为左右两翼，相当于分为两个战区。其中左翼三万户包括察哈尔、喀尔喀、兀良哈，右翼三万户为土默特、鄂尔多斯以及永谢布。

左、右两个方位对应的则是东部与西部。无论是中原还是草原，正坐时候讲究的都是面南背北，这种情况下人的左手对应的就是东面，右手对应的就是西面。蒙古草原上的游牧者自古就分为东、西两大体系，跨度又那么大，弄出个左右手来分担管理是客观需要。

将草原分为左右两部分的做法并非蒙古人的发明，早在匈奴时代就这么操作了。如果对汉朝那段历史有印象的话，会知道匈奴自单于以下，有左贤王和右贤王两王，分别管理草原左、右两翼，单于直属的部落则位于中间。其中左贤王的地位相当于太子，不出意外会成为下一任单于；右贤王也会由单于子弟充当。

形成这样的体制后，草原才可以算得上是统一。

匈奴是由西向东征服草原的，达延汗想中兴的北元政权，根本之地却是在东部。在瓦剌和半个漠北分裂出去的情况下，管理半径暂时也没有那么大。因此达延汗的做法与匈奴略有不同，先是自己坐镇左翼三万户，同时把身为太子的长子留在身边；将次子封为相当于"副汗"的济农，派去统管右翼三万户。

六万户中地位最高的是察哈尔万户，为大汗直属部落，驻牧于覆盖大兴安岭西南及燕山西麓"锡林郭勒草原"，大体对应现在内蒙古自治区的锡林郭勒盟。如果你对民国时的行政划分有所了解的话，在这一地区曾经设立过一个以张家口为省会的"察哈尔省"。1952 年，在把张家口、承德这些代表中央政权管理草原的部分归并河北之后，察哈尔省与热河省的草原部分，都成了内蒙古自治区的一部分。

喀尔喀部和兀良哈部的情况前面交代过，一个对应着察哈尔北部的贝尔草原，一个对应着察哈尔东部的嫩江—西拉木伦河草原。这三片围绕大兴安岭而生，呈"品"字形排列的草原，就是蒙古左翼的所在。

至于蒙古右翼的地理核心则是阴山，包括阴山之南的河套地区，阴山以北至大漠戈壁的区域，都是右翼三部的游牧范围。其中永谢布部游牧于阴山东北，土默特部的驻地是在河套平原，尤其是与山西接壤的前套平原，鄂尔多斯部则以鄂尔多斯高原为主要活动范围，由副汗直接统领。

二

东蒙古地区的游牧者与中原王朝间的博弈，主要就是三座大山的问题：大兴安岭、燕山、阴山。喀尔喀部在大兴安岭西北；兀良哈部在大兴安岭与燕山之间；右翼三万户围绕着阴山游牧，察哈尔万户作为汗廷直属万户，其领地则放在三大山脉交界之处。这样一看，布局是不是特别合理？

不过让六部首领尊你为大汗是一回事，把权力直接交给达延汗的儿子又是一回事，尤其是右翼诸部首领并不愿意就此失去权力。

在收服右翼三万户的过程中，达延汗派去做副汗的二儿子，就被永谢布部首领亦不刺给谋杀了。顺便说一下，达延汗的父亲，上一任统管右翼的副汗也是死在永谢布人手中。1510年，为子复仇的达延汗亲率左翼三部西征，才算是真正把河套之地重新归入黄金家族的帐下。

算下来，达延汗自亲政之后，总计花了二十三年时间才算统一了六万户。

然而六万户的首领都变成达延汗的儿子，并不代表日后就不会再分裂了。南边的大明还爆发过同室操戈的靖难之役呢。位于阴山南北的右翼地区，天然可以自成体系，包括向漠西、漠北扩张自己的势力范围，向东、南方向侵扰大明的山西、陕西两行省。

这不，达延汗刚死，漠南草原就闹了一出与靖难之役类似的大戏。二儿子死后，右翼副汗的位置被顺位移交给了三子巴尔斯博罗特。事情到这为止都没什么问题，有问题的是达延汗的长子比他早亡，就和太子朱标死在朱元璋前面一样。

本来达延汗也和朱元璋传位给长孙朱允炆一样，把汗位传给了长孙卜赤，只是达延汗死的时候，卜赤才十四岁，按照草原上的规矩还得三年才算成人可以亲政。相比之下，朱元璋的命算硬的，撑到朱允炆二十岁才闭眼。

卜赤未成年，叔夺侄位的一幕就提前上演了。巴尔斯博罗特这位副汗乘侄子年幼自己当了大汗。在达延汗征服右翼三万户的过程中，三子出力最大，军事实力也最强，整个过程和关系就与朱棣的情况如出一辙。区别在于巴尔斯博罗特三年后又归政卜赤了，后者上位后尊号为"阿剌克汗"。

至于"归政"的过程如何，一直没有确定的说法。只知道归政的同一年，叔叔也死了。至于到底是怎么一出宫廷大戏，那大家可以自行脑补。

巴尔斯博罗特虽然死了，汗位也重归察哈尔部，但左、右翼之间的裂痕却是再也无法弥合。1547年，达延汗的曾孙打赉逊继位，尊号"库登汗"。右翼的首领则变成了巴尔斯博罗特次子孛儿只斤·阿勒坦，也就是后来的俺答汗。

俺答汗可是敢单挑大明的主，显然不会把侄子辈的库登汗放在眼里。当然，俺答汗也知道自己这一支没了名正言顺继承大蒙古国汗位的资格，于是便在河套搞了名为"金"的国号自己称汗，包括与明朝达成封贡协议，接受明朝册封的"顺义王"封号。明朝为了显示自己宗主国的地位，则称俺答政权为"大明金国"。

三

"大明金国"与库登汗来自北元一系的正统汗位谁更正宗并不重要，重要的是达延汗重新统一的漠南草原，彻底分裂为了东西两部分。

俺答汗如此强大，最坐卧不宁的不是北京城的皇帝，而是与之相邻的库登汗。本来达延汗把中央万户属性的察哈尔部安排在可以兼顾左右两翼，勾连漠北中原的位置，为的是威慑四方。现在右翼坐大，随时都可能再来一次草原版"靖难之役"，那么这个位置反而成了最危险的所在。如果俺答汗真吞了察哈尔部做蒙古大汗，肯定比也先或者科尔沁亲王要名正言顺得多，毕竟他身上流的是成吉思汗的血。

此时的左翼是打不过右翼的，原因在于左翼只有一个半万户了，这是怎么回事呢?

这件事情与三部有关：科尔沁部、喀尔喀部、兀良哈部。大家可以去看清朝的历史，科尔沁部与喀尔喀部都非常有名，科尔沁部是漠南蒙古的代表，外蒙古诸部则都是喀尔喀部衍生出来的。至于兀良哈部则彻底地消失。

兀良哈部是一系列事件的起因。有明一代以来，兀良哈部的表现都有点首鼠两端，几面下注。东、南两面与大明接壤的位置，也让兀良哈三部有这样做的资本。不管是鞑靼还是瓦剌想逼兀良哈就范，后者都可以选择归附大明这条后路。因此达延汗虽然让兀良哈重新归建，却并没有像其他五万户一样，派个儿子去管理，怕的就是自己后院起火。

换句话说，兀良哈三部虽然名义上成了汗廷直属的万户，但并没有真正黄金家族化。达延汗在的时候，兀良哈部尚能跟着一起打天下。达延汗一走，兀良哈部基本上就不服管了，尤其是看到达延汗的子孙自己都开始上演宫廷大戏。

以达延汗长孙身份继位的"阿剌克汗"在亲政后，首先想着的就是整顿左翼，于1524年、1531年、1538年三次组织草原各部对兀良哈人进行征讨，彻底把兀良哈三部打残，大量部众为其余各部所吞并。

从蒙古本部的角度看，兀良哈三部一直在骑墙，直接吃掉并没有问题。问题是这件事情不是黄金可汗直属的察哈尔一家来做的，而是召集了右翼诸部以及漠北的科尔沁部一起来做的。当然，这也是因为察哈尔部一家搞不定兀良哈部。

以兀良哈部的位置来说，相当于汗廷和左翼的后院。所谓请神容易送神难，你让各方势力都进来插一手，等于是自己在后院点了一把更大的火。

谁抢到就是谁的，这是草原上的规矩，不管人口、牲畜还是牧场。成吉思汗当年能成事，不允许各部首领自行分配战利品是很重要的一条。达延汗的继承人显然没有这种能力，于是就造成了一种现象，除了隶属察哈尔部的部落以外，喀尔喀部、永谢布部、土默特部，都有部落跑到西拉木伦河草原去占地盘。原本在漠北游牧的科尔沁部，更是整体翻越大兴安岭进入嫩江草原，并向西辽河下游持续渗透。

库登汗上位后，见控制右翼的俺答汗不仅不服自己管，身后的西拉木伦河草原也因为之前几次对兀良哈人的征讨变成了各方势力胶着之地，遂决定东迁，直接吞并了兀良哈三部中的福余、泰宁两部。实力最强大的朵颜部为求自保就选择了同时与察哈尔部、土默特部，以及隶属土谢布万户的喀喇沁部联姻，结果却是导致自身分别被上述部落吸收。

以达延汗中兴的大蒙古国来说，锡林郭勒草原就相当于中原。虽说得中原者得天下，但那是在你实力强大的时候，否则这就是一片四战之地。库登汗无力威慑坐大的右翼，退至大兴安岭以东以求自保也是形势所迫。

四

攻灭兀良哈部这件事，不光影响了左右两翼的力量对比，还造成了"喀尔喀部北迁""科尔沁部南迁"等一系列连锁反应。从大历史的角度说，这两件事的影响甚至比察哈尔部东迁还要深远。

达延汗的中兴并没有让整个草原真的重归一统，除了漠北草原西部仍然是瓦剌人的地盘以外，漠北草原东部的科尔沁部与达延汗的关系也有点微妙。

前面说过，因为科尔沁部的乌讷博罗特王源出成吉思汗的弟弟，并非成吉思汗直系后裔，故而没能接任大汗。科尔沁部虽然在满都海和达延汗东征西讨时，也起了很大助力，但在达延汗的版图中是一个"听调不听宣"的诸侯定位，与大汗在政治和军事上保持一致可以，但你不能派个儿子来换血。

因此达延汗六万户并不包含科尔沁部，势力范围最北也只是延伸到喀尔喀部游牧的贝尔草原。

本来从地理位置上来说，科尔沁部等于是在代表东蒙古或者说鞑靼经略漠北。不过实话实说，中原的物产和南方那些更温暖的草原的诱惑是很大的。因此借着几次征讨兀良哈部，科尔沁部就渐次迁徙到了嫩江草原，并在明朝后期一直南下，渗透到了西辽河下游，与大明的辽东直接接壤，并成为与女真部最近的蒙古部落。

正因为这个位置，在后金崛起之后，科尔沁部成了最早被渔猎政权收服的蒙古部落。而且基于它的特殊位置，成为蒙古二十四部之首，在整个清代极受重视。此外，包含嫩江、西拉木伦河、西辽河草原地带的东北草原，也据此在地理上被命名为"科尔沁草原"。

说起来，要是兀良哈人能撑到明朝末期，估计东北草原就得叫"兀良哈草原"了。

有南下的就有北上的，漠北草原再偏那也是亚洲游牧者的兴盛之地，若是这样一走了之，就算瓦剌人不乘机东进，布里亚特人、图瓦人这些还生活在森林里的部落，也肯定会出来填补空间的。这个局面，蒙古本部肯定是不愿看到的。

所以在科尔沁部南下的同时，原本就生活在漠北草原最南边的喀尔喀部，就有七个部落北上，被称为"外喀尔喀七部"。跟着汗廷一起到东北征讨兀良哈并定居的五个部落，则被称为"内喀尔喀五部"。再后来内喀尔喀部在明末清初的混战中被兼并吸收，外喀尔喀部反而在漠北独善其身，并在清朝的帮助下抵抗住了漠西蒙古的反攻，使得"喀尔喀蒙古"成了外蒙古的代名词。

五

昙花一现的达延汗中兴之后，整个草原又陷入了分裂状态。唯一值得庆幸的是，经过这件事，那些非黄金家族出身的部落首领在很长一段时间里都不会再有统一草原的想法了。说到底，成吉思汗的遗产太丰厚了，草原的大汗就得是"黄金可汗"，不是黄金家族出身的话做个地方诸侯就行了。

既然黄金家族的影响力那么大，难道达延汗之后，就再没有黄金可汗重燃统一草原的雄心吗？有还是有的，这里要提到两个人——小王子和林丹汗。

《明史》中经常会提到"小王子"的概念。比如明朝那位不走寻常路，甚至给自己加封"总督军务威武大将军总兵官"官职的正德皇帝朱厚照，最大的心愿就是到塞外去会会"小王子"。

不明就里的人，听到"小王子"的称号脑海中估计立马会浮现出一副"萌萌哒"的模样。其实"小王子"一点也不萌，而且还不是一个人，简单点说，明朝把脱脱不花以后的蒙古大汗都称为"小王子"，像正德皇帝想着与之一战的"小王子"，就是达延汗。在明朝看来，黄金家族被也先清理过之后，北元正朔这就算灭了，剩下的只是鞑靼部的首领。将之称为"小王子"，既显示了对方的身份，又含有贬低之意。

库登汗东迁之后，大明在山海关以北的重镇辽东成了"小王子"们的主要侵扰对象。

不过要是从黄金可汗们的角度来说，谁都不愿意做对手口中的小王子。1604 年，大蒙古国第三十五任大汗林丹汗继位（正式尊号为"呼图克图汗"），此时作为大汗直属部落的察哈尔部，已经在燕山之北蛰伏了半个多世纪。

林丹汗非常想像达延汗一样中兴蒙古，不过他继位时才十三岁，所以一直等到十年后才开始引起明朝的注意。1615 年，林丹汗领军数万，在秋高马肥时三次侵扰辽东。之后四年间更是年年犯边，以致明朝称之为"虏中名王，尤称桀骜"。

要是从地理位置上看，林丹汗这次中兴可以算得上是在复制当年的契丹崛起之路。当年同样以西拉木伦河草原为根基之地的契丹人，在西拉木伦河之北建了他们的第一座都城"上京临潢府"（今内蒙古巴林左旗林东镇）。林丹汗强势崛起之后，在辽上京边上选址建了一个叫"察汉浩特"的都城。

926 年，立国十九年的契丹人灭掉了东北地区的渤海国，两年后将下辽河平原上的辽阳升级为"南京"，算是为自己的政权加入了农耕属性，也为后来南下中原奠定了基础。

遵循契丹人崛起的路径，林丹汗同样应该先向东攻占可以农耕的辽东，有了稳定的人口后勤保障后，再南下中原、北征漠北。

边上有辽东这块与中原弱联系的农耕之地，是西拉木伦河草原的优势。进可以据之以图中原，退可以没事去打打草谷，从这个角度说，库登汗东迁并不算错误。不过林丹汗并没有选择继续待在东北，而是选择了西迁。

这并不是林丹汗的主动选择，而是形势比人强。因为林丹汗想统一草原诸部时，正逢努尔哈赤所领导的后金强势崛起。围绕辽东上演的大戏就变成了"三国演义"。

六

1619 年的萨尔浒之战，歼灭明军五万主力的后金成为东北最强的存在。1621 年，努尔哈赤挟萨尔浒之战的余威南侵辽东，在辽阳建都"东京城"。抢先在辽东的农耕区拿下了落脚点，三年后迁都沈阳，更是进一步巩固了这一优势。

大明特别希望东北地区上演一出"以夷制夷"的好戏，为此屡次"赏赐"林丹汗及蒙古诸部，希望坐收渔人之利。而从林丹汗的角度来说，大明还有长城可依，可以慢慢跟后金耗，而自己想统一的蒙古诸部却是后金重点打击和拉拢的对象。科尔沁这样原本就独立存在的蒙古部落，看到后金得势，就率先叛离了蒙古本部。

此时的东北之地对于林丹汗来说已经是一个死局。1627年，在未能顺利征讨那些归附后金的部落后，林丹汗选择了西征已经势衰的右翼。夺回锡林郭勒草原的察哈尔故地，以及一直被右翼统治的河套地区，然后与大明、后金形成掎角之势。

从军事角度来说，林丹汗的这次西征是成功的，很快便击败右翼诸部的抵抗，林丹汗亦入驻当年俺答汗苦心经营的前套平原。然而从地缘政治的角度看，军事上的胜利却导致了右翼诸部选择归附后金。不光如此，连留守东北的几个察哈尔部落见势单力孤，也不得不归降了后金。

1634年，后金西征河套，林丹汗兵败后远遁青海，旋即因天花病亡。随着漠南漠北蒙古诸部，包括林丹汗的儿子竞相归附后金，尊皇太极为"博格达车臣汗"（意为神圣聪慧的可汗），传承了35代的黄金可汗世系算是彻底终结。

关于这个过程中的很多细节和节点，在本书最后的"明亡清兴"部分会一一展开。透过大明与蒙古诸部这两百多年的博弈，相信大家已经隐约感觉到，"辽东"将是决定谁是中原之主的决胜之地，而这本书的最后部分也正是围绕着辽东展开。

第三部分

明亡清兴

第二十一章
到底哪里才是"白山黑水"

一

1860 年，也就是大清咸丰十年，已经进行了整整四年的第二次鸦片战争终于到了落幕的一刻。两万余名英法联军攻入北京城，被称为"万园之园"的圆明园被焚毁。当然，遵循人类一直所遵循的丛林法则，园中那些珍贵的艺术品照例成了胜利者的战利品。

按照欧洲人用以自圆其说的逻辑，这座园林属于皇帝的私人财产，皇帝办公的紫禁城则属于国家财产。这种做法只是为了惩罚那位应该对所有事件负总责的中国皇帝，而不是破坏中国政府的国家财产。

以打猎为名北逃到热河行宫的咸丰皇帝，无论如何也没有想到，这座位于长城之北山的行宫，有一天会遭遇到从海洋而来的威胁。在他的祖父嘉庆皇帝猝死行宫之前，帝国的统治者一年当中总会有几个月在此办公，同时在山前的"木兰围场"举行秋季围猎活动。

这片坐落于北纬 42 度线上，面朝蒙古草原的猎场，对于来自东北森林的帝国统治者具有特殊意义。皇帝陛下不仅要用那些躲藏在森林草原间的动物来验证八旗亲军的战斗力，更要以它为平台与草原上的蒙古诸部联络感情。后一项功能尤为重要，与这些草原游牧者建立稳固的盟友关系，不仅能够帮助自己统治庞大的中国，更能够消除中原王朝最为恐惧的北方威胁。

事实证明这一策略是十分奏效的。在阻止英法联军进入北京城的八里桥之战中，来自科尔沁草原的蒙古郡王僧格林沁，以及他所统辖的近万蒙古骑兵表现得十分忠诚和骁勇，哪怕他们反复冲锋，将生死置之度外，也只造成了 3 名法军和 2 名英军的死亡。

作为这场战争的胜利者，英国和法国通过随后签订的《北京条约》，得到了令他们满意的收获。这其中包括：赔款、增开通商口岸，以及允许传教士租购土地兴建教堂。相比法国人，英国人还得到了一个额外收获，那就是逼迫清政府割让位于香港岛北边的九龙半岛。在上一场战争中，英国已经通过《南京条约》，正式得到了香港岛。

九龙半岛的面积差不多有四十七平方公里，约为香港岛的 60%。对于英国来说，一场战争扩张了 60% 的殖民统治面积，貌似是一个巨大的胜利，然而与搭顺风车的俄国比起来，实在是不值一提。

两年前，为了在应对英法联军的同时，不至于同时遭遇来自俄国的夹击，帝国的北境守护者——黑龙江将军奕山，与沙俄帝国的东西伯利亚总督尼古拉·尼古拉耶维奇·穆拉维约夫在黑龙江南岸签订《瑷珲条约》，约定两国以黑龙江为界，将外兴安岭以南的大清领土割让给沙俄。同时将黑龙江及其支流乌苏里江以东的沿海地带，设定为中俄共管区。

不过这一条约并没有马上得到朝廷的批准。这次借清廷的战败，俄国人不仅提出正式确定《瑷珲条约》的效力，更要求清朝割让原本定为共管区的沿海地带。

伤了元气的中央帝国此刻再也经不起又一场战争了，尤其南方的太平天国之乱还未平息。于是新的《中俄北京条约》让黑龙江以北、乌苏里江以东的百万余平方公里的东北土地，从中国领土变成了俄国领土。远东的地缘政治版图上，也出现了一个新的地域概念——"外东北"。

1858年中俄《瑷珲条约》割占的中国领土
1860年中俄《北京条约》割占的中国领土
中俄《尼布楚条约》待议地区

诸条约割让中国东北领土示意图

　　苛责清王朝将外东北地区拱手让人变成"俄属东北"并不公允。客观地说，如果中国最后一个王朝不是清朝的话，现代中国在东北方向失去的可能并不仅仅是外东北。没有人比清朝的建立者更在乎这片被称为"白山黑水"的土地，毕竟他们出身的女真民族就世居于此。

二

　　纵观东北渔猎民族的历史，只看史书记录下来的名字，会发现和草原上的历史一样混乱。好在人类的历史就是这样，越往上追溯越简单。不管再复杂，都能够像太极图那般一分为二地剥离出主要矛盾。在匈奴与东胡在草原上打得不可开交的年代，东北地区也出现了两个语言完全不同的民族集团：扶余与肃慎。日后那些见诸史书的东北渔猎民族，都与两者有关。

这当中高句丽、濊貊、沃沮、百济等出现在中国史书中的东北亚民族，都系出扶余系；挹娄、勿吉、靺鞨、女真等民族则属于肃慎系。

一如系出东胡的蒙古人，在13世纪统一了北亚的蒙古高原，而突厥系游牧者则扩张至中亚、欧洲的草原地带一样，东北的森林地带也出现了类似的情况，并且时间还要更早。

东北地区最早建立的政权是立国于公元前2世纪的"扶余国"。公元前1世纪，扶余人朱蒙南下在辽宁北部的山地之中建立了高句丽政权。后在中原王朝的打压之下，高句丽政权将活动中心转移至鸭绿江西岸。之后在中原经历南北朝的乱局时，高句丽乘机南下夺取了能够支撑大规模农耕经济的辽东及朝鲜半岛北部，与半岛南部的百济、新罗政权上演了一出"三国演义"。

这一阶段的高句丽成为东北亚地区最强大的政权，甚至三次抵挡住隋炀帝的北伐。一直到唐高宗时才算彻底征服高句丽。

慕强是人类的普遍心理，由于高句丽曾以平壤为都，并且在鸭绿江以西拥有过大量领土，且在被攻灭后有大量贵族及遗民留在朝鲜半岛，所以后世的半岛政权多愿意以高句丽为正朔，甚至以高丽为国名。

不管现在的半岛民族有多少高句丽的成分在里面，高句丽的灭亡都是扶余系在东北地区的转折点。7世纪末，出身于肃慎系的靺鞨人大祚荣，在高句丽故土建立了横跨鸭绿江的"渤海国"。由于大祚荣的父亲曾经依附于高句丽，渤海国在朝鲜半岛也被认为是高句丽的继承者。

不管渤海国的属性有没有争议，有一点是可以肯定的，扶余系民族在后来的历史中，完全退出了东北政治舞台。系出东胡的游牧者契丹人，是这一转变的始作俑者。925 年，在东北草原建立政权的契丹人，攻灭了被唐朝称为"海东盛国"的渤海国。

整整两百年后，契丹人建立的辽朝又被女真人建立的金朝所灭。尽管金国最终又被同样系出东胡的蒙古帝国所灭，但这段历史却让东北的森林地带彻底成了肃慎后裔女真人的天下。

此时北亚的草原游牧者已经被成吉思汗统一在了"蒙古"的名下。于是，蒙古和女真成为大明王朝在东北及至整个北方防线所要面对的两大势力。

三

有人的地方就有江湖。从外兴安岭到长白山南端，直线距离超过一千六百公里，如此广袤的土地上，社会结构又松散，所谓"女真"诸部的常态很显然不会是统一的。

蒙古高原因为大漠戈壁，分割为漠南、漠北两大区域。东北渔猎民族同样也有这样的内部区别。女真的族名起于宋辽时期，最早是由崛起于东北草原的契丹人叫出来的。在隋唐五代时期，女真人的祖先被称为"靺鞨"。

契丹人建立政权并征服东北后，将降服的女真人迁入辽东南部编入户籍。这部分在籍的女真人被称为"熟女真"，而北部那些尚未完全臣服，需要时时敲打的女真部落则被称为"生女真"。

明朝开始正视女真存在时，则把女真人分为三大部：海西女真、建州女真以及野人女真。其中，分布于吉林及辽宁北部山地的女真部落属于海西和建州女真，黑龙江及外东北地区的渔猎部落则属于野人女真。

套用契丹人的分类，海西女真和建州女真这两支虽然没有编入大明户籍，但与明朝关系密切的南方女真可以被称为"熟女真"，野人女真则属于"生女真"。至于明朝为什么没有让"熟女真"像辽朝那样内迁，说到底是因为明朝在人口上家大业大，可以从内地北迁大量人口。对于游牧出身的契丹人来说，已经掌握原始农业技术的女真人，则是难得的人口资源。

在这里需要特别说明一点，所谓"渔猎"属性指的是原始属性，不代表不会耕种土地、放牧牲畜。人类的渔猎、采集行为本质与其他动物的捕食并没有什么区别，是人类进入文明时代时所必须经历的初始阶段。在这个阶段后，才进化出农耕和游牧两种有别于动物的生产生活方式。

农耕能够提供最稳定的食物供给，对于那些有野心的渔猎部落首领来说，最需要做的一点就是提升经济中的农耕比例，包括建立更严密的组织形式，摆脱原本以血缘关系为纽带的部落结构。在扶余国、高句丽、金国及清朝的历史中，都能够看到这种努力。

然而这种改变，并不代表要完全放弃原本的渔猎属性。恰恰相反，原始的渔猎属性能够带来强大的战斗力。无论是金朝还是清朝的建立者，都深知这才是他们能够在东北"三国演义"中脱颖而出，甚至入主中原的根本。

从这个角度来看，在经济上重视农耕与维护本身的渔猎属性并不矛盾。前者在客观上是服务于后者的。就像朱元璋教授边军学习蒙古人的生产生活方式，不会改变边军的民族属性一样。

四

通过前面解读明朝与蒙古的博弈我们已经知道了，东北地区实际上是渔猎—游牧—农耕三分天下的格局，中原王朝占着北纬42度线以南的辽东地区，形成了现在的辽宁省；蒙古各部经营着围绕大兴安岭而成的西辽河中上游、嫩江流域的森林草原地带，形成了现在东北属性的内蒙古"三盟一市"。一定要用现代行政区来对应，真正属于女真势力范围的地区，那就是黑龙江、吉林两省了。

如果你想更进一步地了解那段历史，还是得从山、水两个基本的地理特征入手。每一片土地，都有支撑它存在的地理核心。这片整体为森林覆盖的东北渔猎区，早在辽金时代就有"白山黑水"之称。《金史》记载："生女（真）之地有混同江、长白山。混同江亦号黑龙江，所谓'白山黑水'是也。"

从这段文字上看，"白山"指的是长白山，"黑水"指的是黑龙江。这也符合大家对东北地区的地理印象。不过《金史》所说的"白山黑水"，与当下地理概念的"白山黑水"并不完全相同。搞清楚这个问题，方能吃透女真乃至东北渔猎民族的历史演化进程。

女真人及其祖先所认定的黑水，干流走向与现在大家所理解的黑龙江有很大不同，甚至可以说与现在中国境内的"黑龙江"几乎不重合。现在的黑龙江大家都知道，上游被认定在蒙古高原东部，鄂嫩河与克鲁伦河这两条发源于肯特山的河流在合流之后，横穿大兴安岭与外兴安岭之间的缝隙，经由中俄边境注入日本海。

问题是"白山黑水"的概念既然出自渔猎属性的女真人口中，那么他们认知中的黑水源头，显然不可能向西延伸到蒙古高原，甚至与属于东胡游牧势力的大兴安岭无关。

史书中所记载的"黑水"发源地在长白山，主体对应的其实是黑龙江南岸的松花江。松花江与现代黑龙江在边境城市同江合流后，不过二百五十公里就出境了。可以说以中国人在国内所能看到的"黑龙江"而言，只有这二百五十公里的黑龙江（同江市—黑瞎子岛）才与女真时代的"黑水"是重合的，同江以西充当中俄界河的将近三千公里的黑龙江干流，则并非"白山黑水"一语所指向的黑水。

单纯从地理的角度探讨一条大河的长度，标准是选择长度最长的那条

松花江流域示意图

上源。问题是古人基本没有能力真的从地理角度去溯源，只能依据自己所能看到的部分去划分河流的上下游。以长江为例，在青藏高原与横断山脉中蜿蜒了三千三百公里的金沙江，才是它的地理源头。

然而古代中国对那片高山之地缺乏了解的欲望，从都江堰流淌而下的岷江长期被认定为长江的源头，以至于四川、重庆境内的长江依这种认知习惯，被认定为"长江上游"，成都也被认为长江上游第一城。

这意味着从历史和地缘的视角去探讨围绕"长江上游"而发生的那些故事时，并不应该指向金沙江。事实上为了避免引发误会，地图在标注时，也还是没有把金沙江直接换名为长江。

五

同样的误会也出现在对"黑水"范围的认定上。尽管我们已经知道，松花江才是女真人祖先认定的"黑水"，若整个松花江流域都是渔猎者的天堂，那却又是一个错误。

作为东北地区的核心河流，松花江的流域面积将近五十六万平方公里，而黑吉两省的面积相加不过六十六万平方公里，可见松花江是当之无愧的东北第一大河。抗日战争时期，那首唱出了东北民众悲愤之情的《松花江上》，便是基于这一地理背景写出了"我的家，在东北松花江上"的歌词。

松花江是一条走向非常奇特的河流，它本身也有两个源头，一条是发端于大兴安岭东北端的北源"嫩江"；另一条是发源于长白山天池的南源"西流松花江"。两江在黑龙江、吉林交界处的松原市宁江区合流，再变身为干流属性的"东流松花江"，斜穿整个黑龙江省注入黑龙江。

从长度来看，嫩江是整个松花江的正源，从历史的角度来说，西流松花江才是松花江的正源。归纳下来，作为古代东北渔猎民族的地理主线，黑水对应着如下三部分：西流松花江、东流松花江，以及松花江与黑龙江合流之后的下游部分。整条河流的主脉并非像现代黑龙江那样，东西向沿中、蒙、俄三国边界延伸，而是与长白山脉一样南北向延伸。

作为"白山黑水"概念中的另一个成员，"白山"或者说长白山同样有广义、狭义两层含义。广义的长白山指的是贯穿东三省东部的"长白山脉"，包括辽东半岛实际也是这条山脉在海中延伸的余脉"千山山脉"。只不过由于辽东半岛位置过于靠南，已经完全属于中原王朝的势力范围，广义的"白山"并不包括辽东半岛部分，而是仅指其北部的主脉。

狭义的长白山则指向位于山脉中段、中朝边境的主峰——长白山天池所在的火山。天池所在的火山不仅是整个山脉的最高点，还是图们江、鸭绿江以及松花江三江的源头。

如果将西流松花江、东流松花江视为黑水干流的话，它的地理走向大致为以下路径：从长白山脉东侧的天池发源，向西横切整个长白山脉，在现在的吉林省吉林市流出长白山脉，在遇到嫩江的阻击之后掉转方向，东北向从长白山脉与小兴安岭之间穿出，与现代黑龙江汇合。整个流淌过程中就像一个"＜"一样。

这一走向，使得"黑水"注定与"白山"深度捆绑。

将嫩江与松花江视为两条独立的河流，会更便于大家理解游牧与渔猎两股势力在东北地区的身份。生活在长白山脉中的渔猎者，无论是顺流还是逆流西出长白山脉，在行进到与嫩江的合流处时，都会感觉到游牧者的存在。

一如之前所解读的那样，大兴安岭以及依附它而生的嫩江属于森林草原地带，游牧经济在这一地区会显得更适应。换句话说，嫩江与松花江在古代滋生出了两种不同的经济模式。嫩江流域是东胡系游牧者休养生息之地，古称"黑水"的松花江则是渔猎民族的天堂。

基于这一地理、历史背景，东北地区的核心平原甚至都没有被叫作"松花江平原"，而是命名为"松嫩平原"。毕竟自古以来，这两条河流的地缘属性都是那么不同。

第二十二章
奴儿干都司与大明的"黑水舰队"

一

1885 年 6 月 9 日，在国史馆任职的湖北人曹廷杰受吉林将军的委托，乔装成百姓从黑龙江省依兰县出发，乘船沿松花江、黑龙江出境，秘密考察俄国对外东北的占领情况。在这次历时 129 天，往返 16000 余里的境外之旅中，海兰泡、海参崴等二十五年前经由《中俄北京条约》割让给俄国的知名地点，都成为曹廷杰收集情报的对象。

这次考察还有一项重要收获，那就是找到了湮没已久的永宁寺碑。提到永宁寺碑很多人可能不知道，不过说到"奴儿干都司"，喜欢历史的人一定不会感到陌生。明朝的历史地图之所以能够在东北方向延伸到外兴安岭甚至库页岛，都与这个军政管理机构有关。永宁寺石碑就是奴儿干都司存在过的直接证据。

"都司"是一个简称，全称是"都指挥使司"，与布政司、按察司一起合称"三司"。中国历史上有很多三司，最早的三司等同于"三公"，是权力最大的三个官职，后世三司对应的官职虽然多有变动，但在明朝以前都属于京官体系。

明朝的三司却是地方官。朱元璋建国后为了加强中央集权，在省一级的行政区搞了"三权分立"。行政权归属"承宣布政使司"（简称布政司），相当于现在的省政府；司法权交给"提刑按察使司"（简称按察司）；"都指挥使司"主管的则是地方军务，大体对应现在的省军区。

这样说起来，奴儿干都司就相当于"奴儿干军区"了。不管是行政区还是军区，总归都会有一个治所的，奴儿干都司的治所就叫"奴儿干"，这个奇怪的名字出自女真语，意思是风景如画。之前是元朝"征东元帅府"的旧治。

奴儿干的风景的确是好，但苦也是真苦。按元朝人的描述，是"道路险阻，崖石错立，盛夏水活，乃能行舟；冬则以犬驾耙行冰上。地无禾黍，以鱼代食"。道路艰险难以行走，到了盛夏时节还可以行船，冬天结冰的话只能坐狗拉爬犁。地上更是种不出粮食，要捕鱼当粮食。

这也是为什么曹廷杰要在5月才出发。不过当你知道奴儿干的位置，是在黑龙江最下游处，与海岸线的直线距离不过六十余公里，更与库页岛北端隔鞑靼海峡相望时，相信就不会为它如此恶劣的生存条件感到惊讶了。

库页岛还有一个名字叫"萨哈林岛"。很多人以为这是一个俄文名称，其实"萨哈林"是个女真语的名称，意思就是"黑水"。萨哈林岛的原意为"黑水河口的岛屿"。这个南北长约一千公里的岛屿，整体被分割为两部分。北部低地区的大部分原住民在语言、人种上与东北地区相近。按照明朝的粗略分类，大都可以归类为"野人女真"（与中国境内的赫哲族、鄂伦春族同族）；南部高地区则与日本北海岛一样，原住民为阿努伊人。

忽必烈于1291年时在奴儿干设立了"征东元帅府"，选择这样一个靠近黑龙江入海口的地方建立军事据点，为的就是征服和管理库页岛。这场征服行动共动用了"兵万人，船一艘"。鞑靼海峡最窄处不过七公里多点。考虑到如日中天的蒙古帝国，连日本甚至中国人都觉得极远的"爪哇国"都想着跨海征服，如果能忍住不征服库页岛，反倒会让人奇怪。

奴儿干都司黑水驿道示意图

二

　　每一个朝代都是在前朝的认知基础上建立的。既然已经视自己为元朝的继承人，那么抛开那四大汗国不去管它，忽必烈和他后代曾经在中原之外做过的努力，明朝肯定都是要去试下水的。这个过程甚至不用皇帝陛下自己去预想，自有投降归顺且急于效忠的前朝官员献策指路。

　　招抚东北各部，建立纳入明朝军政体系的"羁縻卫所"，是明朝统治辽东以北地区的主要手段，这在朱元璋时期就已经开始做了。朱元璋时期把羁縻线推进到现在的松花江北岸的哈尔滨一带，朱棣则通过在奴儿干建立卫所、都司，将整个黑水流域纳入了明朝的版图。

能够做到这点的技术原因，是明军在东北建立了一支水军。水军在当时被叫作"舟师"。明军舟师在东北地区最早的战争记录，出现在1395年。当时原本归顺大明的海西女真首领西阳，在现在的哈尔滨一带反叛，朱元璋调马步军一万七千人前往征讨，这次征讨女真的战役中就有"舟师"配合。

值得一提的是，这次战役中的舟师是顺嫩江而下的。明太祖时期一共进行了十三次北伐，这次征讨女真算是第十二次。除了此次以外，其余北伐的目标都是北元残部。舟师自嫩江而来，说明朱元璋在经略东北、打击北元残部时，已经在用船只运送军队、补给。

考虑到元军在一个世纪前东征库页岛时动用了上千艘船只，这些船有可能是缴获的。不过可以明确的是，最起码等到朱棣开始经略奴儿干都司时，所使用的船只已经都是全新建造的。

松花江流域与辽河之间并没有运河相连，这意味着在松嫩流域航行的船只不能在明朝直接控制的辽东建造，而只能在相邻的吉林地区建造。历史记录和考古发现表明，朱棣用来经略黑水和奴儿干都司的"黑水舰队"就是在吉林建造的。而造船基地也因此被后世称为"吉林船厂"。

"吉林"一词在女真语中是江边之意。在当代中国的行政区域里有两层含义，一个是吉林省，一个是吉林市。吉林市位于长白山脉西麓丘陵地带的松花江畔。西流松花江就是从这里流出长白山脉，然后在三百公里外遇到嫩江，再折返东流的。

这种依山傍水的位置是建城的绝佳选择。清朝曾在此设立吉林将军，管理松花江—黑水流域，1907年设置的吉林省，也是以吉林市为省会。如果不是因为铁路的修建使得吉林省的交通中心西移一百公里至地势更平坦的长春，吉林这座群山环抱的城市如今还会是整个地区的行政中心。

吉林船厂的具体位置在吉林市东南十五公里处，至今这里还留有两处摩崖石刻，记录当时明军将领来此督造船只的详情。

<h1 style="text-align:center">三</h1>

1402 年，朱棣在北京称帝，第二年就派遣官员邢枢等人前往奴儿干招抚当地部族。七年后，朱棣在归降蒙古官员的建议下，认为有必要仿元朝"征东元帅府"的旧例，在奴儿干设立一个都司，以彻底让黑河流域的女真诸部慑服。

按照朱棣的用人习惯，哪个内监能够执行相应的任务都是有讲究的。比如郑和的祖上来自中亚，这令郑和在出使很多目的地时，都能有宗教上的共同语言。又比如郑和的副手侯显出生于甘南藏区，永乐元年的时候就代表朱棣前往西藏等地招抚，包括后来跟着郑和去招抚沿途的佛教国家。

具体承担北巡奴儿干任务的内监叫作亦失哈，出身于海西女真。从时间上判断，很有可能是十六年前那场北伐行动的战利品，就像郑和同样是南征云南时的收获一样。

派使团带着礼物顺江而下去招抚沿线诸部，与组建一个常设军事据点要求是不一样的，后者显然需要更充足的准备。为此领命的官员花了两年时间在吉林建造了二十五艘巨船，运送前往奴儿干的千余名官兵、给养，亦失哈则作为钦差大臣随行。

鉴于这支舟师主要是沿松花江及黑龙江下游所连接而成的古黑水航行，我们可以将之称为大明的"黑水舰队"。

奴儿干的条件过于艰苦，所以明朝时期，奴儿干的驻军采取的是轮换制。每年入夏由换防官兵携带足够的给养顺流而下，至奴儿干换防。在后来的岁月里，"黑水舰队"和奴儿干驻军的规模还在扩大。

根据历史记载，作为皇帝陛下在东北地区的代表，亦失哈在随后的二十余年间，总计九次北上奴儿干，其间还渡海登陆库页岛，招抚岛上部落并授权设立卫所。1427年亦失哈第六次北上时，随行的官兵有三千人，携带的口粮多达两万一千担。如果比照首航的舰队规模，这次所用的船只应该有七八十艘。

为了维持奴儿干都司的存在，明朝沿整条航线招抚了上百个部落并设立卫所、驿站。

当然，这件事在逻辑上其实是反过来的，是为了招抚整个黑水流域的女真诸部才设立了奴儿干都司。在上下游设立吉林船厂和奴儿干都司，并且定期在二者之间巡航、换防，一方面是为了让女真诸部直接感受到大明军力的存在；另一方面还承担着接送沿途各部使团，前往北京朝贡的政治任务。

对于边疆地区来说，朝贡是一门稳赚不赔的生意。为了限制他们的热情，明朝甚至不得不根据对方的价值定出不同的朝贡密度及使团规模。一个被允许一年一贡的部落，重要程度是显然要高过三年一贡的部落的。

四

考虑到在东北密林中穿行的困难程度，以及大明兴起于南方的地缘背景，在吉林兴建船厂，打造一支"黑水舰队"是可以理解的。上游的吉林船厂、下游的奴儿干都司，定期换防的驻军，加上沿线招抚设立的上百个卫所、驿站，以及那些争先恐后前往北京朝贡的部落首领，一切看起来都已经形成了良性循环。

问题是到底有没有必要跑到黑龙江口，去设立一个直接实打实驻军的"都司"。或者说将控制线延伸到野人女真地区，对大明来说是否划算。

如果让朱元璋来选择，他应该是不会做的。

毫无疑问，朱元璋和朱棣是明朝最有野心的两位皇帝，也都担得起"大帝"的名号。如果说这两父子有什么区别，那就是以"驱逐胡虏，恢复中华"为己任的朱元璋，学习的模板是汉唐；而坐镇故元大都的朱棣，则认为自己完全有能力复制元朝基业。

《明史》中用了十一个字来形容朱棣的野心——"锐意通四夷，奉使多用中贵"。意思是说朱棣特别勇于对外交往，而派去执行这项任务的多是宫中的"内监"，也就是近侍宦官。

又是"通四夷"，又是"用中贵"，你肯定会马上想到七下西洋的郑和。事实上郑和并不是唯一。在西藏、漠北、西域，朱棣都先后派出过内监领衔的使团招抚。而朱棣之所以能够这样做，无一例外地都是因为有元朝的前例可循。

比如郑和七下西洋的底气，是出使南海、印度洋国家在元朝属于常态。忽必烈就曾经派出过一位名叫"亦黑迷失"的宫中宿卫到僧迦剌国（今斯里兰卡）去迎奉佛钵、舍利。只不过由于元朝那多少有点尴尬的正朔地位，并没有被重点宣传罢了。

尽管朱棣想着复刻大元，但朱元璋早早画下的红线，使他不可能把元朝做过的事都做一遍。善于总结历史王朝教训的朱元璋认为"地广非久安之"，疆土不是越大越好。早在1371年他就下过一道上谕。上谕是这样写的："朕以诸蛮夷小国，阻山越海，僻在一隅，彼不为中国患者，朕决不伐之，惟西北胡戎，世为中国患，不可不谨备之耳，卿等当记所言，知朕此意。"

换句话说，只有西、北方向的游牧民族一直是中原王朝的威胁，必须加强军备。其他中原以外的区域，不可以乱动刀兵。唯恐后世子孙"贪一时战功，无故兴兵"，朱元璋还特意划出了十五个不征之国，包括朝鲜、日本、大琉球、小琉球、安南、真腊、暹罗、占城、苏门答腊、西洋、爪哇、彭亨、百花、三佛齐、渤泥国。

这条红线，让朱棣的"通四夷"之举，绝大多数时候是把那些渴求中原物产的政权、部族，纳入中原王朝的封贡体系。同时期明朝对西域的经略，不过是在嘉峪关外设置哈密卫、沙州卫等羁縻卫所，彰显对西藏统治力的"乌思藏都司"，也只是重新封赏一下那些原本接受元朝印授的法王和贵族。虽然看起来一个个顶着大明的官职，貌似在帮着朝廷管辖自己的土地，但朝廷却不会真的派驻军队。

然而朱棣还是向奴儿干派驻了军队。

往奴儿干派军队有两层原因。战略上是因为迁都北京的大明，需要特别重视东北防务，而女真诸部可以帮助牵制东蒙古诸部。对于长城守卫者来说，在同一个方向有两个敌人好过一个敌人，这样就可以采取'以夷制夷'的手段了。如果敌人只有一个，没关系，那就想办法分化。也先之所以敢于挑战黄金家族的正统地位，与明朝刻意把"北虏"区别为瓦剌、鞑靼，用贡市手段分化瓦解有直接关联。

分化瓦解这事在东北就更容易做了，瓦剌和鞑靼好歹还统一在蒙古的旗号下，女真人可是与蒙古有着血海深仇。当年女真人好不容易拿下半壁江山建国号为"金"，只百年就被蒙古人灭了国。留在东北地区的女真人又得一步步从"野人女真"阶段开始进化，一点点南下才有机会再成为能觊觎中原的势力。

蒙古势大，女真势弱，策略上肯定是拉拢弱的。在 17 世纪之前，明朝在东北地区的战略一直都是"借女真制北虏"，招抚女真诸部以制衡活跃在东北草原的蒙古诸部。奴儿干都司就是在这样的背景下设立的。

五

在朱棣心目中，巡航奴儿干都司与郑和下西洋事件具有同等的价值，都是在扩张大明王朝的极限。只不过无论是奴儿干所代表的野人女真，还是郑和出访的西洋诸国，都不对大明的安全构成直接威胁。用招抚、朝贡的手段拉拢他们，在成本上很不划算。

一朝皇帝一朝臣，人亡政息。并不是所有皇帝都能支撑得起像朱棣这样的野心的。朱棣本人非常喜欢后来的明宣宗朱瞻基，觉得这个孙子特别像自己，曾多次带着他北伐。相比之下，朱瞻基的父亲明仁宗朱高炽就显得太老实了，朱棣总觉得这个太子做皇帝不够有底气。好在身体一直不好的朱高炽只做了九个月的皇帝就驾崩，也算是遂了朱棣的心愿。

朱瞻基一共当了十年皇帝，在他的任内郑和又下了一次西洋（郑和死后，则由王景弘接任第八次下西洋），亦失哈也在继续北巡奴儿干。

1432年，亦失哈最后一次北巡奴儿干时发生了一件事。1413年，亦失哈第三次北巡奴儿干时，在附近的山崖上建造了一座供奉观音菩萨的寺庙"永宁寺"，并立石碑以示纪念。这次到访却发现永宁寺被土著居民给破坏了。

为显示大国气度，代表皇帝本人出巡的亦失哈并没有惩罚已经被吓坏了的破坏者，还是依惯例赏赐了他们。同时重修永宁寺，并又立了一块《重建永宁寺记》的石碑。所以三百多年之后，曹廷杰在奴儿干看到的是两块石碑。

对于大明来说，驻军奴儿干固然有震慑女真诸部之意，却不一定真的要动刀兵。古语云"攻心为上，攻城为下"，能用怀柔的手段稳定人心才是上策。在怀柔手段中，以朝贡之利诱惑边疆部族归附客观上也属于下策，所谓"以利相交，利尽则散"。

让被怀柔者认可自己的文化、价值观才是上策。假如女真人也开始学习儒家经典，那管理起来就方便得多了。问题在于女真地区的基本属性为渔猎，没有共同的经济背景，并没有推行儒家学说的基础。

不过这世界上还有宗教，共同的信仰同样可以起到教化作用。相比完全滋生于本土的道教，改良过的汉传佛教更适合对外传播。于是在建置奴儿干都司之后，朱棣才命令在旁边建造永宁寺，希望教化野人女真。

永宁寺并不是朱棣在黑水流域建造的唯一寺院。1417年，朱棣派内监张信领军一千五百人，横穿整个长白山脉，在长白山天池的北面修筑了一座"长白山寺"，让蒙古族及女真族僧人驻寺。寺庙建成之后，朱棣还下令在东北建置针对蒙古、女真地区佛教管理的"僧纲司"。

分别在黑水的源头和入海口建造寺庙的做法极具象征性，影响亦非常深远。19世纪时，日本和美国的探险家在考察永宁寺遗址时，都还能够看到周边土著居民，用极其虔诚的仪式拜祭永宁寺石碑。

然而任何软实力的影响都是需要硬实力支撑的。朱瞻基的寿命并不像朱棣和朱元璋那么长，只做了十年的皇帝。在他死后，继任的明英宗并没有再延续朱棣的伟业，西洋和奴儿干都司都不再是明朝的战略方向。也许明英宗停止这一切时想过，日后再恢复朱棣这些象征国力昌盛的远交之举，但无论他有没有想过，土木堡之变都昭示着大明再也不可能回到四夷咸服的时代了。

且不说罢巡奴儿干和停止下西洋的做法是否正确，这口锅让明英宗去背也是失之偏颇的。应该说明宣宗就已经想喊停，将休养生息作为国策了。永宁寺之所以被毁，是因为两年前（1430），明宣宗一度下令停止造船厂的造船工作。相应地，奴儿干都司的驻军也撤回了辽东。

叫停的原因有两个，一是在这片化外之地搞这么大工程，花费巨大，逃亡现象也非常严重。派去造船的军士经常成百上千地逃往女真部。二是并不能完全杜绝女真诸部犯边，按照当时辽东都指挥使的奏报，让野人女真首领随船南下朝贡，反倒让他们刺探到了边关情况，找到了空子来抄掠。

尽管这次暂停后不久，吉林船厂又恢复了营业，亦失哈再次回到了奴儿干并重修了永宁寺，但随着朱瞻基的去世，奴儿干和"黑水舰队"终归还是成为历史，就像"西洋"再也不会成为皇帝心之所往一样。

第二十三章
"高丽长城"与铁岭城

一

1387年，代表北元镇守东北的太尉纳哈出兵败归降明朝。这标示着明朝取得了整个东北地区的控制权。元朝用的是行省制，将全国划分为若干个行省，东北地区整体被划为"辽阳行省"。开始布局东北的明朝，决定依照辽阳行省的范围，延伸自己的军政机构。

明朝在边疆地区实行的是卫所制，农业条件好的区域直接驻军建立卫所；鞭长莫及的地区，那就招抚土著部落建立"羁縻卫所"。这些建立在故元领土上的卫所，就包括辽阳行省最东端的"铁岭卫"。

出乎朱元璋意料的是，设立铁岭卫的决定差点引发一场战争，一场大明与高丽王国之间的战争。更让人意想不到的是，铁岭卫得失与否，日后竟然还与建州女真的命运息息相关，影响到了明朝和朝鲜的国运。

铁岭位于沈阳北部，是中国一座以盛产小品演员而著称的城市。在铁岭市的北面还有一个由其代管的县级市"开原"。在明朝大部分时期，身份还是卫所的"铁岭"与设置在开原的"三万卫"是帝国直属领土的最北端，也是仅有的位于北纬42度线以北的明军卫所。

然而大家认知中的铁岭，却不是朱元璋最早想设立的"铁岭卫"。最早的铁岭是一座位于现在朝鲜咸镜南道与江源道交界处的城。铁岭以北的朝鲜东北地区，对应的则是当年汉武帝最初设立的"玄菟郡"。

朱元璋准备将铁岭城作为大明东界，法理依据并非来自汉武帝，而是直接继承自元朝。元朝对高丽王国的统治整体虽然算是羁縻统治，不干涉其内部王位的更迭，但铁岭以北的朝鲜半岛却并非高丽领土。当时元朝在铁岭城设置有"双城总管府"作为帝国的东部极点。

铁岭的名字出现在辽宁，是朱元璋下令铁岭卫内迁的结果。

这事还得从高丽建国时说起。高丽王国于 918 年建国，后世称之为"王氏高丽"，为的是与之前横跨中国东北与朝鲜半岛北部的高句丽王国区别开。其开国君主王建取高丽之名，显然是想继承高句丽的政治遗产。不过要是从地理位置及连续性来看，这笔遗产更应该为 698 年建国的渤海国所继承。

比王氏高丽早两年（916），耶律阿保机在东北草原建立了"契丹国"，也就是后来的辽国。十年后契丹人灭亡了渤海国，将控制线延伸到半岛北部。又过了十年（936），王氏高丽向南吞并了新罗与后百济，实现了"三韩统一"。

一如唐朝攻灭高句丽后有大量高句丽贵族和遗民南逃融入三韩，渤海国亡国之后，也有包括世子在内的不少遗民跑到王氏高丽避难。加上"高丽"的国名，你很容易感觉到，高丽王国是很想借机把控制线扩张到长白山脉的。最低限度，也得以鸭绿江、图们江做边界。

只可惜此时的辽国声势渐隆，甚至跨越万里长城拿到了燕云十六州。为了在与宋朝交战的过程中不至于后院起火，辽国在 993 年至 1019 年间三次东征高丽，最终逼迫高丽与自己结盟。此后高丽不再向宋朝称臣，转而向辽国称臣。

二

这种城下之盟并不能解决双方的结构性矛盾。对于朝鲜半岛政权来说，不管中国东北地区被谁统治，最担心的都是后者跨越鸭绿江，攻取以平壤为核心的西北沿岸平原，要是用汉武帝在半岛北部建立的汉四郡来对应，这片朝鲜半岛的核心之地就是四郡中之首的"乐浪郡"。

朝鲜半岛的地势整体呈东高西低状。主平原都集中在与辽东隔鸭绿江口相望的西侧。当年汉朝把汉四郡中的三个都或取消或内迁了，唯独乐浪郡一直留在版图里，也是因为可以从海陆两线控制这片土地。

如果统治东北的是中原王朝，基于远交近攻的原则，半岛政权受到的压力还会小些；如果就是诞生于东北的政权，那压力就大了。

1033 年至 1044 年，为了解决困扰已久的北方压力，王氏高丽花了十年时间在北方修筑了一条"高丽长城"。这一做法很容易让人感觉到他是在向中原王朝学习，这条高丽长城甚至也有一个与"万里长城"相似的叫法——千里长城。

西起鸭绿江口、东至日本海的高丽长城，主体是沿着鸭绿江与半岛境内河流的分水岭修筑。虽然把鸭绿江口以南的西部平原带都纳入了保护范围，却将整个鸭绿江、图们江流域整体留给了辽国。后来金、元两朝与高丽的划界，依托的也是这条千里长城。

千里长城不光是把高丽挡在了现在的中朝界河之外。对比现在的朝鲜地图，你还会发现它少了非常重要的一个区域——盖马高原。

如果说青藏高原是"中国的屋脊"乃至"世界屋脊"，那么盖马高原就是"朝鲜屋脊"。大多数半岛都是大陆向海洋延伸的山脉，从山上奔流而下的河流在两侧冲刷出背山面海的平原，人类则依托这些平原发展文明。

朝鲜半岛也不例外。半岛的核心山脉分为南北两部分：北边的盖马高

高丽长城示意图

Map labels:
长春　俄罗斯　图　松花江　长白山　锡霍特山　中华人民共和国　白山江　绿江　铁岭　铁岭卫　沈阳　沈阳中卫　盖马高原　辽阳　东宁卫　辽东都司　定辽中、左、前、后卫　广宁中、左屯卫　锦州（锦州）　鸭绿江　朝　鲜　日本　高丽长城（公元1044年竣工）　东朝鲜湾　明"铁岭卫"（元"双城总管府"）　丹东　新义州　渤海　西朝鲜湾大海　平壤　太白山　韩国　郁陵岛（韩）　首尔　黄海

原、南边的太白山脉。前者的海拔更高，所以被视为半岛的屋脊。若真从地理的角度来看，盖马高原其实和中国境内的长白山脉是一体的。只是被鸭绿江和图们江这两条源头相接，一头连着黄海一头连着日本海的河流完美分割为两部分。

长白山天池则是两大山地的连接点。为此 20 世纪 60 年代中朝两国在勘界时，中国还特地把松花江、鸭绿江、图们江三江源头身份的长白山天池，切割了一部分给朝鲜。

长白山脉的整体海拔更低，并且散布着许多山间小盆地，因此成为东北诸渔猎民族的成长之地。相比之下，盖马高原本身生存条件就要差得多了，抗美援朝战争中著名的长津湖战役，发生地长津湖就是在盖马高原南部。这一地区的人口主要分布在北麓的鸭绿江、图们江南岸地区，以及沿海平原带。

东亚地区刮的是东南季风，水汽是从东南方向来的。盖马高原—太白山脉以西的冲积平原因为处在迎风面发育比较大；东侧则是很细长的一点点。这就导致朝鲜半岛的政治、经济中心，一直都是在西、南方向。高丽长城所保护的也是西侧的平原地带。

南边太白山脉以东地区，因为远离长白山脉，基本不会遭遇北方渔猎民族渗透，所以一直算是半岛政权的固有领土。盖马高原及其山麓平原就不一样了，由于与长白山脉地理相接，历史上一直是东北渔猎民族的舒适空间。放在王氏高丽时代，那就是女真人的天下。《元史》中有明确记载，双城总管府也就是铁岭城，是高丽人和女真人的分界线，所谓"高丽女真界首"。

三

有一说一，铁岭城的位置并不在千里长城以北，而是在千里长城以南。从这个角度说，本来倒也算是高丽固有领土。当年蒙古人势大，铁岭一带的高丽豪强乘机造反，主动归附元朝。元朝也顺势把边界线向南移了点，不过总体来说并没有什么本质变化。

对于这点，高丽肯定是不满意的。1356 年，趁元朝在中原与红巾军乱战之机，高丽出兵夺回了铁岭城。既然已经撕破了脸，并且元朝眼看四分五裂，那高丽的野心自然也就不只拿回铁岭城了。把边境线推进到鸭绿江和图们江流域，一直以来都是高丽王国的夙愿。这在后世被称为"北进定策"。

高丽在辽国势衰、金国崛起的前夜就已经尝试过北进，结果被立志统一所有女真之地的完颜女真所击败。元朝比金国还强大，所以高丽不光没机会再次觊觎两江，更丢了铁岭城。这次又是一个百年不遇的窗口期，当然是要再试一试的。在朱元璋忙着北伐时，高丽已经把控制线推进到了图们江。

本来在攻取元大都之后，识时务的高丽国主王颛便已经向朱元璋表示愿意称臣。在纳哈出投降后，王颛的继承人，高丽末代君主王禑甚至还做出了全国上下改穿明朝冠服的决定。在此之前，同样为了表达对上国的恭顺，高丽上下不仅在服饰上与元朝保持一致，上层甚至还效法草原习俗，主动剃去额前的头发。

现在朱元璋觉得元朝的东西自己都应该继承，不光朝鲜要依前例确认与明朝的藩属关系，更应该恢复两国的边界；高丽则觉得吃进去的肉怎么可能吐出来。而且在高丽人心目中，之前的高句丽、渤海国都与自己有莫大渊源，没有提出对白山黑水的领土要求，只是以鸭绿江、图们江划界已经算是吃亏了。

在北元还在漠北喘息的情况下，高丽国王认定自己还可以在明朝和元朝之间做选择。现在朱元璋要侵害自己的利益，那就只能回过头去再站队北元了。朱元璋派出铁岭设卫的部队在渡过图们江时就遭到了野人女真的袭击，不得不折返回辽东。而这支野人女真敢这样做，极有可能是受高丽方面驱使。

除了指使女真人在图们江阻击明军渡江以外，王禑同时还派遣大将李成桂、曹敏修，北渡鸭绿江主动出击辽东（1388 年 5 月）。好在战争并没有真的打起来，两员主将在渡过鸭绿江时，突然从江口的威化岛回师兵谏，要求停止与大明开战。虽说是两个人一起兵谏，但摘果子的却是李成桂。兵谏成功并独揽朝政之后，李成桂一步步肃清了政敌，于 1392 年建立新的"朝鲜王朝"，史称"李氏朝鲜"。

为了建立新朝，李成桂向朱元璋表达了愿意臣服大明的意愿。尽管以

元代朝鲜地图

朝鲜的国力肯定没有办法与明朝对抗，当日李成桂和手下的军队也知道此去必是以卵击石，所以才做出了回师兵谏的决定。然而在北元还没有肃清，东北初定的情况下，高丽的态度还是很重要的。

为了褒奖李氏朝鲜的效忠，朱元璋不仅将朝鲜明确列为不征之国，更下令铁岭卫内迁。影响决策的一个重要原因，就是李成桂就出生于铁岭。不得不说，用这样一个理由恳请明朝内迁铁岭卫，朱元璋的确很难拒绝。不过朱元璋直到最后也没有明确表示过要放弃铁岭至图们江之间的元朝故土，朝鲜则认为这种态度已是默许。

后来李氏朝鲜将整个国土分为八个道，世称"朝鲜八道"，图们江至铁岭城之间的盖马高原地区被设置为"咸境道"。从这个角度说，李氏朝鲜之于朝鲜历史的贡献，相当于扩张了八分之一的领土（实际会更大，因为多山的咸镜道面积最大）。

可以想象一下，如果当代中国失去了青藏高原，地缘安全会受到多大影响，你就能够理解盖马高原地区对朝鲜有多么重要了。这一历史贡献，更是帮助李氏朝鲜的国祚一直延续到了1910年。

四

铁岭卫的回撤，意味着图们江—鸭绿江成为大明与朝鲜王国的国境线。客观地说，划江而治并不符合地理规律，更多的是一种政治妥协。山脉和河流经常被视为天然边界，但山脉的阻隔效力要强大得多，两侧甚至会形成不同的气候环境。相比之下，河流两侧的联系就要紧密得多，通常会为同一族群所覆盖。

辽金元时期，鸭绿江、图们江流域整体为女真人所覆盖，如今图们江北的中国境内，建立有"延边朝鲜族自治州"正是这一现象的表现。

不管怎么说，在铁岭卫撤入辽东之后，图们江成了明朝和朝鲜的边界线。不过李氏朝鲜虽然把国境线推进到了图们江，想消化这一地区却还是需要时间的，最大的问题是怎么经营。

首先要做的肯定是往盖马高原地区迁入人口，尤其是条件最好的沿海平原地带，以及图们江南岸。只是光这样做还不够。一个现实的问题是，这一地区还有不少野人女真部落存在，而且来自图们江以北地区的野人女真部落，以后还是会依惯性南迁。

这个问题不是李氏朝鲜才开始面对的，王氏高丽北征时就已经面对。一个能修"千里长城"的政权还是要继续向中原王朝学习。中原王朝在面对北方的游牧压力时，向来不是只依靠长城和武力，还会分而治之，甚至主动内迁部分游牧者充当屏障。

打个形象的比喻，盖马高原之于朝鲜，相当于漠南或者说内蒙古地区；长白山脉地区则相当于漠北或者说现在的蒙古国地区。区别只在于分隔漠南、漠北的是大漠戈壁，长白山脉与盖马高原之间的分隔线是两条更容易跨越，但同时也更容易划界的河流。

在刚开始北伐时，王氏高丽对被征服地区的女真人态度非常强硬，亦因此遭遇了很大的反弹，甚至被女真人反攻成功。之后王氏高丽转而使用怀柔政策。为了安抚盖马高原地区的女真人，朝鲜方面不仅给予他们以国民待遇，甚至还主动招揽鸭绿江、图们江以北的女真部落南下，变身为朝鲜国民。

当然，这一政策也不光针对女真人，只要愿意跨江而来做高丽人的都来者不拒。所谓"愿渡江为民者，官给粮种，各令安业"。鉴于白山黑水地区因为元朝崩盘而乱成一锅粥，过江就能安居乐业的诱惑还是很大的。江北很多地区甚至出现了"为一空"的景象。

"华夏入夷狄则夷狄之，夷狄入华夏则华夏之"的道理不只适用于华夏地区。说到底，所谓民族更多的是一种文化认同。在彼此人种相一致的情况下，相互转换的难度更低。日后我们会说到，女真人中有一些部落最初源自蒙古，而蒙古部落中也有来自女真的成分。

自然经济时代，人口是第一生产力，只要愿意归附都是重要的资源。同时作为最原始的生产方式，渔猎本来就是会向农耕或者游牧模式进化的，怎么转换只在于所处的环境适应哪种经济模式。北纬42度线正好从三江源头的长白山天池中心穿过，可以说朝鲜半岛整体都属于农耕文明区。这种情况下朝鲜消化女真的难度，比起中原王朝融合游牧民族来说要容易得多。

值得一提的是，在高丽征服女真地区的过程中，无论用战争还是怀柔手段，出生于铁岭城的李成桂都是最为核心的执行者，这也为他后来建立新朝，与明朝达成划江而治的协议奠定了基础。李氏朝鲜建立之后，针对女真人的招抚政策亦因此得到了延续。

只是令朝鲜方面没有想到的是，在朝鲜招诱为民的女真部落中，竟然会有一支在两百多年后成了自己的主人。

第二十四章
建州女真的前世今生（上）

一

1583 年，二十五岁的努尔哈赤被朝廷任命为建州左卫都指挥使。这种任命原本并没有什么稀奇之处，一般来说只是对被羁縻部落内部继承的官方认证，所谓"俾仍旧俗，各统其属"。这就好像结婚是两个人的事，婚姻登记处只是帮着发个证书，不能帮你做决定一样。

努尔哈赤的祖父觉昌安就是建州左卫都指挥使，努尔哈赤的这次接班表面看起来并没有问题，但实际上里面还是大有文章的。明朝廷对女真诸部的经营原则是"以夷制夷"。最好的状态是你们之间掐得你死我活，但都要求朝廷出来主持公道。至于到底公不公道，那就看个人感受了。

此刻努尔哈赤肯定认为不公道。他之所以能够继位，是因为之前建州右卫反叛朝廷，自己的祖父和父亲塔克世本来是代表朝廷前去劝降的。结果人还在城里，辽东总兵李成梁下面的兵，与带路的图伦城主尼堪外兰，就不顾二人的死活杀了进来，导致努尔哈赤的祖父和父亲都死于乱军之中。

努尔哈赤肯定不能追责李成梁，除非他想背一个反叛朝廷的罪名。于是就强烈要求杀掉尼堪外兰抵命。然而明朝方面却不愿意这么做，毕竟尼堪外兰在为朝廷效命平叛。被努尔哈赤逼问急了，甚至有边将放出话来，如果努尔哈赤再不依不饶的话，就扶植尼堪外兰成为新的建州之主。

饭可以乱吃，话不能乱说。见明朝非但没有杀尼堪外兰抵命，还风传要扶植他，建州女真真有不少看不惯努尔哈赤的人，跑去说要效忠新主的。不过眼红的多是与努尔哈赤同龄的亲族子弟，有政治头脑的城主们多是观望或者站队努尔哈赤。

朝廷这次没有惩戒尼堪外兰，不代表真的会扶他上位。努尔哈赤是名正言顺的建州左卫指挥使，这官职在他的家族内部传承都快两百年了。可别小看血统，当年成吉思汗和扎木合先后称汗，要不是成吉思汗的曾祖父曾经统一蒙古诸部做过大汗，两个人谁更有机会统一草原还真不好说。也先非常强，但就因为不是黄金家族的血脉，到头来依然落得一个惨淡收场。

倒不是说有了血统就有了一切，只不过打破旧秩序需要时机和过程。朝廷治边的要求是别生乱，新势力除非有压倒性优势，才可能顺势被朝廷认可。否则的话，天时终归是在旧势力一边的。

于私来说，凡事脱不出个理字，这也是为什么打仗一定要师出有名。父祖之仇不共戴天，女真人讲究有仇必报，努尔哈赤报父仇到哪儿说都占理。两相一比较，换我也押宝努尔哈赤。

二

尼堪外兰可以不杀，但努尔哈赤那边总得有个说法。这倒也有个承袭已久的规矩叫作"赔命价"。女真人的习俗是"杀人偿马牛三十"。在现代人看来，杀人用钱抵，那不就是"有钱就可以为所欲为"吗？此一时彼一时，还真不能这么理解。

用钱抵命在当时算是个重大进步，不然就是你杀我，我杀你，冤冤相

建州女真与叶赫女真位置关系图

报何时了？说到底，那个时代人命没那么金贵。

按照女真的标准，身为辽东最高军政长官的李成梁，补偿了努尔哈赤三十四马三十道敕书。要是分开来看，三十匹马是赔他父亲的命，三十道敕书是赔他祖父觉昌安的命。觉昌安不光是建州左卫的酋长，还是朝廷任命的"建州左卫都指挥使"，只用三十四马来抵命肯定是说不过去的。

敕书通俗点讲就是委任状，这东西在边疆地区属于硬通货。每一个接受朝廷任命的部落首领都得有敕书认证身份。同时敕书还代表着贸易权。大明与历代其他王朝一样，用封贡贸易来控制四夷。只有那些接受朝廷任命的部落首领，才有资格进京朝贡，包括按照相对应的配额获取赏赐及进行贸易。

三十道敕书就是三十份贸易配额，李成梁认为补偿不低了。其实努尔哈赤这个建州左卫都指挥使的官职，也是补偿的一部分。因为这个位置原本是属于他的祖父觉昌安，而他的父亲只是觉昌安的第四子，按正常继位顺序是轮不到努尔哈赤的。这也是为什么努尔哈赤上位后，建州子弟多有不服。

其实那些支持努尔哈赤的城主也有类似心理。尼堪外兰原本和我们一样，都是建州三卫治下的城主，凭什么就想着攀上李成梁的大树，骑到我们头上？

人死不能复生，识时务者为俊杰，虽说父祖之仇不共戴天，努尔哈赤亦只能暂时把对明朝的不满压在心底。以家传的十三副铠甲为资本起兵向尼堪外兰复仇。当然，明眼人都知道，这哪是十三副铠甲给的底气。真要说起来，那不光代表明朝的态度，更能带来实际利益的三十道敕书起的作用要关键得多。

很多人都说努尔哈赤能成功，李成梁的帮助最大，这话还真没说错。他的这些举动代表着朝廷，等于给了努尔哈赤"天时"，有了"天时"就能"人和"，能让那些聪明人知道该往哪儿站队。

三年后，屡战屡败的尼堪外兰被迫避入辽东，寻求明朝的保护。

既然尼堪外兰自己都保护不了自己，努尔哈赤也表示愿意效忠朝廷，甚至视李成梁为父甘受驱使，那尼堪外兰是弃子就成为必然了。于是这个旧势力被挑战者交了出去，用他的人头平息了一场动乱。

只是任谁也想不到的是，攻杀尼堪外兰只是一个起点。三十年后努尔哈赤竟然能够统一女真诸部建立"后金"政权（1616），十一年后拿下朝鲜（丁卯之役）。又过了十七年，坐在紫禁城龙椅上的就变成了努尔哈赤的孙子，爱新觉罗·福临（顺治），大明王朝的最后一个皇帝崇祯则吊死在紫禁城后面的煤山上。

中国文化用天干地支纪年，以六十年为一轮回。如果以努尔哈赤起兵复仇为清朝兴起的起点，崇祯吊死煤山为明亡的象征，倒是正好合了一甲子之数。回头看，当年成吉思汗从起兵开始统一蒙古诸部，到攻灭金国入主中原，也是花了五六十年时间。

说起来努尔哈赤和成吉思汗两个人的经历还真有点相似。努尔哈赤和羁縻女真地区的明朝有血仇，起兵反明时发了名为"七大恨"的讨伐檄文，七大恨的第一条就是父祖无端被明军所杀之事。

成吉思汗同样和羁縻蒙古地区的金朝有血仇。蒙古诸部最早是由成吉思汗曾祖父合不勒汗统一的。合不勒汗的继任者，他的堂弟俺巴孩汗就是被当时的金熙宗钉死在木驴上的。后来成吉思汗讨伐金国的直接理由，就是为俺巴孩汗报仇。

三

成吉思汗的祖先统一过蒙古诸部，努尔哈赤的祖先倒没那么辉煌，但也不是入不了史书的无名之辈。理一理建州女真的来历，甚至能和宋徽宗、宋钦宗、明成祖朱棣，包括建立李氏朝鲜的李成桂都扯上关系。

上一章说朝鲜的时候提到过铁岭卫和三万卫。这两个地处沈阳之北的卫所，是仅有的设置在北纬42度线以北的明军卫所。它们的得失是辽东安危的风向标，而辽东的得失又关乎帝都的安危，可以说怎么来形容它们的重要性都不为过。

铁岭卫是从朝鲜撤回来的。当然从当时的情况看，朱元璋并没有真的在朝鲜铁岭设过卫所，保留这个名字有震慑李氏朝鲜的意思。如果你敢不听话，那我就让铁岭卫回它的老家去。三万卫也是这种情况，只不过它的初设地点不是在朝鲜境内，对应的是黑龙江省依兰县。

三万卫得名于元朝在此设的三个女真万户，而这三万户就是建州女真的前身。

说起三万卫大家肯定不熟，那三万户呢？估计知道的人也很少。那"五国城"呢？这个估计喜欢历史的人都知道了。

建州女真的祖地与一条江和一座城有关：江是牡丹江，城是五国城。发源于长白山脉腹地的牡丹江，北流出山地后在黑龙江省依兰县注入松花江干流。五国城便位于牡丹江注入松花江的江口。1127 年，金军攻破北宋都城开封，徽、钦二帝及数以千计的宗室被当成战利品押送回女真人的老家。五国城便是这两位皇帝的安置地，也是宋徽宗的身死地。

如果只是因为关过两个皇帝，五国城是不会出现在这本书中的。五国城更重要的身份，是充当东北渔猎区的南北分割点。为了便于识别，我们可以把五国城及其以北的女真部落称为"北女真"，五国城以南的女真部落称为"南女真"。

能够成为南、北女真的分割点，是因为五国城在地理上是三江平原与松花江平原的分割点。同时过了五国城，也就相当于走出了长白山脉。

东北地区有三大平原，由南向北分别是辽河平原、松嫩平原，以及东北部黑龙江、松花江、乌苏里汇三江合流冲积而成的"三江平原"。以平原来论，女真人的活动地区算是占了一个半，包括松嫩平原中的松花江平原部分（嫩江平原属于游牧之地），以及它北边的三江平原。

以三江平原为核心地区，在 20 世纪的中国有一个广为人知的名称——北大荒。光听名字就知道是片荒蛮之地。荒蛮有两个原因：一是纬度过高导致气候寒冷；二是三江平原实际是被长白山脉、外兴安岭、小兴安岭等几大山脉围就的一个盆地。几条大河的水淤在里面，使得其大部分土地的自然地貌呈现为沼泽地。

一直到 20 世纪 50—70 年代，这一地区在现代机械及育种技术的助力下，排干多余积水变成了中国最重要的粮食生产基地，并赢得了"北大仓"的美名。

对于女真人以及其他成长于白山黑水的渔猎民族来说，覆盖松花江平原和长白山脉的南女真地区，条件肯定是要好过三江平原的，最起码温度也能高点。如果说南女真地区，在气候温暖期还能搞点农业，帮着建立扶余国、高句丽、渤海国、金国等政权的话，那么北女真地区当年就真的是纯渔猎区了。

四

"五国城"的名字来源于辽金时期居住于三江平原的五个女真部落，这五个部落被合称为"五国部"。五国城位于五国地区最南端，更准确的名称是"五国头城"，背山靠水算是北女真条件最好的地方，同时也是五大部落的会盟点。

金国的核心部落"完颜部"则崛起于南女真地区，最初的都城"上京城"位于今哈尔滨东南部。在完颜阿骨打建立"金国"之前，五国部便已经被完颜部收服。

元朝称女真之地为"三京故国，五国故城"，这"三京故国"指的就是南女真地区，因为刚才说的这些东北政权，在南女真地区建了不少名字带"京"的政治中心。至于"五国故城"代指的就是北女真地区了。

虽然辽国把白山黑水之地的女真部大都认定为"生女真"，只有迁入辽东的才是"熟女真"，但对于以完颜部为代表的南女真来说，以五国部为代表的北女真，肯定是更"生"的女真了。把宋朝的两个皇帝放在五国城，在完颜金国看来相当于发配边疆。

完颜女真入主中原后，五国部女真因为不是核心部落，整体还是留在了原地。不过这倒是因祸得福，毕竟后面的事情大家都知道，那些入主中原的核心部落，后来都被蒙古人清洗得差不多了，金国宗室们遭的罪并不比当年宋朝宗室的少。

征服后，元朝同样没有把五国部女真迁走，只是按照自己的规矩编了五个万户，统称为"五万户"。等到纳哈出归降，朱元璋开始经营松花江流域时，五万户已经兼并重组成了围绕五国城一带定居的胡里改部、斡朵里部，以及桃温部等三个万户。

于是乎，1387年，朱元璋开始在东北广设卫所时，"五万卫"翻牌成了"三万卫"。依托三万卫还设了名字特别长的机构，叫作"兀者野人乞例迷女直军民府"。兀者、乞例迷都是野人女真的主要部族名，分布于三江平原。翻译过来就是管理兀者、乞例迷等野人女真的军政机构。

五国城的重要性是由它的地理位置决定的，就算是改朝换代都不会变。后来清朝在入主中原后，仍然是依托五国城统治松花江、黑龙江下游地区，无非是把名字改成了"三姓五国城"，简称"三姓"城。加注了三姓，是因为清朝从三江平原迁来了三个生女真部进驻于此。而这些没有被带入中原的三江平原生女真，在20世纪50年代划分民族时，被单独列为"赫哲族"。

说句题外话，如果比照现在的民族划分原则，五国城女真和完颜女真估计得划成两个民族。

岳飞当年的梦想是"迎还二圣"，可惜出师未捷身先死。红巾军起义打的是复宋的旗号，拿下五国城并驻军对于朱元璋来说极具标志性意义。如此有标志性意义的一个点，朱元璋肯定是想直接设立明军卫所，作为帝国直属领土的北极点，就像同一时期想在朝鲜设置铁岭卫，作为帝国东极点一样。

五

不过五国城离辽东还是有点远，朱元璋当时派了步骑两千前去设"三万卫"。结果派出去的将领到那儿就上书"粮饷难置，奏请退师"，第二年初（1388）就不得不内迁至辽东。这事说起来和高丽方面对铁岭卫的激烈反应也有关系，高丽那边都大兵压境了，朱元璋觉得还是先别管野人女真的事，集中力量警戒朝鲜才是上策。

后来李氏朝鲜建立，向明朝称臣，三万卫也没有迁回牡丹江口。朱元璋也想通了，反正普天之下莫非王土，女真也好，朝鲜也罢，只要臣服都算是大明子民。三万卫和铁岭卫一起，放在辽东的最北边，同样能展现它们的标志性意义。

三万卫放在了辽东，那么贡献了这个名字的那三个女真部落有没有南下呢？朱元璋决定在五国城设三万卫之前，这三个女真部落就已经离开了世居的五国城南下。

谁都想过好日子，过好日子就得往南走，向北纬 42 度靠拢。五国城在女真地界也只是个比上不足比下有余的位置。根本问题是不靠近农耕区，很难通过互市、劫掠手段获取农耕区的丰富物资。中国历史上不管哪个朝代，迁徙都是严格受限的，不是说你想走就能走，元朝垮了可是个大机会。

事实证明，树挪死，人挪活。这三支南下的五国部女真最终成了建州女真的前身，二百五十年后入主中原，为所有东北渔猎部落出了口气。

正常情况下，五国部女真想南下的话，那肯定是从黑龙江往吉林走，往松花江上游走。五国城以南的松花江沿线地区，包括现在的哈尔滨、吉林等地在元朝被称为"海西"地区。直接往南走，那就是进入海西地界了。

问题是海西一直是有主之地，也是女真诸部的核心区，当年完颜女真就崛起于今哈尔滨一带，并定都在上京会宁府（今黑龙江哈尔滨市）。后来与建州女真相争的"海西女真"，又称"扈伦四部"（乌拉、哈达、辉发、叶赫）。其祖地就在今哈尔滨一带。哈尔滨北边有条河叫作"呼兰河"，扈伦就是呼兰，只是翻译成了不同的汉字。

扈伦部在元朝末年也从东流松花江边上的哈尔滨，南迁到了西流松花江边上的吉林，并逐步在长白山脉中扩张至与辽东相接。在脱脱不花东征、海西女真遭遇重大打击后，扈伦部方分裂形成各自独立的"扈伦四部"。

正因为扈伦部的起源地是原来完颜女真的中心，很多人认为扈伦部才是真正的金国宗室后裔，甚至直接认定是完颜宗弼，也就是和岳飞打得难解难分的"金兀术"的后人。这事尚未有定论，可以确定的是有海西女真挡着，五国城女真就没办法由松花江流域南下，向北纬42度线靠拢了。

第二十五章

建州女真的前世今生（下）

一

有海西女真挡着，五国城女真没办法往辽东靠拢。幸好在东北亚地区，辽东并不是唯一处在北纬 42 度温度线之南的农耕区，朝鲜半岛整体也是。

之前说过，借着元末天下大乱之机，高丽王国把控制线扩张到了鸭绿江和图们江南岸。为了消化这片故元领土，高丽对留在原地和前来投奔的女真人搞了很多优惠政策。只要愿意做高丽国民，就给粮、给牛、给地。同时开放互市，让女真人能够交换到他们渴望的物资。

后来李成桂用"李氏朝鲜"颠覆了"王氏高丽"，也没有改变对女真的招抚政策，反而是更加重视。

这些政策都是从中原学过去的，效果也很明显。受此吸引，胡里改部、斡朵里部、桃温部这三支五国城女真，都从东南方向往图们江流域靠拢。牡丹江与图们江之间还有一条发源于中国境内，从海参崴入海的绥芬河。这条河流成了五国城女真南下图们江的跳板。

1403 年，也就是朱棣刚登上皇位那年，仍留在绥芬河流域的胡里改部首领阿哈出，代表五国城女真前往南京朝贡。只要是肯归附的部落，明朝

五国域位置示意图

无论蒙古、女真都会根据规模大小设立羁縻卫所。绥芬河中游在渤海国时期被叫作"建州"，于是胡里改部就被改编为明朝"建州卫"。

特别之处在于按照朝鲜那边的记录，朱棣还在做燕王时就纳了阿哈出的女儿"帝三后"为妾。对于这些搞政治的人来说，娶谁不娶谁从来不是看容貌，而是要看价值。

清末民初的史学家孟森曾经点评，"明之惠于属夷者，以建州女真所被为最厚"。他认为明朝在所有羁縻卫所中，对建州女真最好。不管朱棣有没有真的和建州女真联姻，后者的确对于明朝有特殊价值。

五国城可以说是野人女真第一城，明朝称阿哈出为"女直（真）野人头目阿哈出"。想招抚五国城以北的野人女真，表面看没有比阿哈出更合适的了。所以朝鲜那边的记录也称朱棣"欲使招谕野人女真"。

不过五国城女真既然已经整体离开了松花江流域，任务其实就很难完成了。后来朱棣在吉林建船厂，打造"黑水舰队"经略奴儿干都司，客观上依仗的是海西女真，包括代表朱棣九巡奴儿干都司的内官亦失哈也是海西女真。以至于明朝早期，松花江—黑龙江下游经常会被称为"海西江"。

二

搬家让五国城女真失去了帮明朝经略黑水野人女真的地理优势，却不代表没了用处。在朝鲜扩张到鸭绿江、图们江南岸的情况下，女真实际上成了一个跨境民族。就图们江两岸的情况而言，胡里改部主要在江北的中国境内活动，而斡朵里部则进入了朝鲜境内。至于一同南下的桃温部，则在南下过程中肢解，不再为中朝双方所关注。

斡朵里部的首领，努尔哈赤的六世祖爱新觉罗·孟特穆（猛哥帖木儿），还在李成桂改朝换代的前夜（1392），被高丽王国加封为万户，视为朝鲜女真诸部之长。

然而这一切，却随着阿哈出受封建州卫指挥使而发生了变化。朱棣给阿哈出的任务，是让他帮着招抚野人女真。别的部落不好说，但图们江南、北的胡里改部和斡朵里部肯定没问题。这两个部落的首领家族代代联姻，几乎就可以视为一个部落了。

于是乎在阿哈出的推荐之下，移居图们江北的胡里改部又得到了一个"毛怜卫"的编制；江南的斡朵里部首领孟特穆也受封为建州卫都指挥使。基于这一渊源，后来就把他们统称为"建州女真"了。

有了这两件大功，阿哈出在 1406 年获准带着自己的部众南迁至鸭绿江右岸的"猪婆江"（浑江）上游定居。这个位置是吉林与辽宁相接之地，再往南跨一步就是辽河流域，与明朝互市是非常方便的。

这个家不搬也不行。朝鲜方面本来还指着爱新觉罗家族帮着整合境内的女真诸部，包括继续吸引中国境内的女真南渡。现在倒好，朱棣把斡朵里部也纳入了建州卫的概念里。知道的会说明朝只是请女真人回老家，不知道的还以为朱棣还惦记着在朝鲜重设铁岭卫呢。

考虑到朱棣连奴儿干都司和西洋都能惦记，还真可能有这种想法。

李成桂不能与明朝翻脸，但收拾建州女真还是有力量的。收拾的办法也是向中原学的，那就是先把互市断了，同时拉拢其他野人女真攻击两卫。结果在朝鲜方面的攻击下，毛怜卫的首领把儿逊死在了朝鲜人手中。孟特穆则不得不带着部分族人到鸭绿江流域去跟阿哈出会合，明朝方面则正式为他设了"建州左卫"。

没过几年，舍不得朝鲜基业的孟特穆又带着人回朝鲜。结果也步了毛怜卫的后尘，被依附朝鲜的女真部落攻杀。建州左卫残部再次回到中国境内，再不去朝鲜定居了。

孟特穆死后，他的弟弟凡察与儿子董山争夺建州左卫的控制权。明朝为了和稀泥，索性就又分出建州右卫给凡察。由此便有了"建州三卫"的说法。其实早一点毛怜卫的残部也逃了过来，阿合出还向明朝申请让自己的一个儿子去做毛怜卫的都指挥使。

无论是三卫还是四卫，当年的五国城女真在差点变成"朝鲜女真"后，终于进化成了"建州女真"。

三

原属斡朵里部的建州左、右卫女真人是在1440年，也就是明正统五年从朝鲜移居到鸭绿江右岸的。反正隔着鸭绿江，朝鲜那边再有什么想法，以后看起来也就这样了。然而此时东北亚的事情并不是"三国演义"，而是"四国演义"。除了明朝、朝鲜、女真三方以外，还有在东北草原的蒙古人呢。

这不，建州女真重聚首才两年就出大事了。这事之前交代过，代表瓦刺的也先成了事实上的蒙古之主后，当时的蒙古大汗脱脱不花为摆脱瓦刺的控制，翻越大兴安岭，回到蒙古人的祖地东北草原发展，并且把矛头对准了与明朝合作的女真人。

结果在蒙古本部（鞑靼）与兀良哈三部的联合攻击下，女真人损失了四万多人口，整部整部地被蒙古人掳走，数百被明朝册封为卫所官员的女真首领被杀。由于蒙古人是从西而来，遭遇损失的主要是吉林一带的海西女真，以及南迁至今哈尔滨一带的野人女真。位于中朝边界的建州女真一看情形不对，躲得比较快，没受到太多损失。

如果说这次蒙古东征破坏了朱棣沿黑水延伸至奴儿干都司的国防线，那么七年后的土木堡之变，就更让明朝威信全无。那次国难中，蒙古本部与兀良哈对大明的辽东诸镇发起全面攻击，光官兵就掳去了一万三千二百八十口。

打那以后，建州女真对明朝廷的态度就有点微妙了。本来在明朝看来，女真和蒙古还是有些区别的，政策也以招抚为主。原因是明朝看到的女真人不光渔猎，经济中也有农耕成分，跟游牧民族相比，与自己更有共同语言。

然而种地归种地，不代表一定要自己种地。由于彼此间竞争激烈，想做大做强的女真部落倾向于到农耕区劫掠人口种地，自己的丁壮则用渔猎模式保持战斗力。清朝初期不让八旗兵种地、经商、务工便是这个道理。

由于建州女真与朝鲜地理关系密切，越境到朝鲜弄些人口可以说是常态。因为这事，朝鲜多次上书明朝廷告状，甚至以解救被掳人口为名，越境攻打过建州女真。比如1433年，朝鲜就出动了一万五千人攻打建州卫，俘虏了两百四十八人。

打仗之前朝鲜方面会上书明朝，力数建州女真的罪状，打之后还会把俘虏的明朝百姓送回辽东。这种情况下，明朝方面也就睁只眼闭只眼，认为只是远夷相争，不去插手。对建州女真，则是让他们搬得离鸭绿江远点，别再惹事。

朝鲜那边不卖东西给建州女真了，没关系，大明这边有。为此明朝在现在辽宁抚顺的"抚顺关"专门为建州女真开放马市。

然而边疆的事就这样，永远不可能只靠招抚的手段就能安定。土木堡之变后大明国威受损，辽东边防被蒙古军攻击得岌岌可危。建州女真见状心里就有点微妙变化了，辽东也成为他们的劫掠对象。

这种做法就把建州女真推到了大明和朝鲜共同的对立面。收拾不了蒙古，还收拾不了你吗？1467年，明宪宗朱见深下令辽东边军与朝鲜军联合作战，入山围剿建州女真，史称"成化犁庭"。在这次让建州女真遭遇重创的战役中，努尔哈赤的五世祖，建州左卫第二代掌门人董山、建州卫的首领李满柱（阿哈出的孙子）都被擒杀。

四

打完以后该安抚还是要安抚，并不会就此撤销建州三卫的编制。建州女真在"成化犁庭"后太平了将近百年，一直到庚戌之变前都没什么大问题。1557年，又出事了。建州右卫首领王杲袭劫抚顺关，打破了过往的平静。

这件事有说是王杲不堪明朝欺凌起兵的，有说王杲奸诈反复的。立场不一样，观点自然不同。其实结合当时的历史背景，就会明白为什么这个时间点会出事了。

在建州女真出来搞事情之前，出了一件大事——1550年的庚戌之变，代表蒙古右翼的蒙古俺答汗攻到北京城下示威抢掠。而且这还只是第一次，后来又来过。当真是把北京城当成公共厕所，想来就来，想走就走。攻打长城的事，那更是年年都有。

大明再次威信扫地，建州女真的心态又开始变化了。被蒙古右翼牵制着，明朝廷哪还有精力和财力去解决女真之患？结果之后十几年间，反倒让王杲攻杀了不少辽东的将官，甚至包括辽东副总兵。

北边有蒙古、女真犯边，东南有倭寇之乱不绝，此刻的大明用风雨飘摇来形容一点不为过。危机四伏的原因前面说过，直接原因在于嘉靖特别固执，无论蒙古还是日本的"通贡"请求通通拒绝。买不到，那就只有抢了。

危机一直延续到"大明王朝1566"。事情直到1567年，隆庆正式取代嘉靖做了大明的皇帝才出现转机。这一年，正式开始使用"隆庆"作为年号的新皇帝下令解除海禁，允许开展海上贸易。也正是在这一年，李成梁升任辽东副总兵。三年后升任辽东总兵，成为辽东军政第一长官。

说起李成梁来，和努尔哈赤还真有化解不开的渊源。努尔哈赤的祖先是先到朝鲜，再内迁回来的。李成梁的高祖也是从朝鲜内附的。因为这个原因，后世还有怀疑他是朝鲜人的。其实不是的，李成梁家族当年是作为元朝的世袭军官，驻守在图们江之南的元朝领土，而且很有可能就是驻扎于铁岭。

为什么这么说呢？因为李成梁的高祖李英，是在朱元璋时期内迁到辽东的，因功授予的军职正是"铁岭卫指挥佥事"。内迁铁岭卫并不代表完全放弃恢复元朝在朝鲜半岛的国防线，否则也没有必要保留这个让朝鲜方面膈应的名字。用从朝鲜回来的李成梁家族世守铁岭卫，同样有这种威慑作用。

不管李氏家族是什么民族出身，都是世代为大明戍守在辽东的最北线，不让蒙古、女真越过北纬42度线这条生死线。真要论起谁是地头蛇，李氏家族比建州女真内迁的时间还早点呢。

五

要想功成名就，光有地利、人和是不行的，还得有天时。不得不说李成梁的运气很不错。他升任辽东副总兵的时候，朝廷与倭寇和解了；升任辽东总兵的第二年，"俺答封贡"又谈成了。俺答代表的是蒙古右翼，与他和解意味着大明的北方国防压力少了一半。同时意味着，大明的国防重心开始向东北战区倾斜。

打仗就是花钱，隆庆开关一方面减少了针对蒙古右翼和倭寇的军费，另一方面又通过海上贸易大幅增加了财政收入。这几个因素叠加在一起，就让身为东北战区总指挥的李成梁，手上有了比前人更充足的经费解决问题。

打仗是在刀口上舔血，没钱谁会去卖命？在明朝上阵杀敌是可以直接换钱换官的。换成钱的话，一颗蒙古士兵的人头在成化年间的价格白银 50 两，一颗女真战士的人头可以换银 30 两。后来女真威胁越来越大，人头的价格也涨到了和蒙古士兵一样。

这些钱不是只给明军。并不是所有的女真部落和蒙古部落都和明朝廷对着干。像努尔哈赤家族所在的建州左卫，就一边被迫跟着右卫一起犯边，一边又暗自向朝廷表忠心。与建州女真相邻的海西女真也是一样的情况。如果朝廷赏钱到位的话，这些还想着和大明做生意的部族，并不介意反戈一击。

很可惜，嘉靖朝的财政状况是出了名的烂，嘉靖不光固执，在位时间还长（当了四十五年皇帝），一切就只能等他驾崩之后才有转机。

关于开放海禁对明朝的国运影响究竟有多大，后面会有专门的章节解读。现在从大势来说，你应该已经很明显地感觉到，李成梁正站在风口上。

1573 年，李成梁在多次击败蒙古左翼之后，将兵锋指向了屡屡进犯抚顺关的建州右卫，用了两年时间擒杀王杲。之后王杲的儿子阿台一直想为父报仇，十年后也被李成梁剿灭。正是在那场战争中，努尔哈赤的父祖被误杀。

值得一提的是，剿灭王杲的战争刚开启，时年十五岁的努尔哈赤和他的弟弟舒尔哈齐就成了明军俘虏（1574）。李成梁一方面想分化建州左、右卫；另一方面也确实觉得两兄弟看着人才难得，所以留在身边做了扈从。甚至有说法认为，李成梁与努尔哈赤情同父子。

从政治角度说，李成梁的这种做法相当于为大明培养在建州女真的代理人。你还真不能说这种做法是错的。因为历朝历代都是这么做的，既然你不能完全消灭对手，那不如扶植一个和自己关系亲密的代理人。

早在春秋时期，各国就经常收留那些落难的王子，并以烧冷灶的方式下注。春秋五霸之一的秦穆公就曾如此操作，先后送了晋惠公、晋文公回国继位。正因为李成梁有将努尔哈赤当代理人培养的意思，后来二十五岁的努尔哈赤才有机会子承祖业，有机会在不受明朝干预的情况下统一女真。

当然，只要是投资都会有风险，政治投资同样如此。秦穆公一手扶植起来的两位晋国君主，后来都和秦国兵戎相见了，努尔哈赤更是成了大明的掘墓人。

其实李成梁也不只是把宝押在努尔哈赤一人身上，给明军做带路党的尼堪外兰同样是。然而谁能当上代理人，最终还是要看自己的本事。李成梁也好，明朝廷也罢，都是在顺水推舟罢了。后来建州女真变得尾大不掉，还真不是李成梁继任者的个人能力问题。

至于根本原因，你可以说天时不在，也可以说风口没了。

第二十六章
后金的崛起（上）

一

以十三副盔甲起兵复仇的努尔哈赤，仅用五年时间（1583—1588）就统一了建州女真。表面看这与李成梁的纵容有关，更深层次的原因是努尔哈赤做到了让明朝放心。为了取得明朝廷的信任，努尔哈赤非但不允许手下犯边，还多次帮着解放那些被掳掠进山的辽东百姓，包括受命攻杀敢于犯边的女真首领。

此外，努尔哈赤还多次入京朝贡刷脸，直接向皇帝和朝臣们表示臣服。这些做法都为他赢得了宽松的政治环境。在统一建州诸部的第二年，朝廷以嘉奖努尔哈赤"保塞有功"为由，正式升迁他为"建州都督"，算是官方认证了他建州国主的地位。

从李成梁和朝廷的角度来说，建州女真乱了三十年，分属大小四十余个首领，有这样一个忠诚的代理人帮着约束未尝不是一件好事。更重要的是还有海西女真从旁制衡，就像蒙古分为鞑靼和瓦剌一般。这让李成梁认定建州女真不至于尾大不掉。

换而言之，李成梁接下来要做的就是平衡海西、建州女真，不让他们有机会合为一体，如此便可高枕无忧。然而计划赶不上变化，很快李成梁就没办法左右局势了。1591年，李成梁被言官弹劾，结束了他二十一年辽东总兵的官场生涯。

坦率地说，一个位置坐那么久，又是世守辽东的地头蛇，哪会一点把柄不落人手？这肯定不是李成梁第一次被弹劾，倒与不倒，只在于朝中的靠山是否还在。

李成梁的靠山到底是谁，不是我们这里要讨论的内容，客观事实是他下野后，辽东"十年之间更易八帅，边备益弛"，努尔哈赤的势头却是越来越猛。就在李成梁下野两年后（1593），努尔哈赤打赢了他建立后金前的最重要一仗——古勒山之战。

古勒山之战又称"九部联军之战"，九个部落联合起来进攻建州女真。这场战争对于努尔哈赤的意义，相当于成吉思汗建国前的"十三翼之战"。当年成吉思汗的好安答扎木合，不愿意看到成吉思汗统一蒙古诸部，集合泰赤乌、札答阑等十三部人马与之反目。区别在于成吉思汗输掉了"十三翼之战"，而努尔哈赤打赢了"九部联军之战"。

九个与努尔哈赤为敌的部落包括叶赫部、哈达部、乌拉部、辉发部、锡伯部、卦勒察部、珠舍里部、讷殷部，以及科尔沁部。努尔哈赤旗下六个部落，包括苏克苏浒河部、浑河部、王甲部、董鄂部、哲陈部以及鸭绿江部。可以说，除野人女真以外的南女真各部，全都被卷了进去。

一

看着这些部落名字是不是觉得头晕？没关系，不是你的问题，专家们看着也晕。其实搞清楚他们的地理背景就不晕了。参战的十五个部落中，除了身为蒙古代表的科尔沁部以外，其余十四个部落都是女真部落，但又并非全属于"建州女真"和"海西女真"。这当中还包含有"长白山女真"和"蒙古女真"两个不太为人所知的女真集团。

在东北这片土地上，辽东可以说是所有人心之向往的土地。"得辽东者得东北"，就算进不了辽东也得尽量靠近。当初明朝在东北收服的很多北元官员，最大的心愿就是把他们安置到辽东，朱棣能够说服朵颜三卫加入自己，也是因为允许三卫南迁到辽东之侧。

每一片适宜人类生存的土地　都会有自己的核心河流，辽东的核心河流是辽河。建州和海西女真的成功，就在于他们成功渗透进了辽河流域。只不过并不是所有的建州女真和海西女真都做到了这点。

前面的内容说过，建州三卫是由"五国城女真"中的胡里改部、斡朵里部联盟演化而来的。其中胡里改部是最早接受招抚受封为"建州卫"，并南下至靠近辽东的浑江河谷的。斡朵里部建置出来的"建州左卫""建州右卫"，最开始的政治地位相当于建州卫的分支，在被迫从朝鲜回到中国境内后，建州左、右卫同样落脚于浑江河谷。

虽然两个部落亲如一家，但终究还是有区别的。建州卫先到达了浑江河谷，还有同出胡里改部的毛怜卫也被朝鲜赶了过来，这地方就有点挤了。于是努尔哈赤的六世祖孟特穆来了后，很快就搬到了浑江河谷西侧的浑河流域去发展，并演化成后来的建州左、右卫。

浑江、浑河一字之差，地理属性可是有着本质区别。浑江是鸭绿江的支流，浑河却是辽河的支流。浑河有多重要呢？一句话，沈阳的母亲河就是浑河。

沈阳的重要性，不是在它当了辽宁省会才显现出来的。朱元璋在位的时候，曾把第二十一子朱模封为"沈王"并建藩于此。朱棣把辽东诸王内迁后，驻扎在沈阳的卫所，规模也是辽东诸卫中最大的。等到建州女真入驻浑河上游河谷后，沈阳在军事上的作用，也就变成了主要制约建州。

正因为这一地理背景，明朝才在沈阳之东的浑河河畔筑了抚顺关，与建州女真互市。这也意味着，建州女真中哪个部落离抚顺关最近，哪个的地段就最好。

房地产界一直有这样一个说法："决定房地产价值的因素，第一是地段，第二是地段，第三还是地段。"你去看明初建州女真搞事情，都是建州卫领头，到了后期再有事情，再让朝廷头疼的就都是建州左、右卫的酋长们了。这事从根子上说，就是建州左、右卫的地段比建州卫好。

到了明朝后期，建州三卫的建制其实已经散了，建州女真依据各自的居住地分化成了五个部落。其中定居在浑江河谷的有王甲部、董鄂部，定居在浑河河谷的有哲陈部、浑河部、苏克苏浒河部，合称"建州五部"。

每个部落都对应着一段河谷。苏克苏浒河这名字太长，现在简称为"苏子河"，是浑河左岸的一条支流。当年孟特穆就是定居于苏子河河谷，并筑了一座"赫图阿拉城"。统一女真后，这座城寨也成为后金的第一座都城。

从部落属性看，努尔哈赤属于苏克苏浒河部。那个想挑战建州国主地位的尼堪外兰，也是苏克苏浒河部的一个城主。正因为如此，尼堪外兰写信想让努尔哈赤服从自己，努尔哈赤相当生气。别人可以不服我，你家世代都是我家的下属，也敢骑在我头上？

单论地段的话，位于苏克苏浒河部之西的浑河部还要更好点，直接与抚顺关相接。隶属浑河部的城寨里面，以古勒山上的"古勒寨"为核心。当日努尔哈赤的父祖，就是死在古勒寨里面。九部联军与努尔哈赤开战，战场也是在浑河河畔的古勒山。

估计你已经猜到了，浑河部对应的就是建州右卫。问题是地段好不代表就能成事，也有可能成为出头鸟。凭着这个好地段，建州右卫的首领们想挑战明朝，结果被李成梁给打残，让努尔哈赤抓住了机会成为建州国主。

三

地段改变命运的故事，同样在海西女真中上演。明末的海西女真源于从哈尔滨南下的"扈伦部"，包括乌拉部、哈达部、辉发部、叶赫部。这四部出身的女真贵族有一个很容易识别的标志，那就是以"那拉"为姓，再加上部落名为前缀以示区别。比如乌拉部贵族就是"乌拉那拉氏"，叶赫部贵族就是"叶赫那拉氏"。纳兰明珠、纳兰性德两父子的纳兰和"那拉"是一个意思（属于叶赫那拉氏）。

联姻永远是融合最有效的方法，所以大家在清宫戏里会看到很多冠以乌拉那拉氏、叶赫那拉氏的言妃。

四个部落中，乌拉部和哈达部算是扈伦部的嫡系，被称为"同姓那拉"；辉发部和叶赫部则属于加入后被同化的其他部落，被称为"异姓那拉"。四部中初始实力最强的是乌拉部。

乌拉在女真语中就是江河的意思。乌拉部所生存的这条江，指的是以吉林市为核心的东流松花江。当年扈伦部从哈尔滨南下就在吉林市西建了一座"乌拉城"（现在这座城还在），方以扈伦国之名兴盛起来。

扈伦部能够兴起并成为海西女真的代言人，甚至垄断了这个称号，又与朱棣在吉林建船厂，经营奴儿干都司有直接关系。可以这样说，无论是扈伦（海西）女真还是建州女真，能够在上百个女真部落中脱颖而出，都受益于朱棣及其后的明朝统治者对东北亚的经营——通过水路帮着经营奴儿干都司；隔着鸭绿江、图们江钳制朝鲜。

哈达部是初代扈伦国主长子的部落，分家后次子就带着自己的部属南下到了哈达河定居。哈达河现在叫"清河"，和浑河一样属于辽河在长白山脉的支流。清河向西流出山地后，在现在的辽宁开原汇入辽河。

开原作为大明王朝的北大门，当年不仅入驻了从五国城迁回来的三万卫，还像沈阳一样安置了其他卫所。最初的时候，朱元璋甚至还封了自己的第二十子朱松为"韩王"，并建藩于此，其重要性可见一斑。如果不内迁的话，以后对付海西女真那就是韩王一系的事了。

同姓那拉分化成了南、北两支，异姓那拉那边同样有南有北。简单点说，辉发部在乌拉部边上，所依托的辉发河是松花江上游最大的支流；叶赫部则在哈达部边上，其所生存的叶赫河，属于哈达河的上游。

这边在开原之东的哈达部、叶赫部可以顺着哈达河而下与明朝互市；那边明朝不再对奴儿干都司用力，吉林船厂不再造船。此消彼长地到了明朝后期，叶赫部和哈达部便上升成了海西四部的代表。如果说建州女真是"西风压倒东风"，那么海西女真就是"南风压倒北风"。谁更得势，只在于谁离辽东更近。

哈达部因为血统更正，更为明朝所倚重。当日在李成梁攻杀建州右卫首领王杲的战争中，哈达部因为出了大力，其首领还被朝廷封为"龙虎将军"。这个职位在明朝是正二品，算是女真诸部能够受封的最高职位。努尔哈赤在统一女真后，明朝也给他授职龙虎将军。得到这个官职，相当于朝廷承认你是女真的霸主。

四

叶赫部和哈达部都贴着开原生存，又不像建州左、右卫那样同出一族，所以在明朝后期相互攻伐不断。叶赫河虽然在地理上属于哈达河（清河）的支流，但两河其实是在开原交汇的。这意味着两个海西部落，都拥有与明朝在开原贸易的独立通道，也都能威胁到开原这个北大门。

由于位置原因，明朝把叶赫部这边称为"北关"，把哈达部那边称为"南关"。海西女真能不能安定，就看南、北两关，就像建州女真，明朝后期也只需关注建州左、右卫的状况一般。说到底，其他部族想威胁大明的边关也威胁不到。

对于明朝来说，开原这个北大门边上有两个互相仇视的部落不是一件坏事。重要的是一定要平衡好，明朝为了平衡二部也是伤透了脑筋。册封官职的敕书在边疆是硬通货，其有多少意味着拥有多大的贸易权，拥有敕书多少也成了衡量一个部落实力的重要指标。

建州女真与叶赫女真位置关系图

地图标注：长白山 图们江 合兰城卫 通辽 四平 辽源 辽河 东辽河 叶赫部 辉发部 安乐州 辽海卫 哈达部 三万卫（开原）浑河部 铁岭卫 铁岭 哲陈部 建州卫 通化 王甲部 广宁后屯卫 沈阳 沈阳中卫 苏克苏浒河部 鸭绿江 阜新 辽河 浑河 董鄂部 集安 中华人民共和国 义县卫 辽阳 东宁卫 辽东都司 定辽中、左、前、后卫 鞍山 广宁中、左屯卫（锦州）锦州 营口 朝鲜 葫芦岛 辽东湾 新义州 丹东

图例 建州女真 海西女真

到了明朝后期，实在搞不清那些夷狄内部状况的明朝官员，对谁能入贡贸易就只看敕书不看人了。于是部落战争中，争夺敕书成了常态。明初的时候朝廷一共给了哈达、叶赫两部九百九十九道。这个奇数让五百这个数字成了关键点，意味着谁能够拿到超过五百道敕书谁就是海西老大。

在努尔哈赤起兵报仇的同时，哈达部也因为继承问题开始陷入分裂，叶赫部则乘机介入哈达内乱。明朝分而治之的战略是谁强就打谁，谁弱就扶谁，为的是不让一家独大。具体到处理哈达、叶赫的问题上，李成梁明确表示，"南关势弱，谋讨北关以辅翼之"。哈达现在弱了，我要帮一把。为此李成梁几次出兵攻打叶赫。比如 1588 年的时候，李成梁就派出火炮部队帮着已经开始衰弱的哈达部打过叶赫部。

不过李成梁要的是平衡，而不是让任何一部坐大。所以战后出了和稀泥方案，哈达部五百道敕书，叶赫部四百九十九道，要求两家冰释前嫌，携手为朝廷效力。然而随着李成梁的罢官，明朝在叶赫、哈达两部之间勉强维持的平衡还是被打破，哈达部旋即陷入衰弱，叶赫乘势而上成为海西女真的霸主。

这边努尔哈赤统一建州五部，那边叶赫部称霸海西四部，一场女真的王者之战在所难免。

五

一出大戏不光要有主角，还要有配角和龙套。如果说努尔哈赤是这出大戏的主角，以叶赫部为代表的海西女真是配角，那么蒙古女真和长白山女真就是龙套了。

那谁是长白山女真呢？其中长白山指的不是长白山脉，而是长白山天池。最起码自金国时代起，长白山天池所在的火山就被女真人视为圣山。长白山女真就是围绕着天池世居的女真部落。

天池是三大河流的源头，但其实从山上流下来的河流可不止三条。除了鸭绿江、图们江的源头以外，还转着圈在中国境内，生成了将近十条隶属松花江的源流，这些松花江源流又组合成了头道松花江和二道松花江两大水系，在现在的吉林省白山水库汇集成松花江干流（这个合流点还可以视为长白山脉的分水岭）。

长白山女真共分为三部，包括珠舍里部、讷殷部和鸭绿江部。鸭绿江部不用说了，一看名字就知道生活在鸭绿江北岸；讷殷部和珠舍里部则分别位于头道、二道松花江。

建州女真南迁后先是定居图们江流域，然后被明朝允许南迁到鸭绿江以西，长白山三部正好横亘在这条迁徙路线当中。基于这个位置，也有人会把长白山三部认定为建州女真的一部分，将之并称为"建州八部"，只不过长白山三部女真肯定不是系出王国城女真。

不管长白山女真和建州女真的血缘关系远近，同样长白山脉分水岭之东的位置，决定了努尔哈赤崛起后，会先向北吞并长白山女真，然后和海西女真一争高下。事实上九部联军之战的导火索，就是努尔哈赤吞并了位置最近的鸭绿江部。海西女真一看这还得了，一直以来都是海西女真的实力强过建州女真，要是等努尔哈赤把长白山三部都给吞掉，那可就谁都按不住了。

长白山女真的情况搞清了，那什么是"蒙古女真"呢？简单点说就是蒙古化的女真。游牧和渔猎两大势力在东北的碰撞点，正是松花江东西两流的大转折点和嫩江的交汇处。而水道交叉的三岔口之南如今有一个著名的地标，那就是以冬捕闻名的"查干湖"。游牧出身的辽国君主，每年春季都会到此举行名为"捺钵"的渔猎活动，以加强与女真诸部的联系，整个形式一如清朝用"木兰秋狝"联络与蒙古诸部的感情一样。

分割游牧、渔猎两大势力的三江口，在地理上还是松花江平原和嫩江平原的分割点。明末的海西女真、建州女真、长白山女真都生活在长白山脉中，西边这片松花江平原也没有理由空着。当时定居于此的就是九部联军中的锡伯部和卦勒察部。

锡伯部和卦勒察部一个在西，一个在东，分布于松花江平原，如果从元末明初的划分来说，他们应该都算海西女真。假如穿越回去帮女真人设计一场对称式的PK，那理想状态应该是先统一海西四部，再吞并锡伯部和卦勒察部，然后隔着分水岭和统一了建州女真、长白山女真的努尔哈赤来场火星撞地球式的大战。

不过叶赫部当时虽然强大，却不可能吞并这两个在平原区的女真部落。这事和脱脱不花东征有关。被瓦剌部挤压得到东北的脱脱不花，不是把补血的目标盯上了女真人嘛。像扈伦女真、建州女真这种躲在山里的部落损失还小点，蒙古人也不敢太深入，锡伯部和卦勒察部这种首当其冲的平原女真就倒了霉了。被整体吞并为蒙古的附庸，具体来说成了南迁至嫩江草原的科尔沁部一部分。

基于这种变化，所以才会把这两个部落称为"蒙古女真"，这就好像努尔哈赤的祖先当年如果不从朝鲜迁回来，那性质就会变成"朝鲜女真"一样。叶赫部要是想吞并这两个蒙古化的女真部落，那就得冒着和蒙古人开战的风险。

第二十七章
后金的崛起（中）

一

叶赫部虽然暂时吃不掉锡伯部和卦勒察部这两支"蒙古女真"，却可以和他们的主人科尔沁部结盟，一起攻打强势崛起的建州女真。与蒙古联姻这事，倒不是想着对付努尔哈赤时才去做。之前叶赫部就已经与蒙古联姻，一起攻掠过哈达部。

九部联军之战前，叶赫部已经领着海西四部打过努尔哈赤一次，没打赢。这次部落数和兵力都翻了倍，可以说团结了一切可以团结的力量。从部落数量来说，联军是九个部落，努尔哈赤这边是六个；从兵力来看，九部联军有三万人，努尔哈赤是一万人。从牌面上看，叶赫部的赢面可比我们前面穿越回去设计的"对称式PK"要大得多。

不过打仗肯定不是说谁人多就一定能赢的，重要的是谋略。明末抗清殉国的官员黄道周曾在《博物典汇·建夷考》一书中描述努尔哈赤"好看三国、水浒二传，自谓有谋略"。后世也一直流传着努尔哈赤拿《三国演义》当兵书打胜仗的说法。

不管努尔哈赤是不是真的拿《三国演义》当兵书，他的确是个战争天才。别人一听到对手来了三万人脸色大变，他却不怕，和《三国演义》中曹操听闻对手增兵就大笑一样。努尔哈赤认定联盟的成员越多，内部越不协调。同时还觉得迟早要来的事索性早点来，省得一直等着天天睡不好觉。

地利可以极大程度地弥补兵力的不足。山里的女真都是依山建城寨，防守方占据着天然的地理优势。当年同样依托浑江、浑河流域兴起的高句丽也是这样干的，让隋唐两朝损失了数以十万计的兵力。

《孙子兵法》中说"用兵之法，十则围之，五则攻之，倍则分之"。这样一算，联军这三倍兵力不管是包围还是强攻，都还是不够的，一定要想办法分散对方的兵力才有胜算。然而努尔哈赤最厉害之处，就在于懂得集中兵力打歼灭战。总结努尔哈赤在古勒山之战的战法，可以用十个字形容——"伤其十指，不如断其一指"，而且是挑最重要的大拇指打。

前面提到，右卫的位置比左卫更靠近抚顺关，所以努尔哈赤统一建州时，就把右卫的中心古勒寨作为自己的驻地。努尔哈赤自幼寄居于建州右卫，父祖还死在古勒寨，对其环境自是熟得不能再熟了。

利用地理优势，努尔哈赤先是在对手的进攻路线上布设多处路障，迫使蛇行至古勒寨下的联军分成了几段。而作为防守方的努尔哈赤则在山上把这一切看在眼里，待为首的叶赫部进抵城下时，当即择精兵迎击。一仗下来，叶赫部的两个首领一死一伤，其他的部落见叶赫部都败下阵来，自是乱了阵脚，只顾逃命。

二

获胜后努尔哈赤没有乘势马上反攻海西女真，而是按照原定计划吃掉了长白山女真的另外两部。本来就是局外人的科尔沁部，包括在西辽河草原游牧的喀尔喀部，见建州女真势力压倒海西女真，旋即转了风向，于次年派遣使者前来通好。至于松花江平原上的那两支蒙古女真，本就属于科尔沁部，自然也不再成为威胁。

这意味着九部联军之战打完后，不仅让建州五部变成了"建州八部"，更让建州女真的对手只剩下了海西四部，实力的天平一下子倒向了努尔哈赤一方。

比起失去蒙古的支持，海西女真更大的损失在于因为这仗失去了"天时"。

无论对于蒙古还是女真，所谓"天时"指的就是明朝的态度，明朝选择支持哪一方，选择更多地与谁互市，谁就能在内部称霸。一直以来明朝在东北的国防战略都是"借女真制北虏"，利用女真诸部来牵制蒙古。九部联军有女真，有蒙古，还有蒙古化的女真，这就犯了明朝的大忌。我想着分而治之，你们却穿上了一条裤子，这怎么行！

1599 年，九部联军之战过去六年后，一直被叶赫、蒙古侵夺的哈达部，在向努尔哈赤求援后，顺势被后者吞并，成为第一支被努尔哈赤吞并的海西女真。本来这六年时间，女真地界也是不太平。努尔哈赤夺了海西女真不少城寨，甚至连叶赫部也不得不通过与努尔哈赤联姻，来缓和二者之间的关系（虽然并不能阻止两部翻脸）。

然而完全吞并哈达部却是另一个性质了，这意味着海西女真、建州女真之间的平衡被打破。而且哈达部还直接与辽东相接，如果以后建州女真有反意的话，可以同时对抚顺、开原发起攻击。为此，明朝廷于次年正月派出使者谴责了努尔哈赤的做法。努尔哈赤假意放回哈达部首领之子回去继位，却还是完全兼并了哈达部。

为了显示自己并无反意，努尔哈赤甚至在做完这一切后亲自入京朝贡，这份胆识让明朝不得不接受现实。1603 年，明朝把原本给这哈达部首领的"龙虎将军"授予努尔哈赤，算是承认了他女真之主的地位。

此后，努尔哈赤加紧了对海西女真、野人女真的吞并工作。此时野人女真已经南下进占整个东流松花江，以及图们江北岸地区，填补了海西、建州女真南下后留下的空白。按现在的行政区划，那就是哈尔滨和延边朝鲜族自治州都已经是野人女真的地盘。

除了逐步吞并海西、野人女真，努尔哈赤还向明朝表明，遁入朝鲜境内的女真部落也应该是他的属下。在明朝的要求下，朝鲜方面不得不交出了千余户女真人。

等到1616年努尔哈赤正式建立后金国时，除了叶赫部以外，其他女真部落基本上都被他给吞并了。

三

难道这一切的发生，都只是因为李成梁下野吗？并非如此。

一句话，没钱也没精力。

辽东李家并非没有继承人，要论起武力值来，李成梁的长子李如松一点也不逊于他。三十四岁那年就做到了山西总兵。把李成梁拿掉的一个很重要理由，就是明朝廷很多文官觉得父子二人都执掌重镇，会尾大不掉。李如松本来就有些骄横，言官们参他多是因为他目中无人。

有本事的人谁没点脾气，何况是武将，万历皇帝倒是非常喜欢李如松。虽然皇帝很喜欢这个将门虎子，为了保护李如松，还把他调到身边任职，但经不住父子俩一直被人盯着挑毛病，最后还是不得不行弃保之策，让六十六岁的李成梁退休。

李成梁退休的第二年，也就是1592年，李如松就大大地出了一把风头。这一年先有驻守宁夏的鞑靼降将哱拜叛乱，占了整个宁夏；后有统一日本的丰臣秀吉入侵朝鲜，两个月时间就打到了平壤。

宁夏是内乱，朝鲜这事算是外藩的事。攘外必先安内，所以明朝选择优先解决宁夏的问题。万历皇帝命李如松为宁夏总兵，派他统领几镇兵马前去平叛，要三个月解决问题。

朝鲜也不能不管。从属地管理的角度，出了事肯定要先派辽东的兵将前去解决。最先派去支援朝鲜的是时任辽东副总兵的祖承训，也就是祖大寿的父亲。可惜一是兵马有些少，只带了几千辽东铁骑；二是轻敌冒进，认定日本人给自己送了件大功劳。结果在平壤中了日军的埋伏全军覆没，只有祖承训一个人逃了回来。

轻敌的原因，是朝鲜方面没能正确传递回日军兵力的信息，让明朝误以为平壤日军不过千人。

祖承训那边兵败，出身辽东的李如松刚好平完宁夏的叛乱，万历皇帝又特别器重李如松。那想也不用想，接下来肯定是派李如松领着兵马去朝鲜了。结果明军的先头部队在朝鲜王国的都城王京（今韩国首都首尔）之北也遭遇伏击，但在李如松的强力驰援之下，还是逼退了日军。

此后日军主力退回日本，留了一万人在朝鲜庆尚道的釜山一带驻防。明军连打了两场大仗也需要休整，同样把主力撤了回去。四年后也就是1597 年，日军集结十四万人马再次渡海。明朝则派四万大军出征，后陆续增兵至十一万，是为第二次朝鲜之役。

这场战争双方都下了大本，战场上也是互有胜负。丰田秀吉打朝鲜，是为了解决战国时代遗留下来的过剩武力。只不过人算不如天算，次年八月丰臣秀吉就病亡了，消息传到前线，日军方面无心恋战，急着撤回本土。中朝联军则趁日军撤军之际，取得了露梁海战的胜利，将日军彻底赶出了朝鲜。

日本国内不太平，明朝同样是按下葫芦起了瓢。1593 年，借着朝廷把注意力都放在朝鲜，包括从西南调兵入朝之机，播州（贵州遵义一带）世袭土司杨应龙起兵反明，时叛时附地延绵到 1600 年，才被都御史兼兵部侍郎李化龙解决掉。

发生在 1592—1600 年的这三场战争被合称为"万历三大征"。虽然明朝最终都取得了胜利，但打仗也真的很花钱，合起来花掉超过一千一百万两白银。其中最花钱的是朝鲜之役，总计花费了七百八十万两白银，超出那两场平叛战争花费总和的一倍还多。

努尔哈赤正是在这个时段取得了九部联军之战的胜利，吞并了旧女真霸主哈达部，引得蒙古各部纷纷示好。同时，三大战役都有辽东边军的身影。这个时候明朝不光没钱没精力去压制建州女真的野蛮生长，反而要感谢努尔哈赤没有在背后捅刀子。

四

努尔哈赤非但没捅刀子，还表现出了超高的政治头脑。早在第一次朝鲜之役时，刚从北京朝贡回来的努尔哈赤就向辽东都司表示，自己和朝鲜地界相连，唇亡齿寒。所部建州女真有骑兵三四万，步兵四五万，可以等冬天鸭绿江结冰后渡江援朝"征杀倭奴，报效皇朝"。

建州女真与朝鲜有世代恩怨，后者在建州女真坐大后，一直担心会对自己不利，所以听到辽东方面传来的信息后，当即就拒绝了，还提醒明朝廷当心建州女真的阴谋。第二次朝鲜之役时，努尔哈赤也提出了派两万兵去援朝，仍然被拒。

主动提出援朝这事实属高招，重点不在于朝鲜方面接不接受，而在于既向明朝廷表了忠心又示了威。特别是在第一次表忠心时，努尔哈赤明显夸大了自己的兵力。这后面的潜台词是：我有实力帮你，也有实力坏你的事。

如果李如松不死，努尔哈赤可能还不会膨胀得那么快。

"万历三大征"，李如松打了一场半，妥妥的是大明帝国最灿烂的一颗将星。回到京师接受万历皇帝的嘉奖自不必说。若是问李如松接下来最想到哪里做官，答案肯定还是辽东。这倒不是说只想着衣锦还乡。军人的功业是在战场上，辽东是国防重心，尤其日本人当时还在朝鲜南部没撤完，李如松回辽东不愁没仗打。

从国家的角度来说，让李如松坐镇辽东也是最合适的。边官将帅手握重兵，最难的是和朝廷建立信任。互相猜忌的话，对双方都没好处。深受万历皇帝喜欢的李如松在这点上很有优势。加上又是地头蛇，又有大功在手，放眼全国真没比他更合适的。

问题是辽东总兵的位置上已经有人了，不能说换就换的。一直等到万历二十五年，也就是1597年，辽东总兵出缺，李如松总算是衣锦还乡。

此时的努尔哈赤依然表现得对大明忠心不二，日本那边暂时也没什么动静。李如松就把建功立业的目标对准了已经落户东北的蒙古本部，结果应了那句话"骄兵必败"，中了蒙古人的埋伏，死的时候才在辽东总兵的任上威风了一年。

客观地说，大明王朝已经运行了二百三十年，这个气数不是冒出一两个名将就能够挽回局面的。不过李如松的死确实给努尔哈赤提了胆，让他在李如松出事后第二年就大胆地吃掉了哈达部。

李如松的死对辽东防务来说是一个非常大的转折点。李家两父子之所以有威望，原因在于他们特别会养兵，培养出了威震东北亚的"辽东铁骑"。《明史》的评价是"始成梁、如松为将，厚畜健儿，故所向克捷"。这份威望别说其他人不及，就是李成梁的另外四个儿子也做不到。李如松死后，朝廷本来让他的五弟李如梅代理辽东总兵一职，旋即便被人以"畏敌不前"为由弹劾罢免。

五

1601年，李如松死后第三年，在无人能镇住辽东的情况下，已经七十六岁的李成梁被重新起用，并且在辽东总兵的位置上又做了七年。这期间辽东边防总体来说还算太平。

虽然边防相对太平，但隐患已经埋下。制衡之术无外乎一手硬，一手软，按西方的说法就是"胡萝卜加大棒"。如果说当年的李成梁和后来的李如松，主要用的是大棒，把你打服了再给根胡萝卜，那么再任辽东总兵的李成梁，用的主要就是胡萝卜了。用一个词形容那就是"绥靖"。

对已经陷入内乱的蒙古诸部，李成梁的做法是开放互市。不光买卖马匹，还买卖木头。燕山北麓的山地已经让蒙古人占完，导致辽河以西的军民用木头还得从辽东半岛那边运。开放木市后，蒙古人砍了木头往河里一放，在下游等着就能够和大明做生意；对女真则依靠已经做大的努尔哈赤震慑。后者也借机继续蚕食海西女真、野人女真，还与蒙古诸部交好。

要说这些缓和边境局势的做法也不算错，只是缺乏了进取之心。毕竟李成梁已经是七八十岁的老人了，又痛失接班人，你不能指望他再领军去硬杠。

在所有的绥靖措施中，最为时人和后人诟病的是弃守"宽甸六堡"。1573 年，刚上任辽东总兵的李成梁下令把辽东边墙向建州女真的地方扩张，为此新建的军事据点合称为"宽甸六堡"。

边墙向东北方向移动，让明朝与朝鲜在鸭绿江的边界扩张了一倍，同时也为辽东获得了大量可耕用土地。1606 年，李成梁以宽甸六堡"孤悬难守"为由，下令强行内迁边地居民，而此时这一地区已经生聚了六万四千余户。

宽甸六堡的内迁造成了两个后果：一是让建州女真可以很容易地切断明朝与朝鲜之间的陆地通道；二是向努尔哈赤发出明朝无力制约建州，只能收缩防线的明确信号。见此，努尔哈赤在六堡内迁后不光迅速填补真空，还马上在第二年吞并了辉发部。

辉发部被吞的第二年（1608），被言官指责"养虎遗患""割地媚虏"的李成梁黯然下野。此刻朝堂上下都已经意识到，原本被大明轻视的女真，已经成长为与蒙古并立的压力源了。

宽甸六堡示意图

第二十八章
后金的崛起（下）

一

随着李成梁的二次罢官，他一手带出来的"辽东铁骑"也成了一盘散沙。

这与李氏父子带兵的手法有关。"辽东铁骑"有个特点，那就是"家丁化"，每个将领都有少则三四十、多则上百的家丁。这些忠于将领个人的家丁，平时可以拿双份粮饷，上阵杀敌时的战斗力、团队精神远甚于普通士卒。而且这些家丁多拿的一份粮饷，顶的是逃兵的名，实际上并没有增加军费负担（不给他们也会被贪掉）。

当年李成梁第一次被迫退休时，辽东铁骑的家丁制也被一并革除。结果战斗力立马下降得惨不忍睹，上阵后一触即散。逼得继任的辽东主官们不得不上奏朝廷，把拿双份粮饷的家丁制度化。只是加了一层约束，要求土生的辽东将官只能养五十个左右的家丁，内地来的可以养一百个左右。

说到底，朝廷对这些手握兵权的地头蛇总是不够放心。

凡事都是有利有弊，家丁和他们的主人为了抢功劳也会谎报战功，甚至杀良冒功（其实没家丁制也会这么干），但不管怎么说，战斗力的确是有保证的。为了保自己的田地财产，也真的会去死磕。李成梁的作用则在于用个人威望让这些拥兵自重的实权将领步调一致。之后的继任者就没有如此威望了。

在朝廷有意识空降官员主导辽东军政的情况下，辽东的内部凝聚力变得越来越差。辽东铁骑也不复当年之勇。军纪能坏到什么程度呢？这么说吧，骑兵甚至会偷偷把马弄死，这样就可以不用出战，留在城里守城了。

反观努尔哈赤那边，却正是在李成梁二次上台的1601年，开始整合原始松散的部落武装。这一年努尔哈赤规定以三百人为一"牛录"作为军政基本单位。同时在牛录的基础上草创八旗制（最初为四旗），以宗室担任旗主。

对比李成梁和努尔哈赤的强大路径，做法其实是相反的。中原王朝素来讲究的是整体性，李成梁的做法是激发私欲和主观能动性；努尔哈赤代表的北方边疆民族，强的都是个人能力，彼此间的联系多依赖于血缘，但凡想成大事者，都得打破部落间的藩篱，用号令统一的军制提升战斗力。完颜阿骨打以三百户为一谋克、十谋克为一猛安的"猛安谋克制"，成吉思汗的万户制都是如此。

努尔哈赤创建的八旗制一开始并没有刻意以民族划分。后来随着归降的汉人、蒙古人越来越多，到了皇太极时期就特意将蒙古人和汉人剥离出来，建立"八旗蒙古"和"八旗汉军"，与"八旗满洲"共同构成了"八旗"的概念。

以"旗"作为军政单位的做法，已推广到蒙古地区，像内蒙古二十四部就编成了四十九个旗。不过这种蒙古旗就不是"八旗"的概念了。

这当中女真成分的"满洲八旗"肯定是最为核心的力量。为了壮大核心人口，努尔哈赤和他的继承者们做了很多努力。比如九部联军之战后不久，努尔哈赤就出钱给部落里的两千光棍汉娶妻。日后国家出钱帮光棍脱单也成为常例，光这一招就吸引了不少人加入。

又比如1692年，康熙从科尔沁蒙古那里出钱赎出了将近一万五千名

"蒙古女真"（包括锡伯人、卦勒察人、达斡尔人），用以补充满洲八旗上三旗的人口。

二

不管李成梁的功过是非如何，他对努尔哈赤的了解和在辽东的影响力始终是让这位女真国主忌惮的。1615 年，九十岁的李成梁卒于北京。次年，没了心理负担的努尔哈赤在赫图阿拉城正式立国号为"金"，建元"天命"，自称"大金覆育列国英明汗"。

为了与当年完颜女真建立的金国区别开来，努尔哈赤建立的政权被后世称为"后金"。

基本上明朝对于后金的建立是一种不置可否的鸵鸟态度。这倒也能理解，若是痛斥努尔哈赤的行为是反叛，他在建国后的两年时间里，都没有说要反明。而且定性成反叛的话，那就得出兵平叛，又得是一大笔钱粮开销。

当然，话都是要看怎么说了。努尔哈赤原本做的是大明的官，现如今自立国号本身就是反叛，如果是在当年万历中兴，李成梁意气风发的时候，肯定不会允许这种情况发生。现在就不提了，辽东军民早就人心涣散。辽东之人久在边塞，民风彪悍，很难把外来的官员当自己人。李成梁被弹劾下台那年，辽东就爆发了两次兵变。

虽然不管是兵变还是民变，都没有上得了台面的理由，很自然会被归类为"官逼民反"或者"官逼兵反"，但没了老法师李成梁从中调和内部矛盾，才使得矛盾爆发也是不争的事实。

努尔哈赤建国时还没有完全收服全部的女真，包括部分野人女真、海西四部中的死硬派叶赫部，以及被科尔沁部统辖的那些"蒙古女真"。急着打出"金"这个旗号，是想告诉这些女真部落，我是为了大家共同的利益，跟着我有肉吃。

如果没有努尔哈赤，最有机会统一女真的应该是叶赫部的末代贝勒布扬古。布扬古有一个叫"东哥"的妹妹（叶赫那拉·布喜娅玛拉）。为了成为女真霸主，东哥的父兄先后将她许给了哈达、乌拉的首领。九部联军之战后，希望缓和与努尔哈赤的关系的布扬古，又把时年十二岁的妹妹许给了努尔哈赤。

然而叶赫部终究是不服建州女真的，这门亲事并没有成，东哥旋即又成为诱惑辉发部背叛努尔哈赤的筹码。结果这几个部落首领在准备迎娶这位女真第一美女时，都惨遭杀身之祸。所谓"以此女故，哈达国灭，辉发国亡，乌拉国亦因此女而覆亡"。

当然，红颜并不可能真的成为祸水，东哥只不过是男人游戏的牺牲品罢了。

1615 年，在努尔哈赤建立后金的前夜，这位努尔哈赤下过聘礼，时年三十三岁，已经被世人称为"叶赫老女"的政治牺牲品，终于被嫁给了蒙古首领莽古尔泰。在女真部已经没有联姻对象的情况下，蒙古人成了叶赫部联姻结盟的最后希望。

该来的总归会来，1618 年，在收服全部野人女真，并且知道叶赫部绝对不会归顺自己后，努尔哈赤终于发布了他那著名的反明檄文——"七大恨"。其中的第四恨，就是指责明朝帮着叶赫部让自己没娶到东哥。

三

檄文一发，使得打仗目标也很明确，建州女真与大明互市的抚顺关首当其冲。一仗下来，后金斩杀了抚顺守备，招降了早就相熟的抚顺游击李永芳，并把抚顺城的千余军户迁到赫图阿拉。

李永芳是第一个投降后金的明朝将领，为了给后来者一个好的示范，努尔哈赤以贝勒之女许之，并委以重任。日后设八旗汉军的时候，李永芳的儿子成为汉八旗正黄旗的旗主。

不得不说，爱新觉罗氏在招降明军这事上面做得是非常到位的——给钱、给官、给地、给老婆。八旗在旗人员相当于明朝的军户，都是世代为军的"职业军人"。不同之处在于明朝的普通军户战时为兵，平时还要种地，粮饷还时常被克扣。八旗只管打仗，家里的地自有掳掠的汉民帮着种，粮饷比明朝那边还高。等到入关以后，更是直接用国家财政养着，俗称"铁杆庄稼"。

鉴于在八旗做"职业军人"待遇远强过在明军，归顺的明军很少有再回去的。明朝几次劝说李永芳反正，后者都不为所动，每次都会上报。为此努尔哈赤还特地奖赏了他三块"免死金牌"（赦免死三次）。

抚顺关战事一开，明朝上上下下都不可能再做鸵鸟了，必须有个"万历三大征"规模的征讨行动才交代得过去。明万历四十七年，1619 年 2 月，明朝好不容易筹集了二百万两军费，调动了二十万大军，以兵部左侍郎杨镐为主帅坐镇辽阳，向赫图阿拉发起进攻。

不打也不行了，此时努尔哈赤正在加紧进攻叶赫部，再不打的话，后金可就真的完成女真一统，和蒙古连成一片了。

二十万大军一共分为四路。有了之前的解读，估计很多人已经能猜到这几条路线了。这第一路大军是从开原南下，由努尔哈赤的死敌叶赫部配合，领军主将为曾做过辽东总兵的马林，是为北路军；第二路大军则由中朝边境的宽甸堡北上，由朝鲜军配合。由在播州之役、朝鲜之役立过大功的将领刘綎领军，是为东路军；第三路大军由沈阳出发，溯浑河而上直逼抚顺关，由同样做过辽东总兵的杜松领军，是为西路军。

当时沈阳并非辽东的军政中心，辽东地区从战国时代起，政治中心都是放在沈阳以南一百公里处的辽阳，更接近下辽河平原的中心点，为的是扼守中原通往朝鲜的沿海通道。辽阳也有一条叫"太子河"的辽河支流，

萨尔浒之战示意图

发源长白山脉。所以明朝于此也配置了一路大军进山，由李成梁的次子李如柏领军，是为南路军。

四路大军在战略配置上堪称完美，堵住了后金与明朝相通的所有通道。将领都是屡立战功的名将，账面上的兵力也比后金多。

问题是努尔哈赤才不管你有多少路，所谓"凭尔几路来，我只一路去"。努尔哈赤喜欢集中兵力打歼灭战，明军这样分散兵力正中下怀。另外看着是四路明军，但只有沿浑河河谷上溯的路是最通顺的。后金要做的是把走这一路的西路军给放进来先打掉，同时利用地理优势和少量兵力迟滞另外几路的行军速度。

之前努尔哈赤虽然打下了抚顺关，但并没有占领。这个关口是明朝用来防御后金的，防御面在东面。后金选择的一线阵地位于抚顺关东面，浑河与苏子河交汇处的铁背山上。努尔哈赤征调了一万五千民夫在此筑了座"界凡城"警戒。明军如果突破界凡城，便可以进入苏子河河谷，与赫图阿拉的直线距离不过五十余公里。

抚顺关与界凡城之间的这段长约二十公里浑河河谷，在女真语中被叫作"萨尔浒"，意为林木茂盛之地，有山名"萨尔浒山"，现在的话则像很多两河交汇的河口一样，建了大坝蓄水，变成了名为"大伙房"的水库。

四

按照努尔哈赤的战法，其实是可以把杜松的部队放过界凡城，在苏子河谷的古勒寨或者赫图阿拉开战的，就像当日迎击海西女真一样。不过明军这次四路大军都是以赫图阿拉城为目标，要是等杜松带的那六万人到赫图阿拉缠斗，其他那几路差不多也到了。因此努尔哈赤把战场设在了萨尔浒，决心快速歼灭这支跑得最快的明军。

界凡是建州女真的地盘，萨尔浒同样是建州女真的地盘。当年努尔哈赤起兵，最先收复的城寨就有萨尔浒城。背后的抚顺关还有降将李永芳，比谁都熟悉情况。杜松钻到这个口袋里，真是有点自寻死路。

陕西人杜松也是久镇边境的名将了，当年镇守陕北的时候与蒙古部落大小百余战，无一落败，被河套诸部敬称为"杜太师"。李成梁第二次退休时（1608），就是他接任的辽东总兵。

可惜的是，过往的战绩很多时候反而会成为包袱。在一望无际的河套草原上打蒙古部落，和钻到山间河谷里打女真完全是两个概念。不要说久居山中的女真，就是东北的蒙古部落与河套的蒙古部落也有很大区别。东北的草原类型主体是森林、草原相间的"森林草原"，尤其是燕山东、北坡的山地。正因为有这个特点，李成梁才会针对这一带的蒙古部落开放"木市"，用贸易稳定局面。

杜松那个辽东总兵才做了九个月就被罢免了。原因是水土不服。水土不服的原因有两层，一是辽东铁骑不服这个顶替了老上司的总兵。当时驻守小凌河的辽东籍将领和蒙古人吃了败仗。辽东人觉得是因为身在大凌河的杜松怯战没去救才有此败。朝廷上也有人说，他在辽东都没出过塞，斩获的首级都是诱杀那些帮明军协助的蒙古人才获得的。

杜松也是塞外名将，而且属于脾气不好、不怕得罪人的那种，哪能受这个气？于是带兵溯着大凌河上山，准备证明自己才不会做缩头乌龟。结果还是水土不服，杜松拿在草原作战的经验在山里和女真人打，损失人马大半，才斩首五级。杜松气得把自己的铠甲兵器都烧了，几次声称要自杀。

后来杜松就被赋闲职了，一直到1615年才重被起用，并在他熟悉的河套草原打了几场胜仗。此后努尔哈赤建国，辽东吃紧，明朝廷就把杜松调到了山海关，给他特设了一个山海关总兵。

其实水土不服的不光是杜松，其他三路明军里，除了李如柏是辽东的坐地户以外，其他三将都是空降到辽东的。四人当中除了刘綎以外，三人都先后做过辽东总兵。

不过这份履历完全不能加分，李成梁首次罢官之后，辽东总兵走马灯似的换了二十八任。也就李成梁被重新起用后做了七年，以及同样出身辽东的坐地户祖大寿做了十四年，其他的总兵平均下来几乎就是一年一个。

五

辽东铁骑只信自己人，对这些外来户的命令向来是阳奉阴违。当然，也不是说坐地户就一定能坐稳总兵这个位置，还得看个人能力。萨尔浒之战后，无人可用的明朝先后起用了李成梁的二子李如柏、三子李如桢做辽东总兵，结果完全抵挡不住后金的进攻。一个做够了一年，一个只做了五个月就下了台。

杜松是个有勇无谋的人，从哪里跌倒就想着从哪里爬起来，这次重返辽东就想着用一场大捷证明自己。在明朝的历史上，蒙古才是心腹大患，一颗人头能换五十两白银，女真人的头一开始只值三十两。杜松的履历中一直没有与女真交手的经历，轻敌是肯定的。

事情说到这儿，杜松的下场就可想而知了。守着两河交汇的三岔口，女真人构筑的关口并不止界凡城一座。对于杜松来说，更为不利的点在于抚顺关在浑河的北岸，行军至此想进入苏子河谷的话，就得渡河。

为了速战速决，努尔哈赤集中了所有八个旗的兵力，在杜松的部队渡河时出击，一战下来包括杜松在内的西路明军全被包了饺子。

吃掉杜松的部队后，努尔哈赤又集中兵力北上吃掉了马林所率领的北路军，马林仅率数骑逃回开原。紧接着努尔哈赤派人穿着明军的衣甲去找路程最远的东路军，拿着杜松的令箭谎称西路军已经进抵赫图阿拉，要求刘綎前去会合。引得刘綎丢掉辎重轻装急行，结果中伏而死。

不过努尔哈赤倒没有用这招去对付李如柏，大家实在是太熟，骗是骗不过的。李如柏对建州女真的底细最为清楚，心底知道此去凶多吉少。最熟悉地形的他出工不出力，行军速度特别缓慢。全歼明朝三路大军，努尔哈赤前后用了四天时间。等到这三路大军都被歼的消息传到李如柏这儿，他才刚走到辽东边墙，还没进女真地界。

见三路大军四天工夫就覆灭，坐镇辽阳的杨镐赶紧把李如柏召了回来。后金一直有探子盯着这支磨磨蹭蹭不出边墙的明军，见李如柏要跑也来不及回报了，直接鸣螺号鼓噪。李如柏以为后金主力追过来了，溃逃时自相践踏倒死伤了千人。

四路大军，三路覆灭，粗略算下来十几万人没了。先不说大明的气数还有没有，萨尔浒之战后，这辽东都司的气数可真的是尽了。

第二十九章

跑到朝鲜打游击的毛文龙

一

1620 年 7 月，当了快半个世纪皇帝的万历帝驾崩。继位的明光宗朱常洛，才当了二十八天皇帝就因为乱服丹药驾崩。帝位旋即传到了他的长子朱由校身上，年号"天启"，是为明熹宗。

天启皇帝的命不太好，在位的七年（1620—1627）正值后金野蛮生长之际。当然，这要是对比其继任者——他的五弟崇祯皇帝，命还是好的，最起码不用担个亡国之君的名声，更不用吊死在紫禁城后山那棵歪脖树上。

1621 年 3 月，后金军顺浑河而下攻陷沈阳，紧接着又向南拿下了辽东都司所在的辽阳，并且立刻将都城迁至明朝在东北的这座军政中心。这场丢失了沈阳、辽阳的"辽沈之战"，也让世代镇守辽东的李成梁家族彻底退出政治舞台。

"七大恨"发布之后，熟悉努尔哈赤的李如柏被任命为辽东总兵。结果这份熟悉仅仅是帮助李如柏在萨尔浒之战时全身而退。惨败之后，他的三弟李如桢临危受命接任辽东总兵，但仍是完全挡不住努尔哈赤的攻势，在开原、铁岭失守后，只做了四个月辽东总兵的李如桢就被免职，并南撤至沈阳。

后金军拿下沈阳后，李如桢下狱，后在 1631 年因李成梁之功免死。李如柏则承受不了世人的非议，在天启帝继位后于家中自杀以明志。

为了挽救危局，朝廷重新起用了熟悉辽东事务的熊廷弼、王化贞主政辽东。

此时的明朝还只是丢了半个辽东。若想知道我为什么这么说，得先了解现下的辽东到底包含哪几个地区。辽东这地方自古以辽河为界，分隔为东、西两部分。辽河以东地区为狭义的辽东，以西地区则单独被称为辽西。至于北界，大体就是我们一直在说的北纬 42 度温度线了。

东半个辽东包含半个辽河下游平原以及整个辽东半岛；西半个辽东，也就是辽西，除了也包含半个辽河下游平原以外，还包括燕山与渤海之间的走廊地带，世称"辽西走廊"。自秦汉以降，中原王朝想去辽东的话，主通道都是这条山海通道。正因为如此，走廊最南端的关口，方被命名为"山海关"。

不过从 1506 年，明朝在辽东修筑边墙（长城）固定边界时起，情况就开始有些变化。这道护卫了辽东上百年的长城，并没有将北纬 42 度线以南的整个辽河下游地区纳入保护范围，其主体是沿辽河东岸修筑的。

就当时的情况而言，这种做法是可以理解的。辽东的统治重心素来是可以连接辽东半岛、朝鲜半岛，并且与女真相接的河东地区。开原、铁岭、沈阳、辽阳等军事重镇都在辽河以东。土木堡之变后，大明已经无力对蒙古发起战略反击，这种情况下以辽河为天然屏障修筑长城，在军事上属于合理之举。

不过辽河以西的平原地区也不可能完全放弃，如果放任蒙古铁骑南下直抵渤海之滨，那大明与辽东的陆地联系将完全被切割。有鉴于此，辽东边墙在关外形成了一边低一边高的 M 形。以山海关为起点沿着燕山东麓向北延伸的长城，在接近北纬 42 度线后，赶紧向南弯到辽河河口，然后

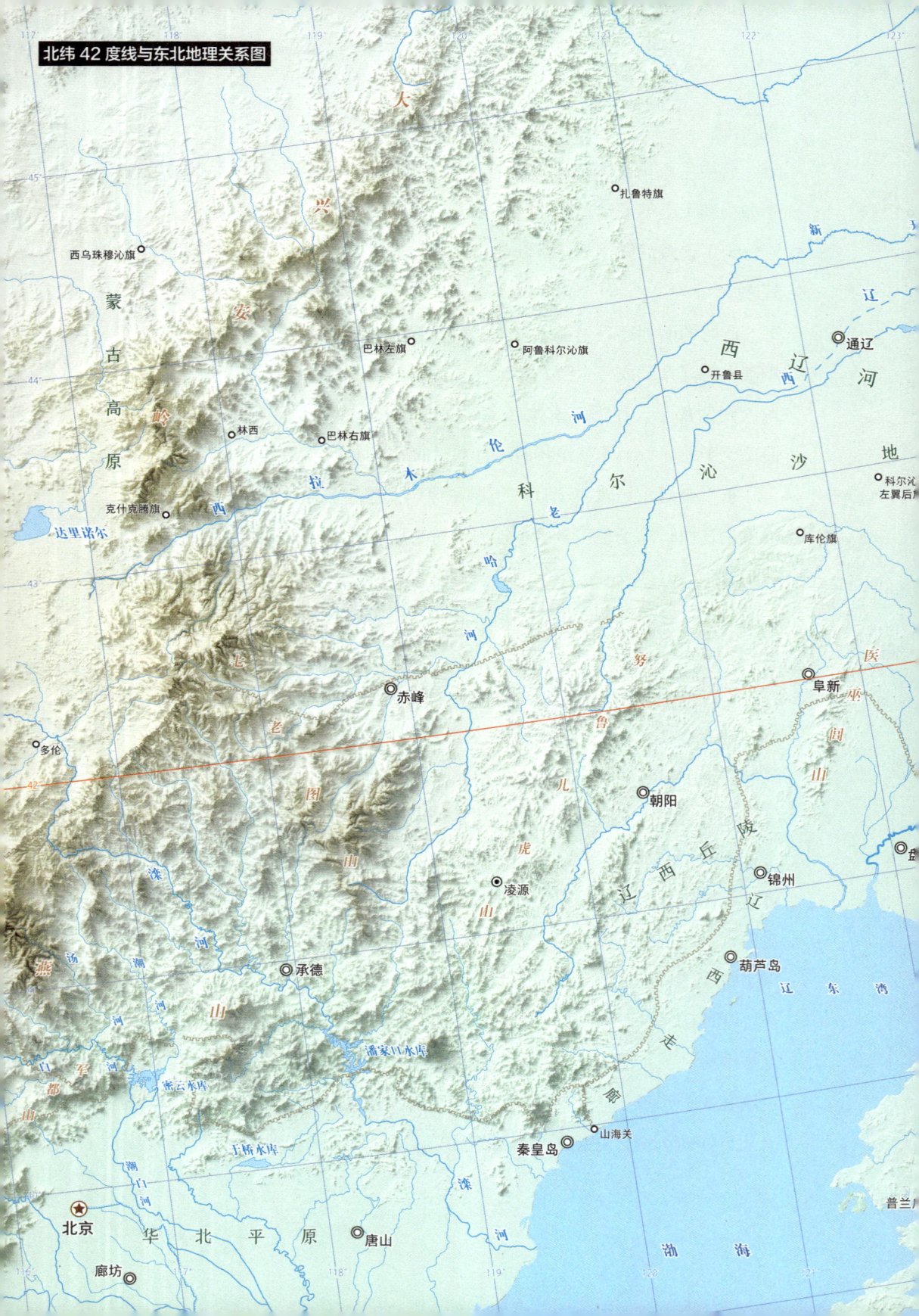

北纬42度线与东北地理关系图

德惠市
农安县
舒兰市
镜泊湖
长岭县
科尔沁
左翼中旗
九台
吉林
敦化市
安图县
长春
松花湖
松
龙
江
龙山水库
四平
磐石市
辽源
辉南县
梅河口
昌图县
西丰县
长白山天池
（白头山天池）
白
康平县
开原市
清河水库
清原满族
自治县
白山
临江
山
长白
法库县
调兵山市
惠山
铁岭
鸭
绿
新民市
抚顺
大伙房
水库
通化
沈阳
集安
江界
桓仁满族
自治县
辽阳
本溪满族
自治县
鞍山
咸兴
辽
东
丘
陵
东朝鲜湾
朝
鲜
新义州
丹东
半
顺川
元山
鸭绿江口
岛
店
东
半
岛
西　朝　鲜　湾
平壤
黄　海
沙里院

沿辽河北上突破北纬42度线。

至于M形边墙中间的凹陷部则成了蒙古部落的游牧之地，因其水草丰美被称为"辽河河套"。

一个M由两个N组成，你可以理解为天启元年时，后金拿下了右边的大N，只把左边的小N留给了大明。

二

河东兵败，沈阳、辽阳相继失守后，河西的广宁城成了大明在河西的防御中心，成为败退军民的集散点。这座位于辽河平原上的城池，最大的地理优势是背后有山地可依。这一片名为"医巫闾山"的山地是燕山山脉最东端的延伸。如果有靠山的广宁城再失守的话，那大明就只能退守狭长的辽西走廊了。

此时的努尔哈赤虽然控制了河东地区，并且在陆地战场上锐不可当，但也存在三个弱点。

首先是进展太猛，还来不及消化被占领土，很多远离大本营的城堡只能依靠投降后金的明朝官兵驻守。这个问题在辽东半岛特别突出。后金军顺辽河诸支流而下，控制沈阳、辽阳所在的辽河平原东部，包括沿鸭绿江而下，控制明朝与朝鲜的连接部都还问题不大，但控制南部海岸线漫长的辽东半岛会特别吃力。

而且当时还有大量辽东军民躲进山里结寨自保，等待明军反攻。无论是望风而降后金的明军，还是那些誓死不降者，都是明朝反攻时可以招抚的对象。

其次，后金军陆战尤其是野战了得，但没有海军。而能够让郑和七下西洋的大明，却是有海洋基因的。当年朱元璋北伐辽东，主力走的就是海路。特别值得一提的是，辽东在行政上一直归属于山东布政司，也就是归山东省管，靠的就是海路连接。只是由于边疆区的特殊地位，军政合一的辽东都司处于事实独立的状态。

再次就是处在后金大后方的朝鲜，与后金有结构性矛盾。除非明朝实在是大势已去，否则朝鲜仍然会愿意联明抗金。

针对辽东的结构以及后金当时的这些弱点，熊廷弼向天启帝提出了一个"三方布置"的复辽战略。三方者的是以广宁为前线的辽东，北京的出海口天津，以及山东半岛北部的登莱两州。熊廷弼的想法是以广宁城为核心，以陆军依托山脉河流建立防线。再以天津和登莱两州为海军基地，两路出击光复辽东半岛，同时联络朝鲜发兵。后金在腹背受敌的情况下，必然放弃辽阳，整个辽东光复就指日可待了。

这一战略需要在军政权力上做两个调整，首先需要在登莱两州单独设一个登莱巡抚（辽东和天津本来已经设有巡抚）。同时在这三个巡抚之上再设一个"辽东经略"坐镇山海关统领三方。若是从地缘政治角度看，辽东经略所统辖的并不只是辽东，熊廷弼相当于把整个环渤海地区统一成了一个战区。至于辽东经略是谁，不用想都可以猜到是熊廷弼。

设立环渤海战区的策略得到了天启帝的批准，熊廷弼也如愿得到了辽东经略的职位，入驻山海关。然而最大的问题在于，与他同时被起用的辽东巡抚王化贞并不服他管，对辽东战事有自己的想法，当时被称为"经抚不和"。

天时、地利、人和三大要素中，中国人最为重视的是人和。如果说努尔哈赤的成功之处在于把原本松散的女真部落凝聚在一起，那么末世大明的失败之处就是内部始终存在几股互相较劲的力量。熊、王二人的"经抚不和"，背景则是朝堂之上，以阉党和东林党为代表的党争。

三

党争这事说起来就复杂了，也不是我们在这里解读的重点。其实王化贞的战略与熊廷弼的并没有本质区别。大家都熟悉辽东的地理结构，也都知道明军和后金军的长短处。王化贞的想法是自己坐镇广宁，联合蒙古诸部从西线反攻河东，同时通过海路联合朝鲜收复辽东半岛。

不同之处在于，王化贞的职位是辽东巡抚，只能立足于辽东残余的资源来做这些事。不像熊廷弼能够调动整个环渤海地区的兵马资源。而他之所以敢和熊廷弼争夺辽东战事的主导权，原因在于手上奇迹般地生出了一张王牌，这张王牌就是日后一直与袁崇焕之名纠缠在一起的毛文龙。

明朝末年，辽东这块地方的主官像走马灯似的换。经略、巡抚、总督、督师，各种非常设的职位更是看得人头晕。不去管这些，只看袁、毛二人的兴亡，便知大明在辽东的气数有没有尽了。

如果说进士出身的袁崇焕是文臣的代表，那么毛文龙就是典型的武将。祖籍山西，出生在杭州的毛文龙，祖父原为山西盐商，到了父亲那辈则弃商从儒，用钱捐了监生，为的就是让自己的家族从此跻身士人行列。

可惜身为长子的毛文龙自幼"耻学举子业，好孙吴兵法"，通俗点讲就是不喜欢读书，想在战场上建功立业。有这想法的话，没有比去辽东更合适的了。只不过毛文龙去辽东的路径有点与众不同。

1605 年，毛文龙被过继给了在辽东鞍山的伯父做嗣子。给没有子嗣的兄弟过继一个儿子，在古代属于正常操作，但一般没有过继长子的。毛文龙还有两个弟弟，这一操作显然是他自己的主意。这一年毛文龙三十岁，虽说这个年龄起步在当时多少有点晚，不过机会一定是青睐这种既有大志又有准备的人。

不光有大志有准备，毛文龙还有背景。他的舅舅沈光祚是万历年间的进士，当时官至顺天府尹，相当于现在的北京市市长。毛文龙九岁丧父，与母亲寄居在这个舅舅家。这次北上辽东，舅舅先后向李成梁和后来的辽东巡抚王化贞推荐过这个喜好兵事的外甥。

正在第二任辽东总兵任上的李成梁先是在自己的家丁队伍中给毛文龙安排了一个千总的职位。几个月后毛文龙参加武举考试，拿到了第六名的好成绩。三年后便做到了相当于现在正团级军职的瑷阳守备。辽沈之战前，因负责制造火药之功得到了"加游击衔"的虚职。等到王化贞开始从败退至广宁的明军中招募武将之才时，毛文龙正式受封为"练兵游击"。

做到"练兵游击"这个相当于现在副军级的位置，就可以被人称为将军了。到此为止，毛文龙的晋升都还可以说有舅舅推荐之功在里面，但后面的功名可就纯粹是他自己挣的。

成为游击将军两个月后，毛文龙向王化贞提出了自己的计划，并获批实施。这个计划的真正使命并非建立著名的敌后根据地"东江镇"，而是去朝鲜送信，约定双方共同举兵反攻辽东。

四

为了完成这次的使命，毛文龙一共准备了五艘海船，带了四名军官、两百名士兵，外加五百石粮食。之所以要带这么多粮食，是因为此行需要坐船绕过整个辽东半岛，并且中间不能靠岸。

辽东半岛基于位置原因又被称为"辽南"，与袁崇焕后来苦心经营的辽西走廊隔辽东湾相望。当初明朝为了经营辽东，在辽东半岛的西侧一路向南设置了海州、盖州、复州、金州四个卫所，时称"辽南四卫"。

这四个卫所都是面朝渤海也就是内海方向，至于东侧面朝黄海和朝鲜半岛方向则没有设置卫所。这也好理解，明朝经略的是辽东而不是朝鲜。由山东启航的舰船只需要沿着辽东半岛的内侧航行至辽河河口，并不需要走黄海。

当时辽南四卫虽然已经尽皆望风投降了后金，但并没有能力截断海路。毛文龙带了那么多粮食，不靠岸绕过去问题不大。

然而已经算是辽东地头蛇的毛文龙却不这么想。刚才提到，后金刚拿下辽河以东地区，在辽东半岛的统治基本是依靠投降的明军，真正的后金军兵力非常有限。不管是降了还是没降的，大多数人内心都是等着王师能快点打回来。

毛文龙的想法是避开有后金军驻守的辽南四卫，然后沿辽东半岛东侧的外岛一路游击北上。说起来游击将军的职位还真挺适合毛文龙的，它的本意就是往来机动打击对手。

具体来说，毛文龙和他的两百名部下先沿海岸线东行过辽河河口（这段河在《明史》中被称为"三岔河"），然后沿海岸线一路不靠岸南航至辽东半岛最南端的旅顺口。到了归属金州卫的旅顺口也不登陆，而是在旅顺口外的猪岛登陆补给。接着沿辽东半岛东侧北航，一路收服沿海的广鹿岛、店岛、石城岛、大鹿岛、小鹿岛、大长山岛、小长山岛、色利岛、章子留岛、海洋岛、王家岛等岛屿。

一如毛文龙所预料的，岛上残留的军民都盼着王师反攻，偶有想效忠新主的也旋即被其他人给按住了。

收服这些外岛是有战略理由的，辽东半岛与山东半岛之间，还有一条以登州（蓬莱）为起点的、名为"庙岛群岛"的岛链。这意味着从山东到中朝边境，一路都有岛屿为之中继。日后不管是收复辽东还是与朝鲜保持紧密联系，都得依靠山东方面调集的资源，依托岛链建立海上交通线是扬长避短的做法。

只带两百人就收服了辽东半岛外侧的一系列岛屿，完全可以用艺高人胆大来形容毛文龙。不过巡抚交代的任务是去往朝鲜送信，所以朝鲜肯定还是要去的。在安抚好岛链上的军民，告诉他们王师不日将反攻后，毛文龙的船队最终还是抵达了朝鲜北部最大的岛屿"身弥岛"。

当时这个朝鲜岛屿已经收容了很多从辽东逃难过来的难民。按照计划，毛文龙应该在安抚好这些难民后，继续东行登陆朝鲜本土。不过从这些难民口中，毛文龙却探听到一个改变他一生命运的消息：已经被后金军控制的"镇江堡"兵力空虚，主力都去山中征讨那些誓死不降的明朝军民了，并且镇江堡内被迫投降后金的明军中，还有愿意做内应者。

这里提到的镇江当然不是江苏那个镇江了，不过地缘位置却是相当。大家熟悉的江苏镇江，扼守的是横渡长江的通道，而这个位于中朝边境的镇江堡，据守的则是跨越鸭绿江的道道，行政对应的则是今天中国用来连接朝鲜的口岸城市丹东市，地理上处于鸭绿江右岸支流瑷江的河口。

与朝鲜打了多年的后金，自然知道在和明朝的战争中，朝鲜的态度非常关键。萨尔浒之战后，努尔哈赤先是把投降的五千名朝鲜军人"礼送"回国示好。辽沈之战前，他又派军抢占了镇江堡，为的都是告诉朝鲜不要有异动。

五

努尔哈赤知道镇江堡的重要性，毛文龙更清楚。毛文龙曾在瑷阳守备的位置上待了好多年。他驻守的瑷阳堡位于宽甸六堡的后方，李成梁放弃宽甸六堡后，瑷阳就成了辽东长城的一个节点。更重要的是，瑷阳堡正位于瑷江源头。可以说镇江堡的后金军主力去山中讨伐的区域，都是毛文龙非常熟悉的。

于公于私，收到消息的毛文龙都不能对镇江堡发生的一切置之不理。由身弥岛向北航行至鸭绿江口，再溯江而上至镇江堡不过两百里航程。1621 年，毛文龙带着手下两百人趁着夜色潜航至镇江堡。

后金在镇江堡的守军原本为一千人，大部分又进山征讨去了。毛文龙在兵力上并没有劣势，出其不意外加内应的接应，所以一举便光复了枢纽堡垒，史称"镇江大捷"。

这一仗不仅斩杀了后金的游击将军缪一真，还抓获了后金在镇江堡的主将佟养真，以及他的儿子、侄子等六十余名俘虏。战后镇江堡周边数百里的城堡都望风归附毛文龙，不愿意臣服后金的辽东军民大量出山投奔毛文龙。

这里要特别提下佟养真和他的家族。后金想征服大明，必须依靠愿意加入自己的辽人，明朝想统治女真，同样需要内部有女真人。当年朱棣派往奴儿干都司的官员中，除了女真籍内监亦失哈以外，还有佟氏家族的祖先佟答剌哈，官职为"奴儿干都司指挥佥事"。

要论官职和当时的影响力，亦失哈更大。不过太监是没有儿子的，已经成为大明子民的佟答剌哈却可以开枝散叶。之后佟氏家族便在辽东发迹，不光从军，而且从政从商，可以说是辽东最有势力的女真人家族。

努尔哈赤在发布"七大恨"并攻陷抚顺后，已经汉化的佟氏家族遂倒向后金。这个在辽东树大根深，拥有双重身份的家族对后金的意义自不必说。佟氏家族在女真的老姓是"佟佳氏"，因此佟佳氏得以位列满洲八大姓，并且世代与爱新觉罗氏联姻，以被俘的佟养真来说，他的孙女就嫁给了顺治皇帝，还生下了康熙。也因为这层身份，后来在创建八旗汉军时，佟氏家族被整体放在汉军旗，以帮助控制这支由归降明军组成的军事力量。

虽然毛文龙不可能未卜先知自己抓住了康熙的外公，却很清楚这场胜利和俘虏的意义。从努尔哈赤拿下沈阳城到镇江大捷的四个月时间里，明军在辽东都是兵败如山倒。能够在后金的大后方搞出那么大动静，还能够擒获后金重要将领，这份功劳足以让整个明朝为之一振，看到辽东尚可一战的希望。

于是佟养真和他的子侄一起被送往京师献俘，定罪后处以凌迟之刑，传首辽东以振士气。四十六岁的毛文龙则火线晋升为副总兵，受命镇守镇

明末辽南四卫

江城。

　　毛文龙也知道自己的优势是在海上，想依托镇江堡在长白山脉中建立根据地，早晚会被后金军吃掉。在收到后金方面集结了大军准备进攻镇江的消息后，毛文龙提前带着战利品及前来投奔的军民，撤回到了朝鲜境内。

　　即便是到了朝鲜境内，毛文龙依然不能把根据地选在陆地上，因为那仍是后金骑兵的舒适空间。毛文龙选定的根据地，是身弥岛西侧的"皮岛"。岛屿的优势在于环山皆峭壁，腹地凹陷，非常利于防守。即便后金弄到了船只，也很难在登陆战中讨得便宜。

不管把根据地设在镇江还是皮岛，毛文龙都在后金的后方打开了局面。后金没有水军，辽东那些心系大明的军民又不断地归附，这都为毛文龙在中朝边境建立海上根据地奠定了基础。

至于明朝廷那边，当然是非常欣喜地看到有这么一把尖刀插在后金的后方。有毛文龙在，不仅能牵制后金的兵力，使之不敢尽合力攻击辽西，更让朝鲜不至于在巨大压力下倒向后金。

1622年，毛文龙晋升总兵，正式在皮岛开设军镇经略辽南，时称"东江镇"。当时谁也没有想到的是，这个凭借毛文龙一己之力开设的海上军镇，日后竟然成为决定大明生死的胜负手。

第三十章
袁崇焕与"关宁锦防线"

一

1619 年春，时年三十五岁的广东人袁崇焕得中进士。每三年一次的科举分为乡试、会试、殿试三级。在 2 月要举行的三场会试，将决定举子们是否高中进士。倘若登科，3 月便可进入由皇帝亲自主持的殿试。

殿试并不会淘汰任何人，只是决定候选进士们的名次，包括给他们一个"天子门生"的殊荣。每次开科会取三百名左右的进士，前三名也就是大家熟悉的状元、榜眼、探花为一甲；一般四至一百五十名为二甲；一百五十名以后则为三甲。

袁崇焕的名次是三甲第四十名，虽然在这一届进士中的成绩属于中等偏下，但他已经是妥妥的人中龙凤。终明朝一世总共录取了约两万五千名进士，平均下来一年还不到一百人。明末中国的人口大约有一个亿，能高中进士者万中无一。

一甲进士直接入翰林院，二甲进士大多留在京师做京官，三甲的话则外放做地方官。这倒是正合了袁崇焕的意。在他等待殿试的时候，明军在萨尔浒惨败的消息刚好传到京师。在他等待外放之后，后金军又趁热打铁地攻灭了叶赫部，拿下了开原、铁岭等城。

袁崇焕从来没想过靠脸加分，一心想的是到边塞建功立业。《明史》中记载他"为人慷慨负胆略，好谈兵。遇老校退卒，辄与论塞上事，晓其厄塞情形，以边才自许"。

这并非不可能。明朝前期武将地位尊贵，能配享太庙的基本是武将。在文臣里，只有姚广孝和刘基享受过如此殊荣。到了中后期，文官的地位明显提高。明英宗以后，征伐基本是以文臣作为主帅，总督、巡抚、经略、督师等职位也都由文官担任。文官的地位也压倒武将。

朱元璋把开国武将灭得差不多，想用藩王统兵；朱棣又怕后世子孙有样学样，发展成以文臣为帅统兵，再派出身边的太监做监军也是必然。

虽然文官统兵是惯例，但袁崇焕的资历还是太浅了。按照规矩，袁崇焕初授的是福建邵武县的知县，离到边塞建功立业的机会还相差甚远。

机会来得很快。1622年正月，上一年刚拿下沈阳、辽阳的努尔哈赤兵发广宁，一举攻克了这座辽西重镇。熊廷弼、王化贞被迫退向山海关，刚稳住的阵线和积蓄的反攻力量毁于一旦。

从一定程度上说，明军这么快从一场失败走向另一场失败，与毛文龙半年前在敌后的奇袭有关。这场李云龙式的胜利，以及他一路自作主张的招抚工作，让天启皇帝和朝臣们认定，只要王师反攻就能在河东一呼百应。于是朝廷下令，按照熊廷弼的"三方布置"策略海陆并进。由天津、登莱水军前去支援毛文龙拿下辽南，王化贞则与林丹汗合兵，进据辽河建立防线。

结果非但没有反攻成功，反而让后金乘势集结了六万主力一举攻下了广宁。

二

这次失败并不让人意外，"经抚不和"是主因。毛文龙是王化贞的人，熊廷弼又一心想全面主导辽东战事，毛文龙的奇功反而拆了后者的台。有鉴于此，熊廷弼上书说毛文龙这是在打草惊蛇，在他还没有聚合三方力量时就让后金警觉，大量屠杀和内迁辽南军民。

于是王化贞带着辽东的军队向辽河推进时，受熊廷弼节制的两镇海军却按兵不动。熊廷弼打算让王化贞碰壁后黯然退出辽东。

在熊廷弼看来，王化贞不懂军事和人心，熊廷弼"谓辽人不可用，西部（蒙古）不可恃"，无论是王化贞收拢的那些辽东败军，还是厚赏银诱惑来的蒙古盟军都不可信。事实证明熊廷弼的判断是对的，正是王化贞视为心腹的辽东军将领暗投后金后，打开了广宁城门。至于蒙古人那边，王化贞以为身为蒙古大汗的林丹汗能够调动数十万铁骑。然而林丹汗的影响力并没有自己声称的那么大，他想统一的那些蒙古部落多已暗自与努尔哈赤交好。

广宁之战时，已经有唇亡齿寒之感的林丹汗倒是派出了一万骑兵前来助阵，却没有发挥作用，甚至还有两万蒙古骑兵没有赶到战场，城就已经破了。

说到底，明军自己都不能形成合力，又怎能指望外人帮到自己呢？

局势的恶化程度远超熊廷弼的预料。在兵败如山倒的局面下，逃亡的辽西军民涌向山海关。熊廷弼和王化贞也一起因为广宁之战的惨败而遭下狱论罪，几年后被处斩。

这场大败却让一心想去边塞建功的袁崇焕得到了机会。大明正面临空前的危机，无论是热衷党争的朝臣，还是皇帝本人都在寻找能做事的人。像袁崇焕这种两榜进士出身，又热衷兵事者是再合适不过的。

当年5月，袁崇焕在进京面圣后被破格提拔入兵部任职主事。就在朝中一片慌乱，商讨该派谁去做新的辽东经略时，袁崇焕却一声不吭单枪匹马地跑到关外去调研，以至于司僚和家人都以为他失踪了。

回朝之后，袁崇焕便上书把关外的形势说得头头是道，并且言道："予我军马钱谷，我一人足守此。"入职兵部足以证明袁崇焕在兵事上的才学已经得到了皇帝的认可；现下一个人去前线搞调研，更是证明了他的胆识。

既然袁崇焕有胆有识有才，便是那些心存疑虑者也不好说什么了，否则一句"你行你上"，便能把反对者逼到墙角。

不管这位日后的袁督师再怎么出挑，仅凭三年的官场资历，也无法担任辽东经略之职。于是袁崇焕被升任正五品的"兵备佥事"，奔赴山海关帮着督监关外诸军。辽东经略一职则由兵部左侍郎王在晋接任。

辽东的事情太大了，熊廷弼被任命为辽东经略时，天启帝为了让他能够节制那些军镇，便同时给了他兵部尚书的任命。他这一下台，相当于兵部第一副部长的王在晋便自然接班。

三

王在晋还是很倚重袁崇焕的，但在具体如何构筑新防线的问题上，双方出现了分歧。在王在晋看来，辽东的危机经过四个阶段：第一阶段是败于萨尔浒，让努尔哈赤得以突破抚顺关；第二阶段是丢失开原、铁岭，辽东的北方门户大开；第三阶段是失守沈阳、辽阳，让整个河东之地沦陷于后金之手；第四个阶段则是广宁之败。

这四个阶段的划分并没有问题，争议点在于当下要做的选择应该是退守辽西走廊，在这条背山靠海的通道上梯次建立防线，还是干脆一下子退到山海关，把整个关外之地让给努尔哈赤。

王在晋的意见是干脆集中力量加固山海关，袁崇焕的想法是山海关要修，防线也必须前推，最起码要推进到辽西走廊中部的宁远城。简单点说，王在晋的意见是搞"山海关防线"，袁崇焕的意见是搞"关宁防线"。

怎么做还是要取决于明朝廷的决定。努尔哈赤在攻下广宁后并没有据守辽西，而是大肆抄掠一番就退回了河东。这与努尔哈赤一贯秉持的"集中优势兵力打歼灭战"的作战方针有关。之前刚拿下的河东之地还没有消化完，要是再分散兵力据守河西各城堡，很容易再上演毛文龙夜袭镇江堡的一幕。

有鉴于此，山海关至辽河的真空地带除了散布着大量流散的明朝官民以外，顺势填补空间的主要是乐得采抢点人马物资的蒙古诸部。

客观地说，双方的意见各有各的道理，一如李成梁当日决定放弃宽甸六堡收缩防线一样。在李成梁和王在晋看来，收缩防线相当于坚壁清野，避免那些陷于危地的军民成为后金的战利品。

然而且不论主动收缩防线这事，在战略上是否更现实，是否更有利于集中力量，光在政治上都会发出一个不好的信号，那就是大明已经默认整个辽东为后金之地，不再寄希望于光复辽东了。这种信号很可能会造成负面连锁反应。相比之下，前推防线的方案，则更容易在朝堂占据道德制高点。

有鉴于此，天启帝在派出自己的恩师——1604 年的榜眼孙承宗到前线考察过之后，决定罢免王在晋。孙承宗自请至关宁前线，为袁崇焕站台。为此天启帝还特设了一个比辽东经略还大的官职——蓟辽督师给自己的老师。这个职位和前者的区别，在于还可以节制北京（顺天）、保定的巡抚，为的是便于调动河北的资源，修筑关宁防线。

有了孙承宗的支持，袁崇焕终于可以甩开膀子大干一场了。1624 年，关宁城修筑完毕。不过袁崇焕的野心并不是修一条"关宁防线"，而是修成一条"关宁锦防线"。

"关"是山海关，"宁"是宁远城，"锦"则是锦州城。两条防线的区域在于，"关宁防线"只覆盖了半条辽西走廊，而"关宁锦防线"则覆盖了整条辽西走廊，可以直接面对辽河下游平原。山海关的重要性在于它是燕山东南角与渤海的交汇点。过了这个关口，后金铁骑便可直面再无屏障的河北平原。那么宁远城和锦州城又有什么独特的位置优势呢？

先来说一说锦州城，说起这座城就必须提到辽西走廊北端的两条天然

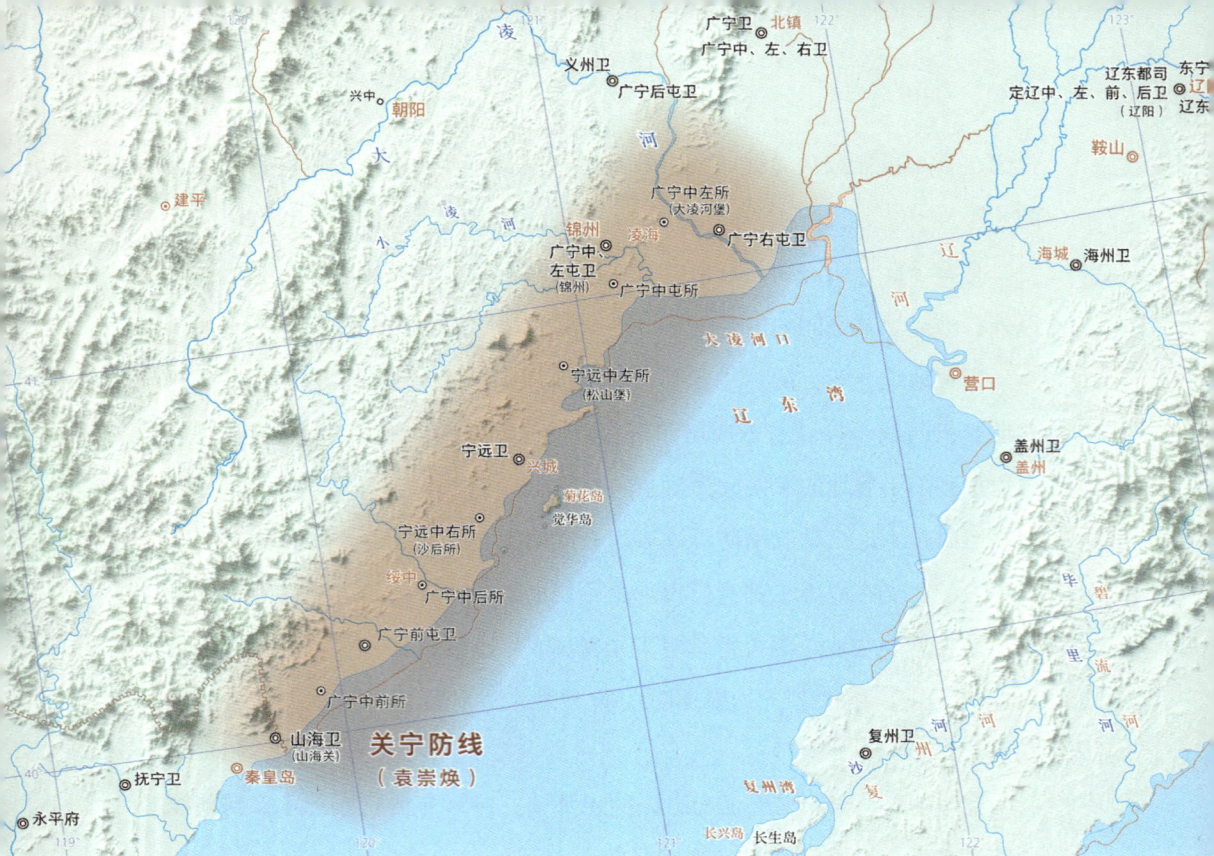

明末关宁防线示意图

边界：大凌河与它南边的小凌河。由于辽西走廊实在是太窄了，发源于燕山东麓的大小凌河并没有能够向东延伸至与辽河合流，而是各自独流入海，成为辽西走廊的天然门户。

锦州城在小凌河北岸，事实上后来袁崇焕在大小凌河并不仅仅加固了锦州城，还修复了小凌河之南的"松山堡"、大凌河之北的"右屯卫城"，以及大凌河之南的"大凌河堡"。这四个互成掎角之势的城堡，彼此间相距不过十公里，原本是广宁卫防区的最南点，现在成了"关宁锦防线"的北大门。

再来说说位置居中的宁远城有什么优势。

宁远城的优势在于它的旁边有座"觉华岛"（现名菊花岛）。这座岛屿也是整个辽东湾唯一的大型岛屿。其与海岸线的距离不过七公里多，离宁远城也不过十三公里。这样的话，明军就可以把觉华岛打造成关宁锦防线的海军基地，与宁远城互成掎角之势，把前线物资包括运送补给的船只堆放在觉华岛上。

1625年夏，在孙承宗的主持和袁崇焕的严格监工之下，整个关宁锦防线完工。总计修了九座大城，四十五座堡垒，训练兵马十一万。位置最前凸的右屯卫城和觉华岛上，也囤积了大量军粮，只待朝廷下令反攻。

四

然而正当孙承宗向朝廷请饷准备复辽时，朝堂之上却起了罢免他的声音。原因是修建关宁锦防线实在是太花钱了。按弹劾孙承宗的奏章所说，一年在关宁锦防线修城养军就得耗费六百万两白银（岁费六百万）。照这样算的话，几年下来的开销再打次"万历三大征"都有富余。

反对者的意见是，如果以后的战略是守，那就老老实实地花钱修城守着。要是觉得能反攻成功，那就把军费花在进攻准备上，不应该花那么多钱修城。你不能"战固未能，守亦羞示"。让你攻，攻不出去，自己又不好意思说只能防守，还在用反攻的名义要钱。

话说到这份儿上，那怀疑孙承宗是不是借着复辽的名义中饱私囊的猜忌就难免了。事实上，所有在边疆战事上被弹劾的官员，从当初的曾铣、李成梁到后来的袁崇焕、毛文龙，都免不了这条罪名。毕竟消耗了帝国大量的白银，不管有没有抽水都是瓜前李下惹人嫌。

帝师最重要的是名声，怎么可能受这盆污水？一气之下孙承宗就辞了职，怎么留也留不住。

孙承宗主政辽东的这四年中，辽东整体是很太平的。除了毛文龙在后方牵制以外，一个很重要的原因是后金在消化河东地区时遇到了很大的问题。至于这个问题是什么，下一节会具体展开。

接任孙承宗经略辽东的是新任兵部尚书高第，纯属赶鸭子上架。既然现在的风向是觉得关宁锦防线花了那么多钱，劳而无功，那么想自保的话，反向操作就行了，直接退回山海关防御。

在这种战略性问题上搞一百八十度大转弯，那么这四年时间和上千万两白银就全都白花了。后撤的命令一下，整个关宁锦防线乱成一团。

之前熊廷弼认为"辽人不可用"。这也不能怪他，毕竟从李永芳开始，太多人做带路党了。但你不能一竿子打翻一船人，毛文龙的经历更证明大部分辽人不愿意屈从后金统治。这种情况下，孙承宗提出了"以辽人守辽土养辽人"的策略，简而言之是"以辽守辽"。

这一策略起到了很好的效果。不光收拢了大批败退的辽东边军，辽东百姓、商户也视关宁锦防线为可以安居的乐土。事实上，耗费巨资修筑这条防线的意义，并不仅仅是在军事上留一个防守的 B 方案，更是为了在政治上给辽人吃一颗定心丸，让他们知道朝廷不会放弃辽东。

这一切很显然都是出自袁崇焕的谋划，因此对于后撤至山海关的命令，他是坚决不同意的。他认为就算是后撤，最起码也得守住整条防线的核心宁远城。

五

明朝换帅还搞战略大后撤，如果你作为其对手会怎么做呢？当然不会等你有序后撤，必定会在撤退的时候乘虚掩杀了。于是 1626 年正月，努尔哈赤率军六万直奔关宁锦防线。

高第是 1625 年 10 月刚接手辽东防务的，距努尔哈赤杀来的时候不过两月时间，根本还来不及把前线的人员、物资尽数撤入关内。如果孙承宗还在的话，那么大小凌河防线自然等成为最先发生恶战之地。而现在，就像四年前的广宁之战一样，一泻千里了。囤积在大凌河之北右屯卫城的三十多万石军粮，转瞬间成为后金的战利品。

在掩杀过程中的军民人口损失更是无法计算。回想一下当年刘备带着荆州百姓南撤，被曹操虎豹骑掩杀时的场景，你就能想象这番场景有多么惨了。

从后金军大军压境的消息传到大明，到努尔哈赤兵临宁远城下，仅仅用了六天时间。如果没有袁崇焕守在宁远城，后金军这次毫无疑问地会直接杀到山海关。

事实证明，关宁防线在防御战术上是没有问题的。明军利用坚固的城堡阻断狭窄的山海通道，同时在城墙上架设火炮。史书记载明军"城内架西洋大炮十一门，从城上击，周而不停。每炮所中，糜烂可数里"。

除了利用火炮远程攻击来犯之敌以外，城内守军还急中生智地发明了名为"万人敌"的近战武器。具体做法是把火药均匀地撒在芦花、被褥、床单上，然后卷起来丢到城墙之下。这东西威力有多大呢？这么说吧，想出这法子的是袁崇焕手下的一个通判，他在点火试验时离得太近，不小心一个火星飞到胡须上把自己给烧死了。

时值正月，而且是几十年来最冷的冬天，杀至城下的后金官兵看到城下居然凌乱丢弃着那么多被褥，自然是喜出望外争抢战利品。城上的明军乘机抛射火把、火箭，宁远城下顿成一片火海。非常危险的是，等到后金撤军时，城内的火药其实已经消耗殆尽。

人人都怕死，大多数的官兵当时其实是想撤的，甚至埋怨袁崇焕是为了个人的声望，置全城百姓性命于不顾。而袁崇焕为了坚定意志，下令宁远城背后的守军看到后撤的明军就格杀勿论。

依靠坚城、火药以及誓死不退的意志，宁远城被艰难地守住了，世称"宁远大捷"。在后金军撤回河东后，袁崇焕与同样为孙承宗任上提拔的总兵赵率教、副总兵满桂一起，重新把防线推进到了锦州一线，加紧修复被后金军破坏的城堡。

毛文龙在敌后的那场小规模奇袭都能弄到朝野震动，宁远之战可是和后金主力硬碰硬取得的胜利。朝堂上下那些一再怀疑关宁锦防线乱花钱的人也都只能噤声了。高第也识时务地两次上书请辞。

此战之后，袁崇焕升任辽东巡抚。次年5月，不甘心失败的后金主力再攻锦州、宁远，又被袁崇焕顶了回去，时称"宁锦大捷"。

连续两场胜利坐实了关宁锦防线的成色。日后不管时局再如何风云变幻，不管辽东战场的主官再如何更替，这道防线都不会再轻易被放弃了。

第三十一章
大明军队的"洋务运动"

一

1626 年 9 月，后金的建立者努尔哈赤走完了他六十八年的传奇人生。此时距离宁远之败过去了仅仅八个月，以至于一直有传闻说，努尔哈赤是在宁远城下为袁崇焕的火炮所伤，伤重不治而亡。

不管是伤重而死还是寿终正寝，宁远之战中坚城火炮战术都发挥了决定性作用，甚至可以说是帮大明王朝续了命。这场战役显示出，火炮将成为未来的战争之王。

以坚城火炮配合御敌的战术并不是袁崇焕的创新。这份功劳要归于另一位大家熟悉的明朝将领戚继光。戚继光的抗倭威名是在嘉靖时期打出来的。随着隆庆登基开放海禁，东南倭乱瞬间平息。

倭乱对于中原王朝来说属于非常态威胁，北方的威胁却是无时无刻不在。而此时戚继光四十岁，正值当打之年，又有成功将一帮浙江（义乌）农民训练成"戚家军"的经验，朝廷自然是没有理由浪费人才。1567年，新皇帝任命戚继光为神机营副将，令其在浙江为蓟辽军区招募训练新兵，次年更是让戚继光以都督同知的身份，总管蓟州、昌平、保定三镇的练兵之事，后来干脆直接让他镇守蓟州、永平、山海关等北京一带的长城重镇。

在明朝后期，几乎所有在其他战场上打出威名的将领，都有调往北线战场的经历。戚继光也不负皇帝的期望，多次打退蒙古骑兵的侵扰，包括驰援东北战场，协助李成梁作战。

戚继光在北方战场最大的贡献在于升级长城体系。明朝沿整个长城设立了九个军镇，世称"九边重镇"。这当中最重要的便是戚继光北上所负责的蓟州镇，其防区东起山海关、西至居庸关，是不折不扣的京师门户。今人对长城的印象多来自居庸关所处的八达岭长城，以及山海相接的山海关长城，而这两段长城都是戚继光重新设计整修后的成果。

戚氏长城最大的特点，是在容易被敌军突破的紧要地带，每隔一段距离便设置一个"空心敌台"，这些敌台也成了长城的标志性建筑。

每个敌台设百总一名，人马、兵器、粮草都藏于空心敌台内，而不是分散在城墙之上。敌台向墙外凸出一丈四五尺。下层在外凸面设开炮孔布设火炮，负责用炮火歼灭远处之敌；上层的士兵则依托箭窗、垛口射箭，歼灭进抵城下的敌军。

对于精于骑射的马上民族来说，戚氏长城几乎就是一道不可逾越的天险。你射出去的箭，难以伤害到躲在敌台内部的明军，守军却可以居高临下地以火炮、弓箭打击你。更要命的是这些凸出墙外的敌台，彼此间的距离都不是随便设定的。简单点说，两个敌台间的距离以不超出弓箭、火炮的射程相加为限，以期在整个防御面形成交叉火力。

这意味着无论从哪个点进攻，都将面临两面受敌的窘境。

二

光有"空心敌台"还不够，火炮的运用才是建立新型长城防线的关键。明朝是一个极为重视火器技术的王朝。朱元璋建军之初便要求按十分之一的比例设置"铳手"。元朝时期将发射黑火药的武器统称为"铳"，铳手就是火枪手、火炮手的总称。到了明朝中期，铳手的比例提升到了三成，戚继光在长城沿线布设的兵营中，铳手的比例更是提升到了惊人的五成。

此外，拱卫京师的军队在明朝被称为"京军"，朱棣起兵靖难时逐步设置"京军三大营"，包括五军营、三千营（神枢营）和神机营。其中最特别的便是戚继光此次担任副将的专业火器部队——神机营。

神机营是朱棣远征安南（越南）后建立的，在安南这片丛林密布的土地上，朱棣夺取天下所依仗的骑兵难以发挥决定性作用，而安南人所使用的被称为"交铳"的火枪，其精准度与杀伤力却给他留下了深刻印象。

虽然明朝如此重视火器，中国更是黑火药的发明国，但在明末东亚战场上起决定性作用的火器，其技术来源却是欧洲。我们甚至可以说欧洲人所开启的大航海时代，给明末的东亚战场带来了一场军事领域的"洋务运动"。

蒙古帝国在欧洲的征服，将源出宋朝的黑火药武器传播到了欧洲。对于这种来自东方的"魔法武器"，长期处于混战状态的欧洲各国君主，都抱以极大的研发热情。有一种说法"战争是科技进步的催化剂"，这种说法不无道理。最起码就军事技术来说，任何能够打破战场均势的技术都可以很快得到检验。

欧洲人通过大航海登陆中国时，他们在火器技术上已经领先于中国。

最先让中国人见识到西式火器威力的，是开启大航海时代的葡萄牙。1498 年，经历长达八十年的探索后，葡萄牙人终于沿非洲海岸线向南突破好望角，进入原本为阿拉伯商人所垄断的印度洋地区。十五年后葡萄牙人登陆珠江口，成功地与中国人进行了第一次贸易。

在谋求与中国进行贸易的过程中，葡萄牙人与严守海禁政策的明军曾发生过多次军事冲突。冲突中最让明军震撼的武器是葡萄牙人带来的"佛郎机炮"。当时的中国人将欧洲人统称为"佛郎机人"，于是葡萄牙人带来的火炮便被命名为佛郎机铳（炮），或者干脆称之为"佛郎机"。

初战领略过佛郎炮的威力后，与之接战的广东提刑按察使、江西婺源人汪鋐迅速秘密招募葡萄牙舰队中的中国人，对佛郎机炮进行仿制。并在随后香港海域进行的"屯门海战"（1521）、"西草湾海战"（1522）中两败葡萄牙。

如果我们要为大明军事领域的这场"洋务运动"找一个启动者，汪鋐可以称得上是"师夷长技以制夷"的第一人。

三

1523 年，汪鋐带着西草湾海战中所缴获的佛郎机炮进京朝圣，并多次上疏嘉靖帝希望能够大规模推广佛郎机炮。朱元璋和朱棣为大明王朝种下的火器基因，让嘉靖帝和有识之士很容易意识到，这些从西洋而来的火器将有能力打破东方战场的僵局。为了能够进行这场军事改革，嘉靖帝甚至撤换反对者，直接让汪鋐担任兵部尚书。

佛郎机炮拥有让中国人惊叹的设计。早期无论东西方的火炮、火枪设计都非常简单，就是一个一头开口、一头堵死的圆筒形炮身，然后通过炮口依次填充黑火药及石质弹丸或者铁砂。这种类型的火炮被称为"前膛炮"，包括当时的枪械也是如此装填，被称为"前膛枪"或者"前装枪"。

前装法最大的问题在于发射效率。影响效率的不仅仅是火药和弹丸需要分别装填，还在于得等炮管冷却后才能再次装填。佛郎机炮设计的精妙之处，是把炮管的后端做成开口状的"炮腹"，然后将火药、弹丸预先装在与炮腹尺寸适配的"子炮"（明人谓之"提铳"）中，发射时将子炮填于炮腹中，与炮身合为一体。

一门佛郎机炮标配四枚子炮，这样发射的时候就可以像换弹夹一样方便，不用花费时间等待炮管冷却和装填。这意味着佛郎机炮在人类还没有将弹丸火药融为一体时，就巧妙地变身为了后膛炮。

天下武功唯快不破，武侠世界如此，军事世界亦如此。三百多年后，同样处在王朝后期的清王朝在军事乃至整个工业领域，也展开了一场影响更为深远的洋务运动。那次"师夷长技以制夷"之举，帮助大清缔造了亚洲规模最大的舰队。

然而主力舰吨位占优，总吨位与敌方相当的北洋水师，却在甲午海战中一败涂地。技术上的重要原因便在于日军装备了大量最新型的速射炮，最高射速能达到每分钟八到十发。反观北洋水师的舰炮，大多每分钟只能发射一发炮弹。人家打你十拳，你才能打人家一拳，这仗从一开始就落了下风。

由西洋火器所引发的革命并不仅仅限于火炮。同时期进入东亚战场的还有同样源自欧洲的"火绳枪"技术。火绳枪在中国被称为"鸟铳"，因其能够精准射击飞鸟而得名。在鸟铳技术流入中国之前，明军所使用的火枪是继承自元军的"手铳"，铜制的手铳又演变自宋军所使用的竹制"突火枪"。

不管是手铳还是鸟铳，装填都和火炮一样属于前装式。二者最大的区别在于点火方式，中国传统的手铳是直接点燃火药，瞄准、射击的过程几乎同步完成，技术上被称为"火门枪"。鸟铳则是通过扣动枪机，带动预燃的火绳点燃火药池中的火药，相比让使用者手忙脚乱的火门枪，火绳枪射手可以从容地用双手瞄准。

精于"奇技淫巧"的西洋人，还把枪管做得更加细长，为火枪设计了准星、枪托等辅助部件，大幅提升了射击精度和效率。

看中西洋火器先进性的并不仅仅是明朝，同时期的日本、朝鲜等东亚国家也不少。只不过受限于资源，日本和朝鲜将更多注意力集中在火绳枪的装备上。这也使得日本所出产的鸟铳，设计和制造技术要高于明朝，以至于在与倭寇多次交手后，明军开始引入经由日本改进的鸟铳列装部队。

西洋火器的引进，甚至在明朝后期引发了一场"甲胄革命"。通过各种影视剧，相信大家会明显感觉到清朝的盔甲与其他朝代都有所不同。八旗军所披挂的是表面布满铜钉，内部衬有铁片的"棉甲"。其实棉甲并非清朝的创新，而是沿用自辽东明军。

棉甲比之铁甲的好处在于既保暖，又能大大缓冲火器的冲击力。靠着十三副盔甲起兵的努尔哈赤极为重视给军队装备盔甲，后金所生产的盔甲质量亦非常好。史书记载，明军曾经从后金军队的棉甲中抖出两斤铅子。这些铅子如果不是被缓冲射在棉甲中，而是打在身体里，想想看会有什么后果。

三

"洋务运动"也好，"师夷长技以制夷"也罢，并不意味着要全盘否定自己的过去。就火器而言，旧式火器或者它们的改良版依然在发挥着作用。其中的典型代表为戚继光所改良的"虎蹲炮"，以及辽东铁骑最喜欢使用的"三眼铳"。

每一件武器都有它的局限性。对武器改良抱有极大热情的戚继光就发现，鸟铳虽准，但毕竟是单兵武器，难以在大规模作战中发挥决定性作用；明军仿制的佛郎机属于舰炮，放在城上用也可以，但用在野战就太重了。

于是戚继光在旧式火炮的基础上改良发明了"虎蹲炮"，其最大的技术特点是炮首处安装有两个铁爪固定炮位，以其形似虎蹲而得名。同时加长炮身提高射程，在炮身上加装多道铁箍，提升其耐用度。

为了便于移动，虎蹲炮的重量被控制在四十到六十斤之间。戚继光会为每营士兵（一营两千七百人）配备六十门虎蹲炮，每门炮配置三名炮手。这个重量使得虎蹲炮甚至可以成为骑兵的标配，在快速接近敌阵后下马架炮发射，然后以骑兵冲阵。

如果说佛郎机炮属于引进型火器、虎蹲炮归类为自我升级型火器，那三眼铳就是一件不折不扣的旧武器了。三眼铳相当于三管合一的旧式铜手铳，使用者可以在战前先将三根枪管全部装填好弹药，然后依次点燃火门发射（现在一些农村办红白喜事时还会使用三眼铳听响）。

对于辽东铁骑固执使用三眼铳这件事，戚继光其实是颇有微词的。为此他还研发出了有曲木枪柄、有准星、有火绳，甚至五根枪管可以匣绕枪柄旋转的"五雷神机"，试图取代三眼铳。

然而辽东铁骑却对这种升级版的鸟铳完全不感兴趣，仍然喜欢简单粗暴的三眼铳。

说到底，无论是欧洲人带来的西洋火器，还是戚继光改良过的那些新式火器，都不适用于骑兵陷阵。古代作战有"临阵不过三矢"的说法。这意思是说在骑兵发起攻击时，无论是防守的步兵还是进攻的骑兵，都只够时间放出三箭。

三眼铳虽然制作粗糙，但因为都是预先装填好弹药的，所以发射起来还是很快的，而且正好符合"临阵不过三矢"的要求，以至于在当时被称为"快枪"。其缺点是射程不够远，有效射程差不多在五十米以内，精度也很差。不过骑兵在高速冲锋时，本来就没法控制精度，火器只要能够保证枪口向前就行了。

想象一下整排的骑兵在高速冲向敌阵的同时，从五十米开始连续发射三枪，并且每枪打出去的都是一片片的铁砂 这种攻击力是不是远胜于弓箭？更要命的是，打完三枪之后，三眼铳还能变身成为破甲武器。

为了破甲，无论中国还是外国的重骑兵都会标配有铁锤、铁鞭、铁蒺藜一类的钝器。三眼铳恰好便是一件趁手的钝器，无论对手穿的是铁甲还是棉甲，被砸一下都是非死即伤。正因为不谋求精度还要做冷兵器用，戚继光设计的"五雷神机"就有点惹人嫌了，砸完之后还得找工匠修补那些复杂的设计。

骑兵有三眼铳，步兵有鸟铳，野战有虎蹲炮，城防有佛郎机，这些代表性火器在明朝后期的各个战场上都发挥着决定性作用。以"万历三大征"之中的朝鲜之役为例，明军所使用的三眼铳、虎蹲炮等火器就给日军留下了非常恐怖的杀伤值，压倒了日军精于使用的鸟铳。

四

说起大明的这场"洋务运动"，还得提一个代表性人物——徐光启。今天上海有一个著名商圈"徐家汇"，便是源出于徐光启家族。葡萄牙和西班牙开启大航海时代的动机，除了对财富的渴望以外，还肩负着为罗马教廷传播天主教的责任。毫不夸张地说，欧洲人的军舰、商船到哪儿，受命于罗马教廷的传教士便会如影随形地到来。

1582年，天主教耶稣会传教士利玛窦被派往中国传教。由于利玛窦在传教过程中摒弃了天主教的排他性，让教义能够与儒家教义兼容，所以成为第一位成功进入明朝宫廷的传教士。

1600年，屡试不第的徐光启在北京遇到了利玛窦，从此便走上了一条成为"西学家"的道路。《明史》记载徐光启"从西洋人利玛窦学天文、历算、火器，尽其术，遂遍习兵机、屯田、盐策、水利诸书"。三年后徐光启皈依天主教，又过了一年（1604）徐光启终于高中进士，开始站上了政治舞台。

开眼看世界的学习经历，无疑对徐光启后来的仕途起了很大帮助。当时努尔哈赤的势力还不够大，大明最为关注的仍然是蒙古犯边之事。做官之后，徐光启便向皇帝提出了自己对解决"北虏"问题的见解。所有的建议中，最引人注目的有一条："今日之虏，惟军火器不宜予之耳，自此以外，凡可令类我者恣予之，皆大利也。"

这意思是说，现在对于游牧者已不需要像以前那样严防死守，大可以用宽容的态度互通有无同化他们。以前那些生怕会资敌的物资（比如铁器）都不用再控制，唯一要控制的是火器，不能给他们。换而言之，徐光启认定现在的战场已经是火器的天下。只要在火器上占据技术优势，为祸中原数千年的游牧威胁将迎刃而解。

从技术发展的角度来说，这一观点绝不能算错。历史潮流也证明了，冷兵器时代将结束。在这个问题上，客观地说明朝并没有犯错误。王朝开端时就带着的火器基因，加上大航海时代带来的技术输入，使得明朝一直到王朝行将覆灭时，都在想办法升级自己的火炮战术。

又一次的技术升级出现在萨尔浒惨败之后。徐光启想到了已经获准定居澳门的葡萄牙人。葡萄牙人为了保护这片来之不易的定居地，避免西班牙、荷兰、英国等欧洲国家也来中国分一杯羹，于是早在1557年就已经在澳门开设铸炮工厂。能够持续不断地向中国输出来自西洋的技术，成为葡萄牙人能够在这片土地上立身四百年的根本。

1621年，徐光启以私人出资的方式购买更新型的火炮，以亲自向刚继位的天启皇帝展示西式火炮的威力。这次从澳门引入明军的大炮，就是中国历史上赫赫有名的"红夷大炮"。

五

红夷大炮的原型是欧洲海军当时开始普遍使用的大型舰炮，长度为三米左右，重量在一吨以上，与大型号佛郎机炮相仿。引人注目的是，红夷大炮摒弃了佛郎机炮的后装模式。这是因为佛郎机炮的子炮无法与炮膛完美贴合，不能将火药燃烧形成的气体全部变成推力（简单点说就是会漏气）。

这就会严重影响佛郎机炮的射程了。相比之下，仍然沿用前装法的红夷大炮就不存在这个问题。当然，这并不意味着红夷大炮与中国的旧式火炮的设计理念一样。其最大的技术改进是将炮管铸造成了前细后宽的纺锤形，与火药燃烧时膛压由高到低的原理相适配，大大提高了弹药的射程。

这个经由数学计算带来的技术改变看起来简单，却是中国旧式火炮所不具备的。过往明军所使用的火炮中，甚至还有一种反其道而行之，口大身子小、炮管短粗的"碗口炮"。此外，红夷大炮两侧还设计有炮耳，上部安装有准星和照门，这样的话就可以调节角度，并依照抛物线来计算弹道。

能打得又快又远最好，如果只能选择一个，欧洲人还是觉得打得远更重要。毕竟船只本身是可以移动的，要是己方的火炮射程优于对手，技术上可以做到让敌舰处在自己的射程之内，同时自己又处在对手的射程之外。

红夷大炮的威力显然让皇帝和观摩者们都极为满意。此后孙承宗和袁崇焕要打造关宁防线时，便开始以红夷大炮为核心武器，包括聘请葡萄牙人训练炮手。至于毛文龙那边，则结合他敌后游击战的特点，以调拨便于移动的虎蹲炮为主。

宁远之战让明、金双方第一次见识了红夷大炮的威力。对于将红夷大炮作为城防炮的明军来说，红夷大炮射程仍是非常大的优势。调低射击角度发射出去的实心弹丸即便是落地之后，也有足够的势能向前跳跃式横冲直撞。能够在密集的敌军阵列中，穿出一条上千米之长的血胡同，用史书中的记载就是"每炮所中，糜烂可数里"。

看起来，大明王朝似乎真的找到了一条依托西洋技术续命的道路。只是一个王朝的命运，真的可以靠不断买进或者模仿新技术改变吗？

第三十二章
当战争遇上"小冰河"

一

努尔哈赤死后，建国刚满十年的后金政权将迎来新的掌舵人。一个王朝如果延续下来，会面临很多次这样的场景，但第一次永远是最重要的。

回顾历史，很多开局强大的王朝都因为没有处理好这个问题导致二世而亡，最典型的就是秦、隋两大王朝。即便是那些稳住阵脚的王朝，在第一次皇权轮转时往往也是危险四伏。李世民通过玄武门之变上位，建文帝的皇位没多久就被叔父朱棣颠覆都是明证。

努尔哈赤有十六个儿子，最终选择了第八子皇太极继承大统。事实证明这个选择非常正确，如果继位者不是这个成熟稳重、善于调和矛盾的儿子，而是一个和努尔哈赤风格很像的继承者，后金的历史定位很有可能是一个强悍的东北地方政权，未必能够入主中原，就像和建州女真拥有同样地理背景的高句丽一样。

之所以这么说，是因为后金在统治河东地区时遭遇了很大的困难。在刚拿下河东地区时，努尔哈赤的想法是让女真人与被征服的汉人混居，所谓"粮则同食，男则分耕"。然而毛文龙在辽南的游击行为，以及那些心向大明的辽东军民所引发的叛乱，让努尔哈赤渐渐失去了耐心，开始倾向于用屠杀的手段解决问题。

1623年，辽南复州卫的军民起兵反金。后金军在破城之后，屠杀了复州两万男丁。这件事情连最早归顺后金的李永芳都有点看不下去了。只是他在小心翼翼地提出异议后，被努尔哈赤骂了个狗血淋头，怒斥他们这些归顺后金的汉人都心怀异心。

李永芳觉得不妥，并不是想为他的同族说话，而是因为这样做是在把辽人往大明阵营里推。

然而失去耐性的努尔哈赤已经顾不得收拢民心了。1624年1月，努尔哈赤连续下达了九次命令，要求在铁岭、抚顺等靠近后金祖地的地区清查所谓"无谷之人"。按努尔哈赤定下的标准，有六七斗粮食的人被定为有谷之人；如果一个人只有五斗粮食，但家里有牲畜那也可以算有谷之人。如果低于这个标准，则会被定为"无谷之人"。

订立标准的意义在于识别出那些可能为乱后金大后方者。在努尔哈赤看来，如果一个人有足够养活自己的粮食，那就可以成为顺民；反之即便不成为明朝的内应，也会沦为盗贼。至于那些被甄别为"无谷之人"的汉人，最初的政策是籍没为奴，之后就索性"选派人员前往各处，杀无粮之汉人"了。

次年5月，努尔哈赤决定从辽阳北迁至离大本营更近的沈阳，以躲避愈演愈烈的反抗行为。10月，努尔哈赤派驻八旗将官至各屯堡对辽东汉民——包括归顺的明朝将领、官员、书生——进行更加严格、全面的甄别，但凡认定为有奸细嫌疑者就地正法；认定为后金建城、办差有功者，建庄屯，赐奴仆、妻室及生产生活资料恩养。

二

自然经济时代，人口是最重要的资源。恼怒辽东汉人的反抗以及想杀一儆百的心情可以理解，但如此大规模的屠杀行为却有些不同寻常。女真人本来实行的就是奴隶制，如果只是单纯觉得这些辽东汉人不好管理，大可将之变身为农奴，圈禁在庄园里从事生产。

这样做的深层次原因是养不起了。建州女真可以说是最懂农事的北方部落联盟，后金会对农业、农时，以及生产资料的分配做出非常细致的指导。这种对农事的了解并不是在五国时就有的。之前我们曾以五国城为界分割南、北女真。总体来说，北女真的生产生活状态更接近于纯粹的"渔猎民族"，而融入了更多农耕成分的南女真地区，更应该被细分为"农猎民族"。

温度是造成这一差异的核心原因，太低的话就是想种地也不行。不过地球表面的温度并不是一直稳定的，而是一直在温暖期和寒冷期之间不停切换。就我们现下所处的时段而言，正处在温暖期。以2000年的年平均气温来说，比努尔哈赤建立后金时差不多高出1.2摄氏度。以至于谈到明末的气候，一直有"小冰河期"之说。

对于正处在农耕线边缘的辽东地区来说，温度的影响尤为致命。气温降到0摄氏度时会出现霜冻现象，在指导农时的二十四节气中，霜降是定在阳历10月23—24日。现在华北平原初霜日大体就符合这个标准。辽宁地区的初霜日总体是在10月初，再往北的黑吉地区大部分在9月份便会出现霜冻了。

9月是收获的季节，这个时节出现霜冻就会有点要命，要是能在作物成熟后降霜还好，要是在作物还没成熟时就气温骤降，那减产甚至绝收就是必然的了。

对于在北纬42度线以北的女真人来说，小冰河期的出现并不是好事，这会大大压缩他们本就有限的农业潜力。反观完颜女真开始崛起并建立金国时的11、12世纪相交之际，却是正处在温暖期，年平均气温与当下接近，因此完颜女真能够以上京会宁府（今哈尔滨）一带为基地崛起。

然而对比其他女真部落，建州女真又是幸运的。受益于朱棣的偏爱，建州女真成为位置最南的女真部落联盟。再仔细观察建州女真和海西女真的位置，你还会发现北纬42度线几乎就是它们的分割线，而建州女真也成为唯一整体位于北纬42度线以南的女真部落。

在初霜日提早或者推迟几天，都有可能严重影响收成的东北地区，建州女真的纬度优势是决定性的，能够使他们比海西女真拥有更强的自给能力。只不过朱棣肯定没有想过，当年他为了招抚野人女真和制衡朝鲜做出的这个决定，会在两百年后给自己的王朝埋下一颗定时炮弹。

三

辽东作为大明王朝最重要的边镇，可以说是在集全国的资源供养。大量人口都是依靠输往辽东的粮食、军费养活。事实上就连后金，也要间接依靠内地的输入才好支撑。人参、珍珠、马匹都是女真人交换粮食的物产。

战争之后，如何养活被占领土上的平民从来都是个问题。若一定要让努尔哈赤选择一个牺牲品度过荒年，那就只能是那些被怀疑有异心的辽人了。

试图复兴蒙古帝国的林丹汗，也是小冰河期的受害者。相比"农猎属性"的女真人，蒙古人的抗风险能力更差。皇太极继位后，当即对仍在与明朝暗通款曲的朝鲜和蒙古部落发动战争，以解决左、右两翼的威胁。

1627年10月，既打不过后金，又没办法在东北统一蒙古左翼诸部的林丹汗，率众西迁，击溃一直不服汗廷的蒙古右翼入驻河套草原。饥饿和来自后金的压力迫使林丹汗也想复制俺答汗当年的成功。具体来说有两条措施：一是在河套种地，做强自己的经济实力；二是逼迫大明与自己互市。

然而这两件事情都没有做成。种地可以说是血本无归，史书称"塞外霜早，颗粒无收兼厉疫盛行"，意思是说河套的初霜来得太早了，林丹汗部落播下去的种子非但颗粒无收，还受到了疫病的打击。

同在北纬42度线附近，能否种地受气温影响很大。令俺答汗开始崛起河套，也令明朝有"复套"想法的16世纪40年代，是整个明朝气候最温暖的时期，之后平均气温便一路下跌。值得一提的是，已经太平了一个世纪的建州女真，正是在气温开始明显下降的1557年开始南下犯边，而这个时间点几乎就是明末小冰河期的开端。

等林丹汗也想在河套种地的时候，气温差不多已是整个明朝后期的最低时段。就算真能种出粮食一时也起不了大作用，而此次失败极大地影响了大家的信心，让部众觉得天时不在自己这一边。更致命的打击是林丹汗西迁前夜，大明的末代皇帝崇祯也上位了。

1627年8月，时年十七岁的朱由检继位（次年改元崇祯），开启了他十七年的皇帝生涯。

崇祯皇帝的继位是严格遵循祖训的结果。天启皇帝死的时候才二十三岁，生的三个儿子都夭折了。历代王朝遇到这种情况，大多是从皇室宗亲中过继一个年幼的皇子。只是在这种情况下，外戚、权臣把持朝政便在所难免了。不过朱元璋早有预见，他在《皇明祖训》中明确规定："凡朝廷无皇子，必兄终弟及，须立嫡母所生者。庶母所生，虽长不得立。"

皇帝生不出儿子那就"兄终弟及"，天启帝当时还在世的弟弟只有时为信王的朱由检，可以说在继承问题上毫无争议。林丹汗想复兴大蒙古国，崇祯同样想中兴大明。勤于政事，并且性格绝不妥协的崇祯上台后实施了非常多的强硬措施，其中一条就是认定塞外这些蒙古部落现在都暗通后金。

历史记载，崇祯元年"塞外诸夷以苦饥请粟，不许"，"会塞外饥，请粟，上坚不予，且罪阑出者"。塞外的蒙古人遇到饥荒，崇祯要求边关坚决不予救济，谁敢擅自交易就处罚谁。回想明初沙州卫的蒙古人遇到饥荒，向明朝廷借粮救命，刚继位的朱瞻基大度表示"番人即吾人，何贷为"，那简直是天渊之别。

为了得到救命的粮食，林丹汗不得不与大明为敌，最多的年份能连续五次犯边。大明和蒙古的这场粮食之战受益方显然是稳坐钓鱼台的后金。1634年，在后金的连番打击下，这位末代蒙古大汗终于和草原帝国的荣耀一起灰飞烟灭。

崇祯不救蒙古，直接理由是此时很多东北蒙古部落与后金相通，他觉得这是一群喂不熟的白眼狼。问题在于不管是沦陷区的辽人也好，塞外的蒙古人也罢，你不去分化、招抚他们，那就只会把他们全数推向敌对阵营。就切断与蒙古联系这件事情而言，最直接的后果就是"东边诸部落群起飙去，尽折归建州，而建骑直叩宣、大矣"。东北的蒙古诸部就此全部归附后金。

一竿子打翻蒙古诸部的做法，本质上和努尔哈赤屠杀辽民的做法无异。区别只在于，后金很快就迎来了皇太极这位新主纠偏，重新稳定局面。大明的这位新皇帝，却决心跟着王朝走到最后了。

四

崇祯可以有很多理由认定蒙古不可靠，但根本的原因还是"地主家也没有余粮了"。在崇祯看来，与其把粮食和赏银给那些不可靠的蒙古人，不如集中资源支持自己人。

最早被崇祯信任的自己人是一手打造关宁防线的袁崇焕。继位后崇祯马上做了两项人事调整：对内除去了在天启年间掌控朝权的魏忠贤；对外则是重新起用袁崇焕。

当初年少继位的天启帝并不想做皇帝，如果有得选，他更想做一名木匠，至于朝政大权，则由魏忠贤把持。

袁崇焕则在宁锦之战后，迫于党争的压力辞官。当时袁崇焕的职位是辽东巡抚，上面还有一个接替高第做辽东经略的王之臣。袁崇焕被认为属于东林党，一路推荐提拔他的老师、高官都是东林党人，而王之臣则被认为依附于阉党。各自的政治背景让亲密合作成为不可能，又一次的"经抚不和"更让袁崇焕成为魏忠贤和王之臣的挑刺对象，认定这位不同党的辽东巡抚，在宁锦之战中贻误战机。

其实袁崇焕本人的大志只在辽东，无所谓党派之争。为了实现这个抱负，他在提出辞官后甚至上书称，愿意给魏忠贤修生祠。所谓"生祠"指的是为活人修建的祠堂，在当时为魏忠贤修生祠这件事情蔚然成风，可以说是自认阉党身份的投名状。

改换门庭向来都不是件容易的事，搞不好就两面不是人。而袁崇焕之所以要这样做，是因为想以退为进取得朝廷的支持，好让他完成复辽大业，只不过被魏忠贤顺水推舟地同意了。

现在崇祯来了。一个在北京城破之际，宁死也不肯退守江南做半壁江山之主的皇帝，当然也是心心念念地想着中兴了。君臣一拍即合，袁崇焕向皇帝保证"计五年，全辽可复"，要是完不成就以死谢罪。

过往辽东发生的林林总总，让袁崇焕深知如果自己不能统管东北战区，只会因为内耗捆住手脚。对于他来说最惨痛的教训还不是宁锦之战后被迫辞官，而是关宁之战时眼睁睁地看着觉华岛被后金攻陷。

在后金没有水军的情况下，本来与海岸线隔着七公里海面的觉华岛是很安全的。然而你不要忘记，现在正是明末小冰河期中最冷的时段。

更要命的是，努尔哈赤刻意选择了在正月发起进攻。这个时间段的选择，本来是为了方便横渡大、小凌河等阻碍军队行动的河流。事实上利用会在冬季河面结冰，攻破防守方的天险，在北方战争中属于常规操作。只是没想到的是，小冰河期的冬天实在太冷，不光冷到打碎了林丹汗的种粮梦，更把觉华岛与大陆之间的海面也冻上了。

当后金铁骑逼近宁远城时，觉华岛上共计有军民约一万五千，运输船两千余艘，外加差不多十万石军粮。在海面封冻无法撤离的情况下，守军所采取的策略是在岛的西面开凿一道长约十五里的冰壕。

天气实在是太冷了，任凭那些凿冰的明朝官兵再怎么努力，被凿开的冰面也会很快再次封冻上。在强攻宁远城不得，觉华岛又门户大开的情况下，努尔哈赤下令转向进攻觉华岛。在经历绝望的抵抗后，岛上军民及粮草、船只尽数被屠杀焚毁。

然而天气对大家都是公平的，不能把自己的失败都推给天气。觉华岛惨案的发生，最重要的原因是明朝指挥系统的内耗。按照孙承宗和袁崇焕的计划，觉华岛是一个攻守两便的据点。如果关宁防线在战略上转入防守阶段的话，觉华岛上驻守的明朝水军，将会在后金铁骑南下时，北出辽河河口处的三岔河，烧断浮桥袭扰后方，逼迫后金退军；如果准备战略反攻，则以觉华岛为后勤基地，通过水路补给在辽河平原作战的明军。

关宁之战前，孙承宗和袁崇焕本来在做的是进攻准备，觉华岛当时充当的也是后勤基地，包括部署的军队、船只都是后勤运输性质。在数万后金骑兵的冲击下，全军覆灭也就不足为奇了。

另一个绝大多数人都不清楚的情况是，这还不是 17 世纪最冷的时候。清军入关后的 17 世纪五六十年代的年平均气温，比关宁之战时还要低上 1 摄氏度，甚至可以说是中国历史上的温度最低点。

如果天气不好就能决定一个王朝的命运，那么清王朝统一中国就没法解释了。如此恶劣的总体生活环境，四分五裂看起来才更正常。

第三十三章
袁督师之死

一

　　后世一般将被崇祯重新起用的袁崇焕称为"袁督师"，其实袁崇焕的正式头衔是"兵部尚书兼右副都御史，督师蓟辽兼督登莱天津军务"。重点在于后面的"督师蓟辽兼督登莱天津军务"，这个空前的任命意味着袁崇焕的实权比起他的老师孙承宗督师又扩大了一倍。包括北京在内的整个河北北部、辽东，以及山东北部都成了袁督师的防区。

　　当日孙承宗督师的只是蓟辽军区，也就是河北北部及辽东地区。因熊廷弼"三方布置"战略而特设的"登莱巡抚"，在当时并没有划给孙承宗管辖。时任登莱巡抚，为大明"持节视师海上"的是另一位"帝师"袁可立（天启四年卸任）。

　　可以说，孙承宗、袁可立这两位帝师是天启帝当时最信任的文官。二人亦不负所望，前者帮他在陆地打造"关宁锦防线"；后者则负责操持针对辽南的海上包围圈。在袁可立主攻登莱之后，以山东为后方基地的毛文龙部被划入了他的治下。毛文龙和他的东江镇，在辽南所取得的一系列战果，都离不开袁可立的大力支持。

　　在袁、毛二人的通力合作下，整个辽南沿海地区都燃起了抗金烟火，

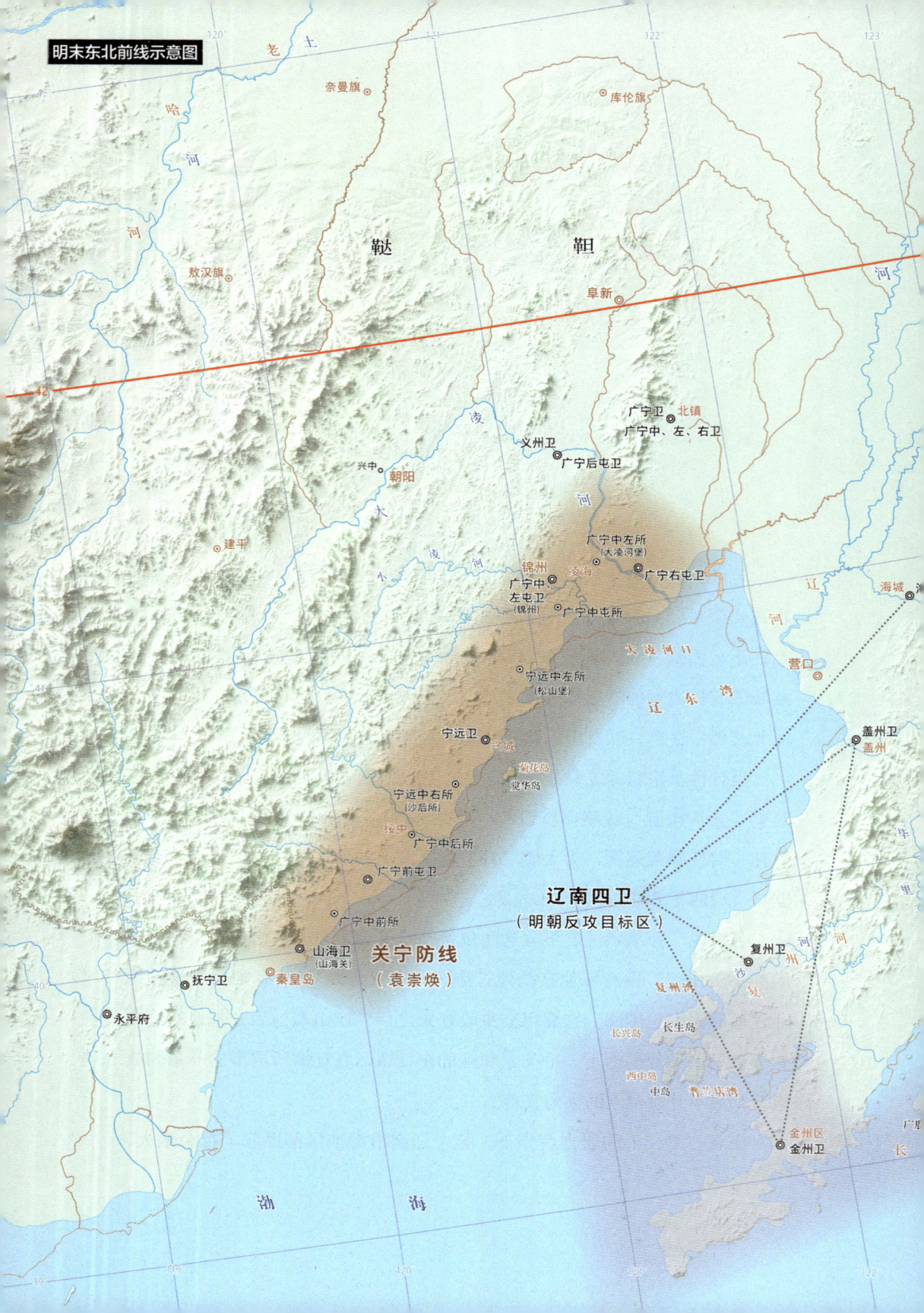

明末东北前线示意图

鞑　靼

哈　河
老　土

奈曼旗
库伦旗

敖汉旗

阜新

广宁卫　北镇
广宁中、左、右卫

凌　河

义州卫
广宁后屯卫

兴中　朝阳

大　河

建平

广宁中左所
(大凌河堡)

凌　河

锦州
广宁中、
左屯卫
(锦州)

凌　海
广宁右屯卫

广宁中屯所

辽　河

海城

大凌河口

宁远中左所
(松山堡)

辽东湾

营口

宁远卫
兴城

盖州卫
盖州

菊花岛
觉华岛

宁远中右所
(沙后所)

绥中
广宁中后所

辽南四卫
(明朝反攻目标区)

广宁前屯卫

复州卫

广宁中前所

复州河

山海卫
(山海关)

关宁防线
(袁崇焕)

复州湾

长兴岛
长生岛

抚宁卫
秦皇岛

西中岛
中岛　普兰店湾

永平府

金州区
金州卫

渤　海

长

辽 安乐州 辽海卫
三万卫（开原）

白山

铁岭
铁岭卫

通化

沈阳 抚顺
沈阳中卫 建州卫

桓仁水库

本溪 集安

东宁卫
辽阳 绿
定辽中、左、前、后卫
（辽阳）

孤山堡 江

逯阳堡 宽甸满族
自治县
新奠堡 宽奠堡
大奠堡 朝
新安堡 永奠堡
长奠堡 朝
鲜
〔凤凰城〕 40
定辽右卫 险山堡
凤城
汤站堡 九连城
（镇江堡）
义州 鲜
丹东

鹿岛 鸭绿江口 平壤

皮岛 身弥岛

东江镇核心游击区
西 朝 鲜 湾
（毛文龙）
石城岛
西 朝 鲜
王家山岛
岛
大长山岛
列
小长山岛 海洋岛 大
子岛

黄
海 海

那 河
纳
河

甚至一度收复了复州卫和金州卫。努尔哈赤和皇太极前后三次进攻关宁锦防线而不得，都与登莱战区在其后方的袭扰有直接关系。正因为这支海上力量的存在，后金方面迟迟不敢控制河西那些已经被明朝放弃的城堡，怕的就是被截断后路。

尽管孙承宗和袁可立的忠诚度、声望、能力，以及皇帝的信任度都没有问题，但天启时代各自为战的状态还是徒增了内耗。以宁锦之战来说，袁崇焕驻守的宁远城、满桂驻守的锦州城，以及毛文龙河东开辟的战场之间，配合就存在很大问题。袁崇焕本人正是因为被质疑没有倾力支援另两个战场而饮恨辞官的。

到底谁该为前两场战役中的失误负责已经不重要了，重要的是袁崇焕深知如果想完成"五年复辽"的军令状，就一定要得到一个统管整个东北战区的头衔。而对于已经视袁崇焕为中兴希望的崇祯来说，自然也没有不答应的道理。

辽西、辽南两大战区被渤海相隔，一个的核心力量是陆军，一个的核心力量是海军，袁崇焕需要找两个能听从自己号令的左右手才行。

具体来说哪个文官当巡抚都无所谓，袁崇焕需要的是两个愿意受他节制的武将来担任辽东总兵和东江镇总兵，以完成自己的五年复辽承诺。

这两名武将有一个硬性要求——必须得是辽人。"以辽人守辽土，以辽土养辽人"是袁崇焕跟两任皇帝反复强调的，努尔哈赤在辽地的报复之举，让后金在辽东大失民望，可以说间接帮了袁崇焕一把。此时回归大明的辽人，大多跟后金有着血海深仇。

二

袁崇焕把关宁锦防线的兵权给了祖大寿（具体来说是合并后的锦州和宁远两镇，山海关是单设一镇）。这个位置没有比他更合适的人选了。祖大寿家族和李成梁家族一样，都是在辽东待了两个世纪的军人世家。区别在于李成梁家的根基之地是北境重镇铁岭，祖大寿他们家则世居袁崇焕苦心经营的宁远。

如今宁远城取代铁岭成为帝国北境前线，祖家世代累积的财产都在此，护国就是守家，祖家自然会比别人更卖力。当然，能不能帮着袁督师和朝廷看护好关宁锦防线，最重要的还是要看有没有真本事。

祖大寿是有真本事的，而且是家传的本事。祖家世代为军，他父亲祖承训跟随李成梁多年，最终做到了辽东副总兵的位置，还在万历援朝之战中代表明军打响了第一枪。此外，"打虎亲兄弟，上阵父子兵"，在以家丁私兵为战斗核心的辽东，家里男丁的多少能决定人家是不是高看你一眼。这点祖家跟李家一样不缺，祖大寿兄弟四个，加上子侄十余人都在辽东为将。强龙不压地头蛇，仅凭这点就胜过那些空降到辽东的将官。

出身这件事可以让你比外人起点高，但最终的高度还是得靠自己去争取的。

袁崇焕在主修关宁锦防线时就非常倚重祖大寿。宁远城、大凌河防线都是在祖大寿的监工下完成的。在宁远、宁锦两战中，祖大寿也拼杀在前。辽东铁骑的战斗力很强，袁崇焕在祖大寿的协助下招抚辽人，吸收前来投奔的蒙古人甚至女真人，重组出了新的"关宁铁骑"，使之成为驻守辽西的核心力量。

不过朝廷从李成梁第一次罢官后，就想着制衡这些辽东坐地户。除了李成梁和他的几个儿子被起用救过火以外，袁崇焕被起用之前基本就没再任用过辽东籍的辽东总兵。而袁崇焕由于过于倚重辽人，还跟时任辽东总兵的满桂的关系变得有些微妙。两人从一开始的亲密合作，演变到后来的互生嫌隙。

这次袁崇焕主政东北战区，马上就把祖大寿升为了"辽东前锋总兵官"。于是，从1628年到1642年这14年间，帝国门户地位的关宁锦防线便正式进入了"辽人守辽土"的祖大寿时代。

有了城坚炮利的关宁锦防线，有了祖大寿和他的关宁铁骑，辽西的事情就可以先放一放了。袁崇焕非常确定，后金一时半会儿不敢来碰这颗硬钉子。接下来要整合的将是由登莱巡抚节制的辽南战区。这个环绕辽东半岛而生的海上战区，上上下下都知道毛文龙才是关键人物，而且毛文龙也符合"辽人守辽土"的要求。

三

袁崇焕早就想把毛文龙纳入自己的计划中。宁远之战后，刚升任辽东巡抚的袁崇焕便奏请当时的天启帝，希望毛文龙能够从皮岛移镇到辽南沿海。具体的位置二人可以商量，原则是靠近辽西和山东的岛屿，以利于协同作战。

如果从海陆配合的角度看，毛文龙的驻地最好是设在金州卫，也就是大连一带的海岛上。既方便与关宁军在辽东湾配合，向辽河方向渗透；又可以仍在外海游击，继续威胁鸭绿江口，与登莱、天津的联系也紧密。并且大连附近的岛屿，当时都在毛文龙的控制之下。

移镇的建议自东江镇设立之初，朝堂上就不绝于耳。然而毛文龙却不愿意移镇。在他看来，皮岛既可以威胁后金的大后方，还可以给朝鲜以信心。为此，毛文龙不断在敌后搞事情，以证明自己的价值。时常有斩首几百，敌方自相践踏损失数万的战报送到朝廷。

对手被吓死几万的说法当然是夸大其词了（最后记功的时候，有证据有首级的才算），但毛文龙的作用大家也都是看得到的。所以无论是天启还是崇祯皇帝都没有下令让毛文龙移镇。

客观地说，不管是留在皮岛还是移镇到金州，毛文龙都有他的用处。要是实在不愿意移镇，袁崇焕最好的做法是在金州附近的海岛再设一镇，专门负责经略辽南四镇，包括与关宁军打配合。毛文龙那边只当是有枣没枣打一杆就行了。

问题是资源是有限的，给了这儿就给不了那儿。如今毛文龙是大明当仁不让的北海柱石，你再设一镇的话，明显就和他有竞争。辽兵辽将投奔后金可不是什么稀罕事，万一毛文龙被逼跑了，那袁崇焕的大计肯定得破产。

说到底，关宁军和东江军各打各的，守住各自的防区问题不大，但想五年复辽就得令出一门。立完军令状后，袁崇焕面临的最大问题，已经不是东江镇的指挥中心要不要南移，而是毛文龙服不服自己。

显然，毛文龙是不服的。论年龄，毛比袁大八岁；论资历，毛文龙北上辽东从军时，袁崇焕还在家里苦读；论功劳，镇江大捷在先，宁远大捷在后，轰动朝野的程度不亚于后者。此外关宁锦防线还得到了朝廷全力支持，是花费巨资打造的。东江镇则是毛文龙一手一脚，聚拢心向大明的辽东军民硬生生攒出来的。

虽然东江镇建立之后也能从朝廷领到粮饷，但比起关宁锦防线得到的支持，那还是差得很远。为了养活数万军民，毛文龙甚至还和后金做起了生意，而这也成为他日后被诛杀的罪状之一。

总而言之，袁崇焕是很清楚毛文龙是不可能听命于自己的。既然如此，那就只能对不起了。1629 年 6 月，袁崇焕以阅兵为名，邀请毛文龙前往大连西部的双岛。这个隶属金州卫的岛屿，与八年前毛文龙南下时登陆的猪岛距离仅二十余公里。只是毛文龙没有想到的是，自己最终会命丧于此。

在袁崇焕看来，杀毛文龙是因为后者犯了法，自己是出于公心，并无私怨的成分。

为显示自己公私分明，他在公布毛文龙的罪状并诛杀这位不受节制的大将后，还在第二天祭拜了毛文龙。然后将东江镇分为了四协（四部分），仍然任用包括毛文龙儿子在内的毛文龙旧部管理东江镇，同时增加了东江镇的粮饷以稳定军心。

四

袁崇焕一共给毛文龙列了十二条罪状，比如吃空饷、不受文官节制、虚报战功、私开互市做生意等。这些罪状你也不能说没有，但是不是死罪甚至应不应该治罪都是两说。

杀完毛文龙，袁崇焕再上书崇祯请罪，毕竟毛文龙是大将，你有尚方宝剑也不能擅杀。如今正是用人之际，皇帝和朝臣们再觉得不妥，也只能先站在袁督师这边，定了毛文龙的罪。

只是这种事情从来都是以成败论英雄。要是你袁督师夸下的海口成了真，那你就是大英雄、大忠臣，毛文龙在史书上就会被钉在耻辱柱上，他那些罪状也会被无限放大。反过来，擅杀大臣、自毁海上长城这口锅，袁崇焕就得背下去。

悲剧的是，刚把东江镇的事情处理好，还没来得及大展宏图，袁崇焕就出事了。前面不是说崇祯一上台就断绝了与蒙古诸部的往来嘛！这不仅帮着后金把林丹汗赶到了河套地区，还让东北地区的蒙古部落尽数归附了后金。

要是林丹汗能一直留在东北，哪怕到了河套以后再与大明结盟，局面都还不至于那么糟糕。看过《三国演义》的人都知道，三国鼎立的局面能够维持，实力偏弱的两方必须结盟。问题是崇祯和林丹汗二人，一个是大元正统，一个是大明正统，都认为自己才是天子，谁也不认为自己应该放低姿态，更不愿意承认后金已经成长为实力最强者。

皇太极一统东北蒙古，带来的最直接后果，那就是后金铁骑不用走被袁崇焕封得死死的辽西走廊，而是可以绕过关宁防线，从蒙古人的地盘入

"己巳之变" 示意图

寇北京，就像也先、俺答汗当年做的那样。

1629 年 10 月，皇太极亲率数万大军兵分三路，由蓟州镇防区内的龙井关、洪山口、大安口三个关口突入长城。之后一路连破数城直逼京畿，史称"己巳之变"。

蓟镇长城是戚继光为防御蒙古重新设计过的，原本从城防到兵力配置都没问题。只是现下大明的防御重心是在东北，是在辽西走廊。在军力和军费都向关宁锦防线倾斜的情况下，蓟州防线就难免武备松弛了，尤其蒙古现在四分五裂的，在明朝眼里已经构不成威胁。

对于后金可能绕过关宁锦防线，从蒙古人地界入侵的事情袁崇焕早有判断，并且两次上疏谏言说"臣在宁远，敌必不得越关而西；蓟门单弱，宜宿重兵"。可惜东西向的蓟镇长城延绵千里，可供突破燕山的路线至少有七八条，不像关宁锦防线那样是南北向排列，防守方能够依托锦州、宁远、山海关三个节点逐级抵抗。真要重整军备，哪是一朝一夕就能完成的？

见后金军果然从蒙古地界突破长城，崇祯赶紧任命了最德高望重的孙承宗主导京畿防务，同时调集各路兵马勤王。守土有责的袁崇焕更是带着祖大寿和两万关宁铁骑前往北京救驾。

在袁崇焕和其他勤王部队的拼死救援下，皇太极最终解围离开，转而去攻略其他防守薄弱的城池。

五

有也先、俺答入塞的经验在先，让后金打到北京城下肯定是件朝野震惊的大事，但还不能说是亡国之兆。这主要是因为难以保障后勤的入侵方谋求的是速战，而像北京城这样有坚城火炮护体的城，只要内部不出问题是很难被攻破的。像这次后金军在京畿肆虐了五个月，最后还是带着战利品撤了回去。

不过北京城虽然守住了，袁崇焕却还是因此掉了脑袋。不光是掉了脑袋，还被千刀万剐。

整个辽东、北直隶北部乃至山东北部的防务当时都是袁崇焕负责。你跟我说能五年复辽，辽东没复成，反倒让后金军兵临北京城下。面对这种局面，皇帝不生气是不可能的，不要说皇帝，那些在己巳之变遭受损失的大臣、百姓也不会有好话说。

之前努尔哈赤病逝，袁崇焕曾经派人前去吊唁，做出和谈的姿态；天启帝驾崩时，皇太极也同样操作过，包括这次兵临北京城下后，皇太极还一直去信明朝表示要和谈。其实双方都没有和谈的打算，这样做都只是缓兵之计，刺探对方的虚实。不过皇太极是君，这样做没人怀疑是在卖国，袁崇焕是臣，这样做就授人以柄了。这回后金入塞，京城里就风传是被袁崇焕放进来的。

天子一怒，在城下与后金军厮杀多日的关宁铁骑，非但没有被允许入城休整，袁崇焕也被免职下狱，下狱时皇太极的军队甚至还在北京城下。

趁你病要你命，袁崇焕和关宁防线一直是后金的心腹大患，见袁崇焕的忠诚被质疑，皇太极要是不乘机落井下石，那他就不是一个合格的对手。于是在皇太极故意送上的证据支持下，袁崇焕通敌的罪状更是被坐实。

1630 年 9 月 22 日，袁崇焕被以擅杀毛文龙、与后金议和的罪名凌迟处死。据说当时北京城内的百姓，都恨透了这个卖国贼，纷纷挤上前去生食其肉。

袁督师之死到底应该由谁负责呢？只能说疑心生暗鬼，你想相信什么就会有人给你送来证据。

一百四十多年后，已经安享盛世的乾隆觉得再表彰那些叛明降清者，反倒不利于大清天下稳固，毕竟如今在台上担心臣叛的已经是自己，于是下令编纂《贰臣传》，列入了一百二十余名叛明投清的重要官员。这表面看只是陈述了一个客观事实，不说你好也不说你坏。不过中国文化自古讲究"忠臣不事二主"，一个"贰臣"的帽子扣上，懂的人自然知道是在打脸示众。

把贰臣拉出来示众，自然还要树立大家学习的忠臣榜样。于是颇有点讽刺意味的事件发生了——被冤枉将近一个半世纪的袁督师，最终靠着被他深恶的对手平反，方得回了一个忠臣的名号。

六

探讨明末乱局，袁崇焕和毛文龙之死往往被认为是大厦将倾的征兆。这话对也不对，"死了张屠夫，不吃带毛猪"。初创王朝时，谁能在群雄中杀出重围，的确更考验个人能力。不过王朝末世，各种矛盾交织在一起，很多事情就不是个人能力的问题了。

作为一个王朝的末代之君，崇祯很容易被人扣上一个昏君的帽子，然而特别勤政的他却并没有被扣上这顶帽子。李自成攻破北京后，通过拷打从官员富户那里逼出了七千万两白银。宫中却是连几万两都没搜出来，为了补充军费，崇祯甚至连宫里的铜器、锡器都拿出去变卖了。

只是若一定要有一个人站出来承担责任，崇祯本人的责任却又是最大的。老话说"用人不疑，疑人不用"，答应了给袁崇焕五年时间，这才一年多就变了卦。更要命的是，这才只是一个开始。

皇帝太没有耐性，太想中兴大明了。

如果有人能够穿越回去，又有把握说服崇祯的话，那么一定要说三个建议：一是和已经跑到河套的林丹汗结盟；二是在此基础上想办法与后金议和，争取时间解决内部矛盾；三就是别再杀人了。

不管怎么样，林丹汗是正宗的蒙古大汗，有他在那里牵扯着，蒙古部落不至于全部倒向后金。只是得抓紧时间，因为被逼入穷途末路的林丹汗在 1634 年就死了。

林丹汗被消灭的结果，就是燕山长城被打成了筛子，整个华北平原地区和当年俺答汗入侵一样，成了后金的公共厕所，想来就来想走就走，史称"清军入塞"。崇祯九年、崇祯十一年、崇祯十二年，后金军又三次突破蓟镇防区。而且一次比一次深入，最后一次最远甚至打到了江苏的连云港，攻克逼降了六十九座城，掠走三十六万人口，外加黄金一万余两、白银两百余万两。

每被惊吓一次，认定臣下不够努力的崇祯就会大开杀戒。整个十七年的执政生涯，崇祯最少杀了七个总督、十一个巡抚，内阁成员换了五十多个。甚至在 1639 年 8 月，因清军再次入塞，一天内集体处决了三十三名官员。被诛杀的官员有巡抚级文官，有总兵级武将，还有派出监军的宦官。

大明的军政自朱棣以来一直就是文官、武将、宦官三驾马车互为牵制运转。不管怎样你总得信一方，而现在皇帝只相信自己。

朱元璋当年也杀了不少人，但那是开国的时候。杀了想架空自己的宰辅，诛了那些手握重兵的武将，还有儿子帮着理政带兵。至于现在，那些被朝廷供养的朱家子孙有没有能靠得住的？

唉！不提也罢。

第三十四章

皇太极的"人和"
与崇祯的"西法"（上）

一

孟子曾经说过"天时不如地利，地利不如人和"，衡量一个政权的赢面不外乎从这三点评判。帝国时代的中央之国，统一王朝的寿数就没有超过三百年的。从这个角度来说，"天时"已经不站在崇祯这一边，两百多年累积下来的矛盾不是他一人所能解决的。

至于"地利"大明却还是有的，即便失守辽西走廊，也还有完整的明长城和山海关可供依托。再不济，像南宋那样退守南方，靠着江淮天险和南方的钱粮，延续个一百多年的"南明"王朝也不是不可以。

只是在这最重要的"人和"问题上，崇祯却是大大地失了分。不光他失了分，李自成、张献忠他们的得分也远低于皇太极。乾隆将那些曾在明清两朝为官的官员统称为"贰臣"，这当中最为重要的是入关之前收服的辽东籍"贰臣"。

论及贰臣对清军入关的功劳，有五个人作用最大。包括隶属关宁军体系的祖大寿、吴三桂，以及东江镇体系的孔有德、尚可喜、耿仲明。可以很肯定地说，随着五人所代表的关宁军和东江军的变节，清朝已然可以入主中原，变身成一个覆盖中央之国北方的政权。

五名贰臣中，除吴三桂外，其余四名都是皇太极亲自收服的。史书记载，皇太极七岁时就帮着管家了，而且识文断字，过目不忘。按朝鲜那边的记录，皇太极甚至是努尔哈赤手下诸将中唯一识字的。这当然有点言过其实了，最起码像佟家这样汉化了两百多年的家族，肯定是有文化的。

所谓"打天下易，守天下难"，难就难在收服人心。人心分两种，所谓"民心"指的主要是普通人之心，你能让他们安居乐业就行了。对于夺取天下来说，更重要的是得让人才归心，得让那些有能力治国理政、带兵打仗的人愿意效力才行。对于这些人来说，那就不光是用利益就能解决的了，你还得有容人之量。

如果说崇祯最大的问题是做不到用人不疑，那么皇太极就是硬币的另一面。在收服祖大寿和关宁铁骑的问题上，皇太极的容人之量得到了充分展示。

袁崇焕进城被抓时祖大寿就在其身边，当时是气得浑身发抖，看到这一反应的官员认定他肯定会反。出城后祖大寿果然便带着关宁铁骑准备回宁远，幸好孙承宗是了解祖大寿的，赶紧出面把祖大寿叫了回来继续勤王。

后金全面撤军之后，祖大寿在孙承宗的保护下回到了辽西。

袁崇焕被杀，崇祯的复辽之心不会绝。1631年7月，孙承宗安排祖大寿修复宁远、宁锦之战时被后金破坏的大凌河城。工程才进行了不到半个月，皇太极的大军就到了。

虽说已经可以通过蒙古人的地盘进逼北京，但去年那次北京之行让皇太极明白，有稳定的后勤线，才是在长城以南立足的关键，否则也就只能像蒙古人一样，跑到里面抢掠一番。而建立稳定的后勤线的关键，仍然是拿下辽西走廊。祖大寿要是一直躲在城坚炮利的宁远城或者锦州城还真不好办，跑到大凌河来修城，那机会可就来了。

二

为了一举拿下祖大寿，皇太极带了足够多的军队，号称十万。不光把城给围了还安排了军队打援。孙承宗组织了几次救援都被堵了回去。

整个围城战持续了三个月时间。通常情况下，这已经是一座城能够坚守的极限时间。比如三国时期曹魏就规定，围城百日而援兵不至者，主将投降可以不连坐家人。其实按当时的情况而言，祖大寿根本都不可能坚持到三个月。他这次是来修城的，部队只是按工期携带口粮，打持久战需要准备的军械物资还在路上。

努尔哈赤的清洗工作在客观上还是起了作用，明朝不了解后金的调动，皇太极却完全掌握对手的情况，可以打你个措手不及。

眼巴巴等着援军前来救援又没粮食吃的祖大寿，做了件平时做会被人骂死，此时做却会被认定是忠义表现的事——吃人。在连战马牲畜都吃完后，城中的百姓成了辽东铁骑的救命粮。

抛开大义不说，祖大寿和手下不愿意降，主要的原因还是不相信后金会善待自己。努尔哈赤的那次清洗工作对辽人的伤害太深，早期归顺的将领官员很多都被清洗掉。皇太极上台后开始拨乱反正，缓解民族矛盾。只是多年养成的习惯哪会那么容易刹车？这不，上次入塞，又有将领手痒在城破后制造了大屠杀事件。

皇太极知道祖大寿和他的辽东铁骑顾忌什么，于是在劝降信中一面承认之前的做法不对，并表示自己上台后早就制定政策制止了；一面表示上次入塞后的屠杀事件是将领的个人行为，已经严厉惩罚过。为了让祖大寿相信自己的诚意，皇太极还反复让投降的旧同僚前去劝降。

最终在吃完最后一口人肉后，祖大寿还是降了，并且还杀了宁死不降的辽东老乡何可纲。

袁崇焕当日跟崇祯保证五年复辽时，特别提到三个他所倚重的将领，除了祖大寿以外，还有赵率教与何可纲。在袁崇焕的计划里，祖大寿以"辽东先锋总兵"之职坐镇锦州，赵率教以"平辽将军"之职放在山海关，何可纲则为中军守宁远。这次修城，何可纲也被孙承宗派来监工。

皇太极并没有食言，祖大寿和跟着他投降的这一万多关宁铁骑，受到了后金方面的最高礼遇。袁崇焕所倚重的三将中，赵率教前年在救援北京的勤王行动中战死，何可纲又殉节而死，祖大寿俨然已经成了辽东独一无二的话事人，可以说他的选择将直接影响关宁锦防线的存亡。

三

为了感谢新主的厚待，祖大寿当即表示愿意再立新功，可以趁明朝方面还不知道自己已降的情况下，回到锦州城去做内应。锦州城才是关宁锦防线的北部核心，又是祖大寿的驻地，于公于私祖大寿想拿锦州城的想法看起来都没有问题。

听完祖大寿想法的皇太极欣然同意。当然，皇太极也没有傻到把人全部放走。包括祖大寿儿子祖可法在内的将领，及绝大部分投降的关宁铁骑都被留了下来。然而回到锦州城的祖大寿非但没有献城，还不断重整军备。任凭皇太极如何催促他兑现承诺，他都含糊其词。

皇太极的做法同样出乎意料。为了给后来者树个榜样，更为了表明自己真的在拨乱反正，皇太极听从了贝勒岳托的建议，非但没惩罚大凌河降军，反而加以厚待。所有投降的关宁铁骑全部配给老婆。官居一品的娶贝勒的女儿，二品的娶大臣的女儿。每个军官都有对应的八旗女子配对。普通士兵则先从归顺的汉人女子口选人，不够的话从八旗贵族的庄园里调。

总之一个都不能少，得让所有投降的关宁铁骑都在后金安家立业。而且皇太极还特别声明，嫁过去的八旗亲贵女子，谁要是仗着自己的身份欺负老公，就治她们父母的罪。事情做到这份儿上，实话实说，没几个人能抗拒这份诚意。而且这份诚意很快就收到了效果。

其实，皇太极本来是想先集中兵力，去河套与林丹汗决战的，只是在科尔沁部的劝说下先放了放。在结束大凌河之战并休整完毕后，次年（1632）皇太极第二次亲征林丹汗。败出河套的林丹汗远遁青海，两年后因天花病死。而在这次远征中，包括祖大寿儿子在内的大凌河降军都上了战场，并用战功证明了自己已经真心归附。

值得一提的是，也正是在这一年，皇太极下达了一个看起来与军事无关，却事关国运的命令——"凡贝勒大臣子弟年十五以下，八岁以上，俱令读书"。一个王朝想要兴起，仅仅靠君主一个人知书那肯定是不行的。

祖大寿那边，皇太极仍然不断写信劝说他履约。即便双方在战场上兵戎相见，皇太极也会把俘获的明军给送回去。反观明朝那边，对已经染上污点的将领祖大寿，态度就有点暧昧了。

祖大寿把人马和大凌河城都送给了后金，怎么可能没人告状？就算崇祯不说什么，那些站着说话不腰疼，还热衷于党争的文官，也不会放弃用嘴表现自己忠诚的机会。后方一收到消息，时任辽东巡抚就参了祖大寿一本。

崇祯并没有治祖大寿的罪，反倒是下令升官嘉奖。至于他心底到底是选择相信还是不相信，此时已经不重要了。之前他那么相信袁崇焕，后者的下场又是怎样，祖大寿心里如明镜似的。

孙承宗无疑会相信祖大寿，可惜这次大凌河之败，那些聒噪者又出来搞事，说正是因为孙承宗执意要修城推进防线才惹祸上身。一气之下这位帝师便告老还乡，七年后在清军再次入塞攻掠至孙承宗的家乡后，他率全城军民守城，全家殉节。

如果一定要说信与不信，只能说祖大寿要是一直留在辽西，一直留在自己的部队里，那朝廷就不得不相信他的忠诚。毕竟如果朝廷不信，派人去抓他的话，那祖大寿分分钟可以反出关去。

又不想投降后金，又不想步袁督师后尘的祖大寿，任凭崇祯三次下诏让他进京述职，他都借故给推掉了。这也使得祖大寿能在辽东坐镇十四年，成为继李成梁之后任职时间最久的辽东总兵。

当一个手握重兵的边关将领，只能靠"将在外，君命有所不受"谋求自保的话，那王朝的路也就走到了尽头。

四

皇太极在大凌河城树的榜样没多久就收到了奇效。这个奇效不是祖大寿被感动，而是东江镇的全面倒戈。

这事还得从一个"党"说起。

大明末期党派林立，大家比较熟悉是东林党、阉党，还有一个不太显山露水的"西学党"。受利玛窦影响皈依天主教的徐光启，是西学党的领袖。不过与那些热衷于权力斗争的文官不同，徐光启和他的同道更多地致力于传播西学，认为唯有引入西方科学技术方能挽救大明。

与徐光启同为上海人，并师从于他的孙元化是西学党的二号人物。西洋技术源自欧洲文艺复兴所触发的科学革命，科学的基础又是数学。有利玛窦引路，徐光启和孙元化成为最早了解这一切的中国人。为了做到这点，皈依天主教成了西学党成员的一大特点。

在学习西学的过程中，徐光启和利玛窦一起翻译了古希腊数学家欧几里得创作的《几何原本》，全程参与的孙元化则著有《几何用法》《泰西算要》等书（"泰西"泛指欧洲国家），其数学与科学造诣甚至超出徐光启。

西学党想改革整个中国社会的知识体系，这在当时是不可能完成的任务，只能先从朝廷和皇上感兴趣的地方入手。有两样东西倒是可以作为切入口：一是历法；二是西洋火器。耕与战是中央帝国的立身之本，历法的准确与否关乎农事，西洋火器现下则是大明的救命稻草。

1629 年，徐光启在皇帝的支持下，于钦天监设立"西局"开始编纂《崇祯历书》，历时五年完成。这本书从名字上看只是一本历书，其实却是一本西学百科全书。前半部分是关于历法的，后半部分则是关于天文学理论、仪器、数学的论述。

显然徐光启还是为大明播种下了科学的种子，为此进士出身的他甚至还把自己变身成为一个农学家，写出了《农政全书》《甘薯疏》《农遗杂疏》《农书草稿》等书。

农事固然重要，也能引起朝廷的重视，不过当务之急是应对与后金的战争。在这个问题上，徐光启同样有所筹谋。在他的建议下，崇祯把中兴大明的希望投向了地处东南的澳门。

葡萄牙人在澳门的日子并不太平。新教徒属性的荷兰人一直都在试图从葡萄牙人手中夺取澳门。崇祯继位的那一年，也就是 1627 年，澳门的葡萄牙人再一次打退了荷兰舰队的进攻。在这次战争中，葡萄牙方面从荷兰人的船上缴获了三门大口径铜炮和七门大口径铁炮。

徐光启建议皇帝出钱购买这些火炮，并同时重金聘请葡萄牙炮手、铸炮师前往北京助战。尽管早在嘉靖、天启年间，明朝就已经从澳门的葡萄牙人那里得到了不少火炮技术。不过葡萄牙人一直不确定是否要全力进行技术输出，毕竟身处异国，这是他们看家的法宝。

荷兰人的不断入侵，以及新皇帝的重视，让澳门的葡萄牙人决定全面与大明捆绑。于是在谈好价钱之后，一支由二十五名火炮匠人和二十八名火炮教官（明称"铳师"）组成的葡人队伍，带着那十门红夷大炮开始了他们的进京之旅，史称"西铳入京"或"葡人入京"。

与大明结成紧密联合体的好处很快显现了出来。荷兰人在知道大明的态度后，放弃了图谋澳门，转而把精力投向了对台湾的经营上。而葡萄牙人一直到明朝灭亡时，都没有放弃他们对大明押的注。鲜为人知的是，南明永历政权曾经在葡萄牙雇佣军的帮助下，在广西打退过清军的进攻。

顺便说一下，葡萄牙人对于把他们带来的大型火炮称为"红夷大炮"是有异议的。在他们看来"红夷"指的是那些像海盗一样的荷兰人。葡萄牙人希望大明将这些西法制造的巨炮命名为"西洋大铳（炮）"，只可惜大明上上下下，还是觉得红夷大炮说起来更顺嘴。

然而带着十门巨炮从珠三角北上的任务着实不轻。双方谈好的条件是在崇祯元年九月，等走到北京的时候已经是崇祯三年元月了，共耗时十五个月的时间。

这支葡萄牙外援和他们带来的火炮受到了空前的重视，因为在他们入京之前，皇太极的军队刚刚从北京城外退军（但还在河北一带劫掠）。在北京保卫战及由此引发的一系列战斗中，西式火炮发挥了非常重要的作用。

五

这里就得特别提一下孙元化的作用了。这位大明最优秀的数学家，同时还是一位狂热的西洋火炮专家，著有中国第一部炮学专著《西洋神机》。唯一的遗憾是对西学的狂热耽误了孙元化的科举事业，屡试不中的他并没有能够像徐光启和袁崇焕那样考得一个进士出身，不能那么快地直接被皇帝相中。

不过这并不影响孙元化作为能吏实现自己的抱负。当初孙承宗和袁崇焕打造关宁锦防线时，孙元化就被安排在军中襄赞军务，"筑台制炮，一如元化言"，无论城堡构筑还是火炮制造、配置，都出自孙元化的献策。己巳之变时孙承宗带着孙元化镇守山海关，以防止后金军里应外合破关。孙元化在山海关周密部署了红夷大炮五十余门，以及口径小一些的灭虏炮两千余门，使得大受震撼的后金军不致进攻。

在后期收复河北失地的战斗中，西洋火器亦发挥了巨大作用。孙元化曾经把自己仿制的西洋火炮全部交付给参将黄龙，并亲授使用方法，后者在收复滦州的战役中立了首功，随后又接连收复多城。

亲眼见到这一切的崇祯，开始寄希望于"西法"和西洋火炮能够挽救大明的命运，而徐光启和葡萄牙人就是他的抓手。在徐光启看来，从萨尔浒之战到己巳之变，后金已经从明军手中掳获大量包括鸟铳、佛郎机炮、虎蹲炮一类的火器，今后"惟尽用西术，乃能胜之"。说得再直白点，就是得紧跟欧洲军事改革的步伐，拉开与后金的火器代差才能取胜。

如果说徐光启这次的军改，与之前戚继光等人引入、消化西洋火器的做法有何不同的话，那就是徐光启希望进行一场更全面的军改，而不仅仅是仿造火器。为此，徐光启要求以葡萄牙人为教官，在北京按照西法训练新式火器营，包括铸炮及配制火药的事宜，也一并由葡萄牙人负责。

按照徐光启的计划，一共需要在北京训练出十五个营的西式火炮新军才够用，按一营两千七百人计算，差不多四万人。不过随着三个月后入塞的敌军完全撤回辽东，保卫北京的压力骤减，这一正在推进的计划做了些许调整。

1630 年 5 月，在己巳之变中大放异彩的孙元化，被破格晋升为登莱巡抚，成为西学党中真正手握兵权的第一人。不得不说，这真是一个非常合适孙元化的职位。

从熊廷弼到孙承宗的观点都是"恢辽全着，必资于海"。只有以登莱为基地从海路拿下辽南，才有可能与关宁铁骑形成合力复辽。宁锦之战后皇太极出兵朝鲜、攻打毛文龙，朝廷强令袁崇焕出兵沈阳，乘虚偷袭后金老巢。袁崇焕却认为后金用十万兵征朝鲜，留在后方也有十万兵，自己的兵力不足以攻坚，更是无隙可乘。避战不救友军也成了袁焕崇当日被迫辞职的直接理由。

说到底，袁崇焕同样认定复辽必决胜于海上。关宁军跑到后金控制区去打野战并没有优势。

火炮这东西既可以放在军舰上，也可以放在要塞里用。其实明朝最早接触到的西洋火炮就都是作舰炮使用的。考虑到登州的战略地位，那些原本在北京帮着大明打造新军的葡萄牙铸炮师及教官，被徐光启悉数调拨给了孙元化。这也意味着，孙元化所肩负的不仅仅是大明军改的任务，还成了反攻辽南的希望。

　　关宁锦防线的成功已是公认的。想象一下，到任登州后要是能够把东江镇水军打造成一支携带西洋火炮的舰队，然后逐步攻克辽南四镇，按照关宁锦防线模式"筑台制炮"，步步为营地压缩后金的空间，复辽这件事还真是可期的。

第三十五章
皇太极的"人和"
与崇祯的"西法"（下）

一

有了葡萄牙铸炮师及教官的支持，孙元化接下来要解决的就是新军来源的问题了。本着"辽人守辽土"的用人原则，东江镇将领和那些逃亡至山东的辽人，成为孙元化新式火炮部队的重要来源。耿仲明和孔有德这两名毛文龙手下的参将，就是在这个时候被划入孙元化的麾下。

这里要交代下毛文龙旧部的情况。袁崇焕当时的做法是先将东江镇分为四部分（四协），用分而治之的方式先稳住，之后又重新合并为东西两协。袁崇焕死后，两协相争。管理西协的刘兴治学着袁崇焕诱杀了管理东协的副总兵陈继盛，想一统东江镇。

争着做老大的两派都互相指责对方要降金。袁崇焕被杀后，朝廷只是治了他擅作主张杀了毛文龙的罪，并没有顺势给毛文龙平反。不管毛文龙那些罪应不应该定，东江诸将都感觉自己被朝廷抛弃了。反观皇太极那边，针对东江诸将的策反就没停过，所以在许多人心目中后金已经不再是不可选择的对象。

这种情况下，朝廷认为不管把东江镇交给谁，都有可能带着整镇兵马投敌。于是孙承宗便空降了同样出身关宁军的黄龙前来做东江镇总兵。加上巡抚孙元化，意味着东江镇已经被关宁军给吞并了。

不管怎么说，这在表面上也是减少了两条战线的摩擦，毕竟大家都是老同事了。

孙元化在登州的新军训练工作还是卓有成效的，到任一年多训练出了八千新军。1631 年 6 月，皇太极见东江镇内乱，遂派军进攻皮岛，准备一举解决这个心腹大患。收到消息的孙元化则派自己的副手张焘以及十三名葡萄牙教官出海，前往皮岛增援黄龙。

战报记载，此战葡萄牙人指挥的炮舰一共发射了十九炮，大约打死了后金军六七百人。黄龙和当时的辽东巡抚都兴奋不已，都认定皮岛海战的胜利已经帮助大明找到了克敌制胜的法宝。率队的张焘更是说出了"西洋一士可当胜兵千人"的豪言。

然而武器再先进，也是要人使用的。关宁系虽然全面夺取了东北战区的最高指挥权，但这支被寄予厚望的大明新军却是由毛文龙旧部组成的。

孙元化刚收到皮岛海战获胜的战报，就又收到了祖大寿在大凌河被围的求援信。遂命令张焘率舰前往辽河下游的三岔河，打击后金军的补给线，同时让孔有德率八百骑兵沿陆路前往大凌河增援。

结果海陆两线的援军都出事了，海路遇到了台风袭击，兵器装备尽数损失，援军只能撤回。孔有德的队伍更是刚走到山东与河北交界处的吴桥（仍属山东地界），就因为当地居民拒绝为之提供给养直接哗变了，史称"吴桥兵变"。

二

"吴桥兵变"事件的导火索小得不能再小，据说是孔有德部下的一名士兵偷了当地富户的一只鸡，双方冲突，士兵杀了拿他游街的仆人。这名富户又恰巧是告老还乡的东林党要员，有钱有势，要把事情搞大。

能闹出这么大动静的导火索，背后连着的都是早就蓄势待爆的火药桶。除了东江旧将自感被边缘化外，辽人与山东人的主客矛盾也是激起兵变的重要原因。对于山东本地军队来说，接受新军训练的辽东兵属于客兵，是来跟他们争夺资源的。而对于山东百姓来说，那些渡海而来的辽东难民也影响了自己的生活。所以这一年多来，双方的矛盾是愈演愈烈，都觉得自己吃了亏。之前在驻地有孙元化镇着还好，这一放出去就拦不住了。

既然已经撕破脸，孔有德等人便一不做二不休地杀回了山东。见此情景，不光耿仲明等入驻山东的东江旧将被卷了进来，连还在外岛驻扎的毛文龙养子，副将级别的毛承禄、毛有侯（已恢复本名陈有时）等也前来山东增援自己人。

于是这场由一只鸡引发的惨案，很快演变成了一场按辽东、山东籍贯划分阵营的混战，大量客居山东的辽人加入叛军行列，以致叛军自己统计下来的总兵力达到了九万余人（真正有战斗力的还是东江军）。这还没完，受叛乱波及，连空降到皮岛的总兵黄龙都被索饷哗变的官兵抓住，不光被打断腿还被割去了耳鼻，差点就命丧当场。

王朝末世，不光普通百姓生活艰难，军队缺粮少饷更是常态。纵观明朝末年的军队哗变事件，几乎都少不了欠粮欠饷的因素。当日皇太极围攻北京城时，崇祯调各地边军入京勤王。有一支来自甘肃的边军，出发后不久就因为欠饷问题哗变。这支部队中有个叫李自成的二十四岁小伙子。后面的事大家都知道了，靠着"闯王来了不纳粮"的宣传口号，以李自成为代表的农民起义队伍席卷黄河南北，就像当初漫卷红巾的元朝末年一般。

在这关键时刻，曾被毛文龙收为养孙的尚可喜闻讯从外岛赶回皮岛，杀了领头闹事者，力撑黄龙复出。之后尚可喜被提拔为游击将军，成为黄龙最重要的助手。

此刻作为技术官僚的孙元化应该是肠子都悔青了。东江新军在他的训练下战斗力倍增，依靠手上的西式武器在山东北部攻城略地，如砍菜切瓜般地消灭山东旧军。

事情发展到这个地步已经不可能和平收场。唯一值得庆幸的是祖大寿并没有真正叛变，回到锦州后立马重整了军备，而皇太极那边因为吃不准祖大寿到底怎么想的，也没有马上采取大动作。这就为明朝腾出手来解决吴桥兵变提供了窗口期。

为了镇压这场兵变，明朝廷从河北、关宁、山东南部先后征调了数万大军，并倾其所有给他们配备了西洋火炮。问题是相比接受了一年多西式训练的叛军，这些前去增援的明军大多并不熟悉武器性能。甚至出现过一场战役中，三十门火炮有二十四门因火药装填过度而炸膛的情况。

最终发挥关键作用的，还是被征调进入山东的四千八百名"关宁铁骑"。论骑兵，手持三眼铳的关宁铁骑一直是大明第一；论对西洋火炮的熟悉程度，那也是孙元化一手调教出来的，从开始构筑关宁锦防线算起已有十年之久。

于是山东战场便出现了这种场景，一年多的混战中，各地征调过来的明军战斗力不如东江叛军，而东江叛军又打不过关宁军。在关宁军的打击下，原本被叛军攻陷的城池一个个被收复，残余力量退守登州。

虽说打不过关宁铁骑，但东江叛军的海上优势却是关宁军所不具备的。1633 年 2 月，同样被逼到在城中吃人度日的东江叛军残部，在孔有德、耿仲明和毛承禄的率领下借着夜色掩护，分批乘船突围成功。

这个时候不用猜，你应该也知道叛军的出路在何方了。

出逃的叛军并没有直接驶向后金，而是想先攻占旅顺这个辽南最重要的据点，充当送给皇太极的见面礼。然而关宁铁骑虽没有水军追击，但黄龙却有。本来孙元化见山东形势危急，便下令黄龙带着还没有叛变的东江军民全部撤到山东。不过黄龙却认定这样做就等于前功尽弃，并没有答应，而是在东江诸岛自行平叛，甄别出那些也想叛变的官兵。

见叛军北逃，黄龙就带着尚可喜等将领在海上进行截击。最终毛承禄被俘杀，孔有德和耿仲明则带着一万多人突围成功，驾船前往当日毛文龙扬名立万的镇江堡，与皇太极派出的接应部队会合。

<h1 style="text-align:center">三</h1>

哗变之初，孔、耿等人并没有想过背叛大明，毕竟明清双方的仇太大了，为此叛军甚至还把被扣押的孙元化礼送出城，希望他能够进京向皇帝说情，用招抚的手段解决这起哗变事件。

悲剧的是，大明天子虽然勤政节俭，愿意倾其所有支援前线，却容不得臣下犯半点错误。如果换成皇太极肯定就这么招抚了，可惜孙元化的皇上是崇祯，一个只相信自己的皇上。一个曾经被叛军挟持的巡抚，怎么可能不被站着说话不腰疼的朝臣力证是兵变的罪魁祸首呢？

回京请求崇祯下令招抚的孙元化，毫不意外地被下了诏狱。1632 年 7 月，孙元化和他的副手张焘被一同处斩于市，倒是好过他的旧同事袁督师被千刀万剐。至于那些被请来帮助大明军改的葡萄牙人，登州城破时十二人被打死，十五人重伤。侥幸逃出来的强烈要求回澳门，再也不肯来蹚这池浑水了。

这大明的西法改革，算是被彻底地葬送了。

随着被朝廷招抚的希望破灭，以及大凌河城降军在后金被厚待的消息传来，东江叛军最终只能把后金作为自己的退路。

见孔有德和耿仲明来投，皇太极真的是乐疯了。不仅得了一万多人，更得了大明苦心训练的新军和西洋火炮。经过这场兵变，孙元化在登州苦心打造的二十门红夷大炮、三百门口径稍小的西洋火炮，尽数被叛军带走献给了后金。

吃过西洋火器大亏的后金，一直以来都特别注重从明军那儿缴获火器、招降炮手。从北京城下退回辽东之后，皇太极深感手上的火器及战术较大明已有差距，遂下令由佟养性仿制红夷大炮。最终在1630年正月仿制成功，并加班加点地铸造了四十门。

此时明朝还不知道后金也有了红夷大炮，而正是靠着这四十门仿制的红夷大炮，皇太极才有足够的火力拿下大凌河城，包括击溃孙承宗派出的援军。只是后金一直被明朝称为"夷人"，肯定是不能把这炮叫红夷大炮了，于是便学着明朝把炮称为将军的习惯，给这四十门大炮加了"天佑助威大将军"的称呼。至于大家都叫顺了嘴的俗称，则改称为"红衣大炮"。

虽然大炮仿制成功，也打了祖大寿一个出其不意，不过技术这种东西不是说拿皮尺量就能够完美复刻的。像炮身金属、火药的配比什么的，很多东西是差之毫厘，谬以千里。明军的火炮技术得自葡萄牙人，后金的火炮又得自投降的明军。这样造出来的炮，以及对火炮使用的心得，在技术指标上和原版还是有很大差距的。

现在好了，大明高薪聘请葡萄牙教官、工匠打造出来的西洋火炮新军，连同火炮、火药的制造使用窍门全部便宜了后金。从此后金与明朝在武器上再无差距。

除了送上西洋火炮新军以外，孔、耿二人的投降还让一直只精于陆战的后金开始有了水军。之前皇太极袭取皮岛，苦于没船，向朝鲜方面借也借不到，自己到处搜罗才找到了十一条船，不足的部分就在皮岛对岸的海岸线上伐木自制。

这样简陋拼凑的水军，孙元化的炮舰往海峡中一拦，后金哪会有胜算？

现在好了，火炮和水军都有了。当年7月，后金军便在两名叛将的配合下拿下了旅顺，逼得力战不降的黄龙自杀殉国。次年（1634）正月，在不受新任东江镇总兵沈世魁信任并准备擒杀他的情况下，尚可喜带着广鹿、大小长山、石城、海洋五个岛屿上的军械物资及万余军民，乘船归顺了后金。

说起尚可喜也挺可惜的。东江镇军民很多都与后金有血海深仇，而他的仇却是最大的。前一年旅顺失陷，留在旅顺城的尚可喜妻妾及家眷仆婢数百口全部投水殉国，堪称被后金灭了门。

连这样的人都投降了后金，其示范效应绝不亚于祖大寿。再次狂喜的皇太极称赞尚可喜"知明运之倾危，识时势之向背"。当即按照孙、耿二将的待遇封赏了尚可喜，并且从俘虏中找到了尚可喜家族剩下的二十七名成员，送还给了尚可喜。

随着孔有德、耿仲明、尚可喜的相继归降，至此，东江镇残存的力量已经完全不对后金构成威胁。皇太极更是补齐了火器和水军这两块短板。

四

前脚收了两支来自东江镇的生力军，后脚蒙古那边又传来了好消息。林丹汗死后，他的遗孀和儿子从青海回到了河套。1635 年 2 月，皇太极遣军一万，第三次出征河套。不过你从这点兵力就能看出，与其说是去打仗的，不如说是接收这位蒙古大汗最后遗产的。

事情的确很顺利，被后金兵找到的林丹汗遗孀儿子当即便带着传国玉玺出降，为蒙古帝国正式画上了句号。

虽然不管是西逃的林丹汗还是他的老婆孩子，都已经不再对后金造成威胁，然而这次出征还是非常有象征意义的。一则断了蒙古帝国的传承，让蒙古诸部不再有恢复帝国荣光的想法；二则是蒙古曾经入主中原，建立了明朝也得承认的正统王朝。

在明朝看来，随着元顺帝遁入漠北，元朝就算已经灭亡了。但在蒙古人自己看来，历代大汗仍然是天下之主。如今大元的正统传人出降并献上玉玺，意味着后金的君主不再只是一个汗王，而是可以像大元、大明的君主那样自称皇帝了。

于是 1636 年 4 月 11 日，在完成所有准备工作后（比如将族名改为"满洲"，以切断与完颜金国的继承关系），皇太极在盛京（沈阳）举行祭天典礼，正式称帝，定国号"大清"，改元崇德。

论功行赏，孔有德、尚可喜、耿仲明三人分别被册封为恭顺王、智顺王、怀顺王，合称"三顺王"。要知道即便是满洲内部，也只有宗亲被册封亲王。由此可见，这三个东江军将领的投降，对皇太极和他创立的大清意味着什么。

着手准备夺取天下的大清，马上就以三顺王为前锋，再次对朝鲜东征。上次东征朝鲜，双方定下的关系是兄弟之国。只不过这只是朝鲜的权宜之计，私下里仍然奉明朝为宗主，包括允许东江军在自己境内活动，帮着自己牵制皇太极。

现在皇太极已是天子，那大家的关系就得变一下，朝鲜得奉大清为宗主才行。结果毫无悬念，朝鲜和日本一样，主火器是火绳枪，哪里有可能打得过有红夷大炮和东江降军加持的清军？日后清军每每出征，都会从朝鲜征调火枪手作为仆从军。

征服完朝鲜之后，皇太极顺手就把只剩下皮岛的东江镇残存力量给灭了，末任总兵沈世魁兵败殉国。

一个王朝的衰弱也许需要很长时间，但一旦跨过那个临界点，崩溃的速度要比想象中快得多。至于什么才是明朝衰弱的临界点，每个人都可以有自己的看法。就明清在辽东的对峙来说，皇太极对三顺王的收服，最起码意味着崇祯的复辽梦已经完全破灭，接下来只能老老实实地立足防御。

五

现在大明在辽东唯一还可以依托的，只剩下倾巨资打造的关宁锦防线，以及打死不肯离开驻地的祖大寿。

如果祖大寿履行了当初对皇太极的承诺，毫无疑问也会得到一个王爵之位。既然不想做王，那就这么不上不下地困在辽西也是对的。只是祖大寿再世故，关宁锦防线修得再好，在大势已去的情况之下，也只能等候大厦倾倒的那一天。

1640年3月，在多次尝试劝降祖大寿无果，强攻锦州等城又攻不下的情况下，皇太极决定改变之前打完就撤回河东的做法，把战线直接推进至大凌河畔，修复被明军放弃的义州城，然后以之为基地一面包围锦州城，一面屯田。

这意味着，皇太极准备和祖大寿打持久战了，不拿下锦州誓不收兵。

史称"松锦之战"的辽东最后一战，从1640年一直打到1642年，整整持续了两年时间，以至于被困在锦州城的明军，再次上演以人为粮的惨剧。为了赢得这场胜利，皇太极押上了血本，不断增兵至十一万。你也不能说崇祯不尽力，为了解锦州之围，崇祯命令新任"蓟辽总督"率领八位总兵及大军前往大凌河前线增援。

此刻的大凌河前线，聚集有十三万明军，这几乎就是大明最后的精兵。洪承畴更是刚刚在西线战场上证明了自己，在陕西打得李自成只剩下十八骑。在见到洪承畴的排兵布阵后，就连皇太极本人都赞叹不已。

然而这次倾其所有的救援行动，最终的结果却又是如此惨淡。1642年2月18日松山城破，洪承畴被俘。3月8日，连人肉都吃完了的祖大寿也被迫再次献城。当年五月初五，皇太极在沈阳举行盛大的受降仪式。祖大寿和洪承畴这两位大明最善战的将帅之星，终于匍匐在了皇太极的脚下。

整个松锦之战，明军被斩首五万多人，只有祖大寿的外甥吴三桂还能维持建制，带着三万人突围到宁远。两年后在李自成攻破北京城后，奉命入关勤王的吴三桂，在半路上权衡再三后决定剃发降清，变成了大清的"平西王"。

松锦之战失败的原因很多，很重要一条是崇祯一直在催战，希望在兵

松锦之战（1640-1642年）

力、火器看起来还有些许优势的情况下，一举击溃清军。而按照祖大寿和洪承畴的意思，应该且战且守、步步为营。二位一直在前线作战的将帅深知双方真实的战斗力，并不是用加减法就能算出来的。

　　如果换成袁崇焕，应该是能顶住崇祯压力的，就像宁锦之战后他拒绝长途奔袭沈阳一般。问题是这些年崇祯已经杀了太多他认为不够尽力的文武官员，虽懂兵却又惜命的洪承畴并不愿意承担抗命带来的风险。

　　计算军队的战力，其实应该用乘法。

　　以色列军事学家马丁·范克里韦尔德曾经列出过一个著名的公式：一支军队的战斗力＝装备×士气。松锦前线的明军只是在人数和火器装备数量上略占优势，但末代明军的士气，较之初代清军而言却是差得太多了。

当我们学会用乘法而不是加减法来评判双方的实力，那么能解开的就不仅仅是松锦之败和明朝灭亡的谜团了。只不过武器装备的数量和质量好量化，这影响士气的因素就太多了。

只能说，抛开其他因素不谈，崇祯与皇太极在调和内部矛盾的修为上差得太多，即便是有过用"西法"续命的心，也敌不过更懂"人和"的皇太极。

尾声

一

1644 年 3 月 19 日，大明王朝的最后一任天子朱由检素衣自缢于紫禁城后面的煤山上，陪同他一起走到生命尽头的只有司礼监秉笔太监王承恩。此刻天还没有破晓，正是一天当中最为黑暗的时刻。

人们常用黎明前的黑暗来形容胜利之前的至暗时刻，只是选择在这个时间点殉国的朱由检，以及他所看护的大明却永远沉入了黑暗之中。

李自成和他的大顺军此时正在皇城内搜寻皇帝的下落。两个月前，这个崇祯恨之入骨的"反贼"才在西安称帝，转瞬间就又攻破了北京城。最后时刻，崇祯想过亲率宫中太监做最后的抵抗，受命提督京军把守内城的王承恩，甚至还自己发炮击毙了数名"反贼"。

然而两百年间先后顶住了也先、俺答汗、皇太极等人进攻的坚城火炮，这一次却再也没能庇护大明帝国的这座都城。无论是都城还是火器，始终都是要人来用的。人心已散的大明已经没办法再组织一场像样的京师保卫战了。

天子守国门，君王死社稷。在朱棣把都城迁至北京时，一切也许就已经注定。只是这个结果无论落在谁身上都不会好受。

城守不住的直接原因是没钱了。皇帝不差饿兵，没钱没人愿意给你卖命。

每一个王朝末世都面临缺钱的窘境。1618 年，努尔哈赤建立后金后发兵抚顺，明朝廷为了辽东战事开始加征"辽饷"。1637 年，征了快二十年的辽饷不光帮"后金"升级成了"大清"，还把关内的百姓给逼反了。平叛还得要钱，于是就算知道搞不好会恶性循环，明朝廷也还是又加征一笔"剿饷"。

按照崇祯当时的想法，这钱就只能收一年，所谓"暂累吾民一年"，结果两年下来都没能平掉，辽东战事更是吃紧。还能怎么办？只能继续增加军费、扩充军队。于是又加征了一个用于练兵的"练饷"，三笔特别军费合称"三饷"。

三饷中的大头仍是"辽饷"。讽刺的是大明子民勒紧裤腰带上缴的军饷，这些年却很大程度通过各种途径便宜了对手。据《满洲老档秘录》记载，1625 年 5 月，后金因"银子丰富，不必使用铜，遂禁止铸造"。后金的白银太多，以至于可以不用再铸铜钱了。

银子还是有用的，剿饷、练饷一起上，官军平乱的劲头的确足了不少。练饷加征的当年（1639），李自成就被洪承畴打得只剩下十八骑。另一个与李自成一样让人头疼的"反贼"张献忠，也差点死在左良玉手上，被迫假意接受明朝廷招安。

然而后面的事大家也都知道了，洪承畴和十几万原本在西线平乱的精兵，被调到松锦前线填了无底洞。一仗打下来不光洪承畴降敌，就连在辽东死撑了二十年的祖大寿都降了。

"朕凉德藐躬，上干天咎，然皆诸臣误朕。朕死无面目见祖宗，自去冠冕，以发覆面。任贼分裂，无伤百姓一人。"这是崇祯留给世人的绝笔。

"然皆诸臣误朕"，绝笔中崇祯恨透了那些不够忠诚的臣工。当年岳飞曾经说过："文臣不爱钱，武臣不惜死，天下太平矣。"这句话崇祯必是反复读过不知多少遍。崇祯不怕死更不爱财，臣工们却做不到。

只是这大明帝国已经老迈，又岂是皇帝以身作则就能回天的？北宋著名隐士林逋在他的《省心录》中写道："礼义廉耻，可以律己，不可以绳人，律己则寡过，绳人则寡和。"道德这种东西用来律己可以减少自己的过失，用来要求别人却只会彼此失和。

崇祯也许看过这段话，但肯定是不信的。

二

临死之前，唯一可能让崇祯释怀一点的，是比他早一年继位的皇太极，在前一年已经病死于盛京（沈阳）。

皇太极的第九子，年仅六岁的福临成为清朝的第二位皇帝，是为顺治帝。无数历史经验都在暗示，废长立幼、母壮子少的局面一旦出现，混乱将在所难免。搞不好矗立于北纬42度线上的盛京城，很快将面临一场血腥宫变。然而，崇祯已经没机会看到这一切了。

顺治最终还是入关，成为第一个坐在紫禁城龙椅上的大清皇帝。

很显然，当不当皇帝这件事并不是一个六岁孩童所能决定的。皇太极驾崩之时，皇位最有力的争夺者是他的长子，时年三十四岁的豪格；以及努尔哈赤最喜欢的小儿子，比豪格还小三岁的多尔衮。

塞外的权柄之争，向来不是说一定要父子相承，兄终弟及亦属常态。然而豪格已经成年，母亲是皇太极的第二任大福晋，并且屡立战功，资格上无可挑剔。如今的大清更以天下之主自居，多尔衮想用丛林法则去争夺皇位始终是底气不足。

不过多尔衮还是联合盟友，出其不意地推出了福临继承大统，自己则以摄政王的定位掌控实权。

皇太极一生育有十一子，夭折了三个。顺治是在世儿子中年龄最小的。要是说仅仅因为顺治年龄小好控制，或者说像传说中那样，多尔衮和顺治的母亲，也就是大家熟悉的孝庄太后有私情才被选中，却是小看了这背后的文章。

以当时的情况而言，豪格和多尔衮在满洲内部的支持者势均力敌。真正让后者有底气扶植顺治，并且迫使前者接受的原因在于小皇帝的母族。孝庄并不是皇太极的皇后，皇太极登基之后，皇后之位给了她的姑姑，地位更为尊贵的哲哲。事实上孝庄的姐姐海兰珠，也成了皇太极的妃子。

这意味着皇太极迎娶了姑侄三人。

类似的做法在历史上并不鲜见，但理由一定不只是充实后宫那么简单。三位后妃都来自满洲最重要的盟友——蒙古科尔沁部。哲哲的父亲、孝庄和海兰珠的爷爷是科尔沁部首领莽古斯，当年正是莽古斯与努尔哈赤的结盟，开启了后金对蒙古诸部的收服工作。

福临是科尔沁三后妃唯一诞下的子嗣。反观豪格和其他兄弟，母妃则都是出自满洲。满洲诸旗在努尔哈赤和皇太极两代君主六十年的整合下，内部已经形成了非常完善的议政机制和强大的向心力，而最重要盟友的蒙古诸部，却还是要花些心思示好的。

这种情况下，顺治这样一个带着蒙古血统的大清天子，其象征意义和统战价值自然是要高过他的大哥。这点我们清楚，那些不希望看到满蒙联盟出现裂痕的八旗贵族也清楚。至于说多尔衮当时和孝庄的关系到底如何，反倒并不重要。

三

崇祯宾天时，原本镇守宁远城的吴三桂正在进京勤王的路上。吴三桂和他重组的关宁铁骑是大明最后的精兵，也是解京师之围的希望所在。为此崇祯特别加封吴三桂为"平西伯"，以期待他能剿灭那些从陕西而来的乱民。

只可惜吴三桂行至唐山一带时便接到北京城破、皇帝自缢的消息。与此同时，眼见吴三桂南下的多尔衮也趁机兵指山海关，意图入主中原。按出兵前清初第一汉臣范文程的进言，眼下的局面"如秦失其鹿，楚汉逐之，是我非与明朝争，实与流寇争也"。现在出兵南下不是夺明朝的天下，而是和那些颠覆了明朝的流寇对决。

这实在是一个再好不过的"天时"。好处在于，明朝那些原本对降清有心理障碍的文臣武将可以自我安慰，我这样做不是对大明的背叛，而是为了帮旧主复仇。

在范文程看来，唯一需要注意的是，如今再入关是奔着争夺天下去的，切不可像前几次入塞那样烧杀劫掠，必得像刘邦当年入主关中时那样约法三章、秋毫无犯，以争取民心。

多尔衮倒是听了进去。皇太极继位后定下规矩，降清的军民必得剃发。为了争取民心，进京后的多尔衮下令取消剃发。当然，正如大家看到的那样，这只是暂时取消。次年待到北方半壁江山在手，剃发令又重新被强制推行。

皇帝已死，夹在中间的吴三桂必须做出选择，到底是剃发降清还是归顺李自成。两边都不归附，誓死效忠大明也是一种选择。事实上吴三桂最初倒是想着与多尔衮达成协议，以黄河为界划分明清疆土。这种做法相当于"以土地换和平"，向清朝借兵平叛。

只是现实的问题是，关宁防线的粮饷需要北京组织提供，如今李自成已经断了自己的后路，没了粮饷的吴三桂并没有筹码和多尔衮谈判。这点多尔衮很清楚，所以并不急着入关。

最终在李自成亲自率领六万大军，北上征讨不愿归顺自己的吴三桂后，苦战不胜的吴三桂还是选择了剃发降清，并且在清军的支援下赢得了山海关之战。败回北京的李自成匆忙在紫禁城举行了登基大典，转日便率军向西安方向后撤。

关于吴三桂为什么选择降清，而不是选择多次招抚他的李自成，三百多年来说法很多。最为人所熟知的便是"冲冠一怒为红颜"，因为陈圆圆被李自成占了。不过作为一名武将，吴三桂的选择更有其现实的一面。

既然是押宝，自然要押胜算大的那边。如果吴三桂选择与李自成合兵，并没有把握战胜清军。与清军交战多年，自己有那么多的亲朋故交都在清军那边，吴三桂对于八旗军的战斗力是很清楚的。

说实话，要不是剃发相当于走上了一条不归路，吴三桂甚至可能第一时间就降清，然后再做打算。只是这"剃发令"的毒辣之处正在于此：一者满洲本部人口少，大家都剃了发，就不容易被反叛者识别出来；二者那些"留发不留头"的死硬分子第一时间便可被甄别出来。

对于被迫剃发的降人来说，身体发肤受之父母，头发剃去后便是想反悔也难了。壮着胆子逃了回去，搞不好便会被杀良冒功的官军砍了换银子。真要说李自成那里有什么吸引力，也就是兵权在手的话，还可以有再做打算的余地。

只是论战斗力，李自成的队伍还真不行，这个问题当日洪承畴已经验证过。如果说大顺军的战斗意志很顽强，甚至骑兵也很强悍，那么在火器上输的就不是一点半点了。这一点从当年年底的潼关之战就可以看出。

西安所在的关中地区自古便是一片有王气的地方，也是李自成的发迹之地。扼守关中的是当年曹操一手打造的潼关。理论上李自成退回西安之后，夹在华山与黄河之间的潼关，是有机会闭关以自守的，就像当年的秦国一样。

闯王当然知道潼关的重要性，在清军进抵潼关脚下时，他再次决定亲率马步三军前去迎战，整场战役历时两个多月。次年正月初九，当清军将"大杀器"红夷大炮运抵前线后，僵持的局面瞬间便被打破。

在红夷大炮的轰击下，仅仅用了两天时间，大顺军的潼关防线便被攻破。四个月后，一路败亡的李自成，于湖北通城九宫山殒命。

其实李自成的部队也有从明军缴获的火器，甚至还有招降的炮手。只不过相比从东江军、关宁军那旦成建制地吸收火炮部队和技术的清军，大顺军乃至当时散布全国各地的大多数武装力量，在火炮的使用上都落后了一个时代。唯一在火器上能够与清军抗衡的是纵横东南海疆多年，并且熟悉洋务的郑成功。

四

1860 年秋，来自科尔沁的蒙古亲王僧格林沁，布防于距离紫禁城四十里的八里桥，以三万步骑阻击逼近北京的八千英法联军。

此前英法联军已经成功在天津登陆。作为京师的海上门户，天津沦陷并不意外，毕竟自打二十年前英国人以虎门销烟为借口发动了那场战争后，大清上上下下都已经见识过西洋人的船坚炮利。

战场到了陆地，胜利的天平可能就会向清军倾斜了。对于这个立国两百余年的王朝来说，最得意的成就当数让长城成为摆设，生存于北纬 42 度线南北的农耕、渔猎、游牧力量，能够在大清的治理下共生。

1691 年，曾有大臣建议修整年久失修的长城，被皇帝一口否决。康熙认为，"秦筑长城以来，汉、唐、宋亦常修理，其时岂无边患？明末，我太祖统大兵长驱直入，诸路瓦解，皆莫敢当。可见守国之道，惟在修德安民，民心悦，则邦本得，而边境自固，所谓众志成城是也"。

康熙这段话说得掷地有声。比起修长城来，"修德安民"才是守国之道。长城本质上是对抗的产物。生存环境恶劣的马上民族，总是对富庶的农耕区有着无尽的渴望，中原王朝为了保卫温暖的农耕区，方不得不修筑长城。

不得不说，清朝调和三方矛盾的方案，已是中国历代王朝的最优解。这也使得僧格林沁和他所代表的游牧力量，在战略上从中原王朝的威胁者，变身成为中原王朝的保护者。

这意味着，大明王朝的生死线，并没有成为大清王朝的生死线。只是眼下看起来，这海岸线却愈发成了新的生死线。

四五百年前蒙古铁骑曾经让整个欧洲为之战栗，如今虽然时移世易，但好歹还有点本土作战优势。离了海的西洋兵，也许就没有那么大的威胁了。然而八里桥之战的结果却将这一丝幻想击得粉碎。

此战英法联军共配备了二十七门火炮，数量看起来不算太多，却都是当时世界上最先进的线膛炮。清军拥有数量更多的火炮，技术却与明末清初相比没什么进步，都是落后的前装滑膛炮，无论射速、精度还是威力都远逊于对手。

在英法联军火炮的轰击之下，清军战死了数以千计的骑兵，那些勉强冒着炮火冲至敌军阵前的蒙古骑兵，转瞬间也会被欧洲人的排枪收割。至于对手的损失则仅仅是死亡五人，受伤四十六人。

1861年10月，躲入承德避暑山庄的咸丰皇帝驾崩。这座原本用来消解长城内外矛盾的行宫，当中央之国开始面临海上威胁时，却只剩下了避难功能。此后，当帝国的最高权力开始由一个女人掌控时，痛定思痛的大清开启了一场"中学为体，西学为用"的洋务运动，试图引入西方的先进技术挽救垂危的大清。

当年崇祯也曾经寄希望于"西学党"能够救大明于水火之中。不过客观地说，大清的这场洋务运动，无论在力度还是成果上都要大得多，以至于真的让这个老大帝国出现过一丝中兴之象。

然而时代真的变了，当人类的命运开始由科学和工业力量主导时，古老而又庞大的东亚文明，注定要通过几代人的痛苦摸索，才能够找到重生之路。

后记

很开心这本《大明生死线》能够与大家见面。在此之前我曾经以地缘视角在网上系统写过汉匈之战及其之前的中国历史，也单独写过三国历史。不过若是要问中国历史部分我最想先出哪一部分，应该还是这本了。

中国文明和它的历史是全人类弥足珍贵的样本。珍贵之处在于几千年来，中国一直独自在东亚这片土地上延续着自己的文化。尽管很适合用来验证地缘因素对人的影响。

这本书的主线"北纬 42 度温度线"，是一条可以从底层逻辑释读很多历史事件的地缘分割线，也是这些年来我最重要的地缘理论之一。从温度角度入手，一方面可以让我们深刻体会到，温度对人类历史的影响之大。看到中原王朝无论多么努力，几千年来都无法突破这条农耕红线，将土壤和降水条件都极佳的东北平原，尽数变成农耕之地；另一方面结合东北地区在近现代借由农业技术进步成为人口稠密地区的改变，又会让我们更加深刻地明白一个道理：人类完全可以通过自身的努力，改善所处的地缘环境。

研究历史并不只是满足个人的求知欲，更多应该从历史中总结规律指导当下和未来。这件事情前人一直在做，于我来说从地缘角度入手，将地缘定性为"人与环境"关系的视角，亦是为了让由此剥离出来的规律具备更多的客观性。

倘若读者在阅读此书后，能够收获换个角度看世界的豁然开朗感，那我写作这本书的目的也就达到了。

温骏轩

2024 年 1 月 8 日

图书在版编目（CIP）数据

大明生死线 / 温骏轩著 . -- 杭州 : 浙江人民出版
社 , 2024.11
ISBN 978-7-213-11466-3

Ⅰ . ①大… Ⅱ . ①温… Ⅲ . ①ᄀ国历史—明代—通俗
读物 Ⅳ . ① K248.09

中国国家版本馆 CIP 数据核字（2024）第 091213 号

大明生死线

DAMING SHENGSI XIAN

温骏轩 著

出版发行	浙江人民出版社（杭州市拱墅区环城北路 177 号　邮编　310006）
责任编辑	徐　婷
责任校对	王欢燕　陈　春
封面设计	好言好羽
印　　刷	北京盛通印刷股份有限公司
开　　本	700 毫米 ×1000 毫米　1/16
印　　张	24.5
字　　数	324 千字
版　　次	2024 年 11 月第 1 版
印　　次	2024 年 11 月第 1 次印刷
书　　号	ISBN 978-7-213-11466-3
定　　价	88.00 元

如发现图书质量问题，可联系调换。质量投诉电话：010-82069336